Gobernantes
de México

Por la Superación del Ser Humano y sus Instituciones

Fernando Orozco Linares

Gobernantes de México

Desde la época
Prehispánica hasta
nuestros días

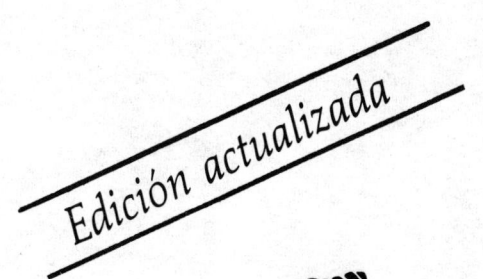

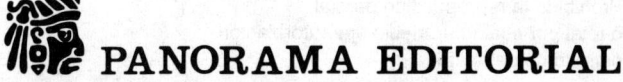

Edición actualizada

PANORAMA EDITORIAL

Respete el derecho de autor.
No fotocopie esta obra.
CeMPro

GOBERNANTES DE MEXICO

Portada:
Dibujo: Heraclio Ramírez

Dibujos:
José Narro

Primera edición en español: 1985
Decimatercera reimpresión: 2002 de la tercera edición
© Panorama Editorial, S.A. de C.V.
   Manuel Ma. Contreras 45-B
   Col. San Rafael 06470 - México, D.F.

Tels.: 55-35-93-48 • 55-92-20-19
Fax: 55-35-92-02 • 55-35-12-17
e-mail: panorama@iserve.net.mx
http://www.panoramaed.com.mx

Printed in Mexico
Impreso en México
ISBN 968-38-0260-5

Prohibida la reproducción parcial
o total por cualquier medio sin autorización
por escrito del editor.

Indice

Prólogo 13

1
GOBIERNO DE LOS SEÑORES MEXICAS
De julio de 1325 al 31 de agosto de 1521 15
Tenoch 16
Acamapichtli 19
Huitzilíhuitl 20
Chimalpopoca 21
Izcóatl 22
Moctezuma Ilhuicamina 24
Axayácatl 25
Tizoc 27
Ahuizotl 28
Moctezuma Xocoyotzin 29
Cuitláhuac 33
Cuauhtémoc 35

2
GOBIERNOS ANTERIORES AL VIRREINATO 39
Hernán Cortés 40
Gobierno de los oficiales reales 44
Las audiencias gobernadoras 47

3
EL VIRREINATO
Virreyes de la Nueva España durante el gobierno de la Casa de Austria con Carlos I 51
Antonio de Mendoza 53
Luis de Velasco (padre) 55

4
EL VIRREINATO
Virreyes de la Nueva España durante el gobierno de la Casa de Austria con Felipe II 57
Gastón de Peralta 58
Martín Enríquez de Almanza 60
Lorenzo Suárez de Mendoza 62
Pedro Moya de Contreras 64

INDICE

Alvaro Manrique de Zúñiga 65
Luis de Velasco (hijo) 67
Gaspar de Zúñiga y Acevedo 69

5
EL VIRREINATO
Virreyes de la Nueva España durante el gobierno de la Casa de Austria con Felipe III 71
Juan de Mendoza y Luna 72
Luis de Velasco (hijo) 74
Fray García Guerra 76
Diego Fernández de Córdoba 77

6
EL VIRREINATO
Virreyes de la Nueva España durante el gobierno de la Casa de Austria con Felipe IV 79
Diego Carrillo de Méndoza y Pimentel 80
Rodrigo Pacheco y Osorio 82
Lope Díez de Armendáriz 84
Diego López Pacheco Cabrera y Bobadilla 86
Juan Palafox y Mendoza 88
García Sarmiento de Sotomayor 90
Marcos Torres y Rueda 92
Luis Enríquez de Guzmán 94
Francisco Fernández de la Cueva 95
Juan de Leyva de la Cerda 97
Diego Osorio de Escobar y Llamas 99
Antonio Sebastián de Toledo Molina y Salazar 100

7
EL VIRREINATO
Virreyes de la Nueva España durante el gobierno de la Casa de Austria con Carlos II 103
Pedro Nuño Colón de Portugal 104
Fray Payo Enríquez de Rivera 105
Antonio de la Cerda y Aragón 107
Melchor Portocarrero y Lasso de la Vega 109
Gaspar de la Cerda Sandoval Silva y Mendoza 111
Juan Ortega y Montañés 113
José Sarmiento y Valladares 115

INDICE

8
EL VIRREINATO
Virreyes de la Nueva España durante el gobierno de la Casa de Borbón con Felipe V 117
Juan Ortega y Montañés 119
Francisco Fernández de la Cueva Enríquez 121
Fernando de Alencastre Noroña y Silva 123
Baltasar de Zúñiga y Guzmán 125
Juan de Acuña y Manrique 127
Juan Antonio de Vizarrón y Eguiarreta 129
Pedro de Castro y Figueroa 131
Pedro Cebrián y Agustín 133

9
EL VIRREINATO
Virreyes de la Nueva España durante el gobierno de la Casa de Borbón con Fernando VI 135
Juan Francisco de Güemes y Horcasitas 136
Agustín de Ahumada y Villalón 139

10
EL VIRREINATO
Virreyes de la Nueva España durante el gobierno de la Casa de Borbón con Carlos III 141
Francisco Cajigal de la Vega 142
Joaquín de Montserrat 144
Carlos Francisco de Croix 147
Antonio María de Bucareli y Ursúa 150
Martín de Mayorga 153
Matías de Gálvez 155
Bernardo de Gálvez 157
Alonso Núñez de Haro y Peralta 160
Manuel Antonio Flores 162

11
EL VIRREINATO
Virreyes de la Nueva España durante el gobierno de la Casa de Borbón con Carlos IV 165
Juan Vicente de Güemes Pacheco Padilla Horcasitas y Aguayo 166
Miguel de la Grúa Talamanca y Branciforte 169
Miguel José de Azanza 171
Félix Berenguer de Marquina 173

INDICE

José de Iturrigaray 175
Pedro Garibay 180

12
EL VIRREINATO
Virreyes de la Nueva España durante el gobierno de la Casa de Borbón con Fernando VII 183
Francisco Javier de Lizana y Beaumont 184
Francisco Javier Venegas 186
Félix María Calleja del Rey 189
Juan Ruiz de Apodaca 191
Juan O'Donojú 195

13
PRIMEROS GOBIERNOS DEL MEXICO INDEPENDIENTE
Del imperio de Iturbide al gobierno del Poder Ejecutivo 203
Agustín de Iturbide 206
Pedro Celestino Negrete 210

14
MEXICO Y SUS PRIMEROS GOBIERNOS REPUBLICANOS
Del gobierno del Poder Ejecutivo de 1824 a la independencia de Texas 213
Guadalupe Victoria 214
Vicente Guerrero 218
José María Bocanegra 222
Pedro Vélez 224
Anastasio Bustamante 225
Melchor Múzquiz 228
Manuel Gómez Pedraza 230
Valentín Gómez Farías 234
Antonio López de Santa Anna 237
Miguel Barragán 241
José Justo Corro 243

15
LOS GOBIERNOS MEXICANOS DE 1837 A 1845
De la independencia de Texas a la declaración de guerra con los Estados Unidos 245
Anastasio Bustamante 246
Antonio López de Santa Anna 248
Nicolás Bravo 250

Anastasio Bustamante 252
Francisco Javier Echeverría 255
Antonio López de Santa Anna 256
Nicolás Bravo 258
Antonio López de Santa Anna 259
Valentín Canalizo 262
Antonio López de Santa Anna 264
José Joaquín de Herrera 266
Valentín Canalizo 268
José Joaquín de Herrera 270

16
LOS GOBIERNOS MEXICANOS DE 1846 A 1848
    De la declaración de guerra con los Estados Unidos a la paz de
    Guadalupe Hidalgo 273
Mariano Paredes y Arrillaga 274
Nicolás Bravo 277
Mariano Salas 278
Valentín Gómez Farías 280
Antonio López de Santa Anna 282
Pedro María Anaya 284
Manuel de la Peña y Peña 286

17
LOS GOBIERNOS MEXICANOS DE 1848 A 1855
    De la paz de Guadalupe Hidalgo al Plan del Hospicio 289
José Joaquín de Herrera 290
Mariano Arista 292
Juan Bautista Ceballos 295
Manuel María Lombardini 297
Antonio López de Santa Anna 299

18
LOS GOBIERNOS MEXICANOS DE 1855 A 1857
    Del Plan del Hospicio al golpe de Estado de Comonfort 305
Martín Carrera 306
Rómulo Díaz de la Vega 308
Juan Alvarez Benítez 310
Ignacio Comonfort 313

INDICE

19
LOS GOBIERNOS LIBERALES Y REPUBLICANOS MEXICANOS DE ENERO DE 1858 A JULIO DE 1872
Desde el golpe de Estado de Comonfort hasta la muerte del presidente Juárez 319
Benito Juárez 320
Benito Juárez 326
Benito Juárez 329
Benito Juárez 331

20
LOS GOBIERNOS MEXICANOS DEL PARTIDO CONSERVADOR
Desde el golpe de Estado de Comonfort hasta la batalla de Calpulalpan 335
Félix María Zuloaga 336
Manuel Robles Pezuela 339
Miguel Miramón 341

21
GOBIERNOS DE LA REGENCIA Y DEL IMPERIO DE MAXIMILIANO
De la instalación de la Junta de Regencia a la muerte de Maximiliano 345
Junta de Regencia 346
Fernando Maximiliano de Habsburgo 351

22
LOS GOBIERNOS MEXICANOS DESDE LA MUERTE DEL PRESIDENTE JUAREZ A LA REVOLUCION MADERISTA
Del gobierno del presidente Lerdo de Tejada a la renuncia del presidente Díaz 357
Sebastián Lerdo de Tejada 358
José María Iglesias 362
Juan N. Méndez 364
Porfirio Díaz 365
Manuel González 372
Porfirio Díaz 375

23
GOBIERNOS DURANTE LA REVOLUCION CONSTITUCIONALISTA
De la renuncia del presidente Díaz a la elección de Venustiano Carranza para la Presidencia de la República, de acuerdo con la Constitución de 1917 381

Francisco León de la Barra 382
Francisco I. Madero 384
Pedro Lascuráin Paredes 394
Victoriano Huerta Ortega 396
Francisco S. Carvajal 398
Venustiano Carranza 399
Eulalio Gutiérrez 409
Roque González Garza 411
Francisco Lagos Cházaro 413

24
LOS GOBIERNOS POST-REVOLUCIONARIOS
   Del presidente Carranza al gobierno del general Abelardo L.
   Rodríguez 415
Adolfo de la Huerta 416
Alvaro Obregón 419
Plutarco Elías Calles 427
Emilio Portes Gil 433
Pascual Ortiz Rubio 435
Abelardo L. Rodríguez 438

25
LOS GOBIERNOS MEXICANOS CONTEMPORANEOS
   Del gobierno presidido por el general Lázaro Cárdenas al del
   licenciado Ernesto Zedillo Ponce de León 441
Lázaro Cárdenas del Río 442
Manuel Avila Camacho 449
Miguel Alemán Valdés 454
Adolfo Ruiz Cortines 457
Adolfo López Mateos 461
Gustavo Díaz Ordaz 465
Luis Echeverría Alvarez 468
José López Portillo 471
Miguel de la Madrid Hurtado 474
Carlos Salinas de Gortari 477
Ernesto Zedillo Ponce de León 481
Vicente Fox Quesada 483

Prólogo

Este libro presenta a los gobernantes que México ha tenido de 1325, año de la fundación de la ciudad capital, hasta la fecha en que recibió el poder el licenciado Miguel de la Madrid Hurtado, el 1o. de diciembre de 1982.

Esta relación tan importante de los personajes que han regido al país, inicialmente debe ser dividida en tres partes: los gobiernos de los señores mexicas, considerados en estas páginas como los primeros gobernantes, por su organización política que les permitió extender su influencia a gran parte del territorio que posteriormente formaría la nación mexicana, los de los tres siglos de dominación española y los del México independiente. Inicialmente, porque a su vez a cada uno de estos apartados puede subdividírsele. Los primeros gobiernos mexicas fueron teocráticos, después regímenes de caudillos militares y al final, con Moctezuma II, a un jefe supremo de un gran Estado, no un *tlatoani* o un *tecutli* sino un *tlacatecutli*, Señor de Señores, quien reunía los poderes religioso, militar y administrativo.

La dominación española empezó en México con el gobierno personal de Hernán Cortés, con el título de capitán general; fue sustituido por Oficiales Reales, a quienes siguieron las Audiencias Gobernadoras y finalmente el Virreinato, de 1535 hasta 1821. Esta fue la forma más permanente y característica de la dominación hispana. La Nueva España, como se le llamó a México y a las otras posesiones en América y en Asia, durante la monarquía de los Austrias y hasta 1701, fueron gobernadas a través de dos instituciones de suma importancia: El Real Consejo de Indias en lo político y la Casa de Contratación de Sevilla en lo administrativo. A partir del año citado, en que la Corona española pasó a la casa francesa de los Borbones, la situación política fue trocándose en una especie de maquinaria administrativa; ésa fue la verdadera época de la llamada Colonia, que afloró en todos sentidos en México con la visita de don José de Gálvez, hábil administrador que arregló la división territorial en intendencias y provincias, para poder regular la gestión del gobierno con miras especulativas.

El México independiente se divide en dos partes generales: la efímera monarquía de Iturbide y los regímenes republicanos, unos centralistas y otros federalistas. Estos últimos son los que han continuado hasta nuestros días.

Pocas historias son tan apasionantes como la de México, con dos grupos políticos en pugna: el liberal y el conservador. El conservador derrotado en Calpulalpan al terminar la revolución de Reforma, fue a negociar en Europa la Intervención Francesa y la llegada del archiduque Fernando Maximiliano de Habsburgo como emperador de México, para protegerse bajo su bandera.

Concluido el llamado Segundo Imperio con el trágico episodio del Cerro de las Campanas, se instaló nuevamente en la capital el Supremo Gobierno Constitucional presidido por el licenciado don Benito Juárez, hasta su muerte. Le sucedió en el poder, por mandato de ley y después por elección, don Sebastián Lerdo de Tejada, quien derrocado por la rebelión de Tuxtepec, dejó la presidencia en manos del general Porfirio Díaz, quien con el intervalo de tres años del general Manuel González, se mantuvo al frente del gobierno durante treinta años, hasta ser derrocado por la revolución democrática encabezada por el señor don Francisco I. Madero.

Madero fue víctima de la traición del general Victoriano Huerta, derrocado a su vez, por la Revolución Constitucionalista. El ínterin entre Madero y Huerta duró algunos minutos: el tiempo necesario para que el licenciado don Pedro Lascuráin recibiera la Presidencia, nombrase a Huerta ministro de Relaciones y presentara su renuncia.

De mediados de 1914 a 1920 la efervescencia revolucionaria no permitió más que un gobierno estable: el del señor don Venustiano Carranza.

De 1920 a 1930, un periodo poco estudiado de la historia de México, surgieron gobiernos de mucha importancia, con características propias, que prepararon la plataforma para un país progresista en lo social, en lo político y en lo económico.

Esta obra que es más que una recopilación de datos, permite al lector conocer los personajes que han sido gobernantes de México y responsables de su destino.

1

Gobierno de los señores mexicas

De julio de 1325 al
31 de agosto de 1521

Tenoch
(Tuna de piedra)
1325-1366

Probablemente, según la leyenda, Huitzilopochtli, cuyo nombre significa "colibrí zurdo", fue un sacerdote jefe que en Aztlán Chicomóztoc, "lugar de garzas donde están las siete cuevas o adoratorios", ordenó a su pequeña tribu que saliera de allí en peregrinación buscando el lugar que él les señalaría y donde debían fundar su ciudad. Se considera que partieron de Aztlán en el año 1160.

Desaparecido Huitzilopochtli tomó el gobierno de la tribu el sacerdote Tenoch, "tuna de piedra", quien condujo a su grupo en un recorrido lleno de vicisitudes hasta que en 1255 entraron en el valle de los lagos y se establecieron en el pequeño cerro de Chapultepec, "cerro del saltamontes", perteneciente a los tecpanecas de Azcapotzalco. Reunía Chapultepec todas las condiciones que la tribu necesitaba, sabían que iban a ser atacados algún día por los propietarios del lugar y al efecto nombraron para que los dirigiese a Huitzilíhuitl, un guerrero con experiencia.

La tribu, que era la séptima del grupo náhuatl salida de Aztlán, en su recorrido y bajo la advocación de Huitzilopochtli, al que había erigido en dios tutelar, resolvió llamarse en su honor mexica, porque el otro nombre de Huitzilopochtli era Mexitli, "xiote o hijo del maguey". Ninguno de los pueblos comarcanos se preocuparon porque los mexicas estuvieran en Chapultepec; pero como éstos bien pronto se multiplicaron y dieron muestras de su poderío fueron objeto de hostilidad, aunque sin buen éxito, hasta que se formó una alianza entre Culhuacán, Azcapotzalco y Xaltocan, que los atacó, los arrojó de Chapultepec y dio muerte a Huitzilíhuitl, a quien los historiadores indígenas llaman "el viejo" para diferenciarlo del segundo caudillo de ese nombre.

La dirección de la tribu volvió a Tenoch, quien la condujo a Atlacuihuaya, la actual Tacubaya, en donde tuvieron que quedar sometidos al señor de Culhuacán que les designó para que vivieran una región árida y salitrosa llamada Tizapán, con el propósito que muriesen de hambre o se vieran obligados a huir de la región.

El ingenio y la laboriosidad de los mexicas convirtieron aquel lugar inhóspito en un verdadero vergel, con gran asombro y temor de los culhuas que en un conflicto habido con los xochimilcas llevaron a sus vasallos como guerreros y su comportamiento fue extraordinario. Pronto los mexicas tuvieron dificultades con sus amos a causa de sus ritos sanguinarios en honor de Huitzilopochtli que les exigía sacrificios humanos. Arrojados de Tizapán huyeron a Iztapalapa y después a Acatzintzitlán en donde lograron vadear un río gracias a la dirección de Tenoch que los condujo a un lugar al que llamaron Mexicaltzingo.

No tenían punto de reposo, porque eran perseguidos por sus enemigos; erraban por las orillas del lago, siempre en busca de alimentos. Por fin un día, al cabo de 165 años de duro peregrinar, de fatigas y guerras, el 18 de julio de 1325 según el Códice Mendocino, en medio de un tular encontraron un águila que sobre un nopal devoraba a una serpiente, tal y como Huitzilopochtli a través de sus sacerdotes les había predicho y ordenado que allí fundaran su ciudad. Inmediatamente se ocuparon en hacer un pequeño adoratorio, donde colocaron al ídolo que representaba a su dios principal y al que transportaba personalmente Tenoch. La nueva ciudad se llamó México, que significa "donde está Mexitli o

Huitzilopochtli". Posteriormente, un grupo mexica que por recelos políticos se separó de la obediencia de Tenoch fundó una ciudad aparte, a la que se llamó Tlatelolco, "donde está el montón de tierra". Entonces la isla artificial que fue formada quedó dividida en dos parcialidades: México-Tenochtitlán, donde estaban los que seguían a Tenoch y México-Tlatelolco con los disidentes.

Tenoch gobernó a la ciudad hasta su muerte, acaecida hacia 1366 según datos no muy precisos, por lo que se colige que haya vivido más de 100 años.

Primer señor mexica
Acamapichtli
(El que empuña la caña)
1377-1389

Como los mexicas no tenían un linaje monárquico, siguiendo la costumbre de los pueblos asentados en la región pidieron al señor de Culhuacán un principal de su familia para que fuera su gobernante, por lo que aquél les concedió a su nieto Acamapichtli y produjo así la ira del viejo cacique tecpaneca Tezozómoc, a quien los mexicas tenían que entregarle cada luna nueva un tributo. A partir de entonces dicho tributo fue exagerado y caprichoso, aunque a todo dieron cumplimiento los mexicas con su trabajo y cuidado. A pesar de la marcada hostilidad de Azcapotzalco, México progresaba. La isleta donde había sido encontrada el águila crecía con el apisonamiento de piedra y tierra llevadas de las orillas y se buscaba extenderla hacia el oriente, en el lago, manteniendo buena distancia con la tierra firme para facilitar la defensa en caso de guerra. Durante el gobierno de Acamapichtli se inició la división de México-Tenochtitlán en cuatro barrios o *calpullis:* el de Moyotlán, al suroeste; el de Zoquipan, al sureste; el de Cuecopan, al noroeste y el de Atzacualco, al noreste; asimismo los jacales de cañas, tules y jaras fueron sustituidos por casas de cal y canto.

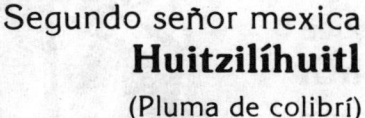

Segundo señor mexica
Huitzilíhuitl
(Pluma de colibrí)
1390-1410

ESTE JOVEN GUERRERO llamado al gobierno por los jefes de los *calpullis,* era hijo de Acamapichtli. Para buscar el ablandamiento en el trato que le daba a su pueblo el señor de Azcapotzalco casó con una nieta de éste, por lo que los tributos disminuyeron en tal forma que llegaron a ser sólo simbólicos; pero los mexicas continuaban sometidos, como vasallos. Durante esa época murió Techotlala, señor de Texcoco y recibió el bastón de mando su hijo Ixtlixóchitl, joven inexperto, por lo que el astuto y viejo cacique Tezozómoc quiso aprovecharse y arrebatarle el señorío, valiéndose de los guerreros mexicas. Ixtlixóchitl, atacado en el corazón de su ciudad, logró escapar llevando en los brazos a su pequeño hijo Netzahualcóyotl. Seguido muy de cerca por los enemigos fue alcanzado y apenas tuvo tiempo para esconder en un tupido árbol de capulín a Netzahualcóyotl, que horrorizado vio cómo dieron muerte a su padre. Tezozómoc quedó dueño de Texcoco y se convirtió en el señor más poderoso del gran valle.

Tercer señor mexica
Chimalpopoca
(Escudo que humea)
1418-1427

Este señor era hijo de Huitzilíhuitl, nieto de Tezozómoc y pariente muy cercano de Netzahualcóyotl; recibió el ejercicio del mando en 1418 y murió en prisión en Azcapotzalco algunos años después. Sabiendo que Netzahualcóyotl llevaba una vida errante y miserable en los bosques y montañas intercedió por él ante Tezozómoc, quien accedió a que el joven texcocano pudiera vivir en Tenochtitlán bajo su protección. Chimalpopoca hizo construir un acueducto de madera que llevaba el agua potable de Chapultepec hasta Tenochtitlán y una calzada con bordos y terraplenes que iba hacia Tacuba, con cortaduras y puentes de madera que eran retirados durante la noche.

Por ese tiempo murió Tezozómoc, quien era muy viejo y estaba enfermo. El señorío de Azcapotzalco le correspondía a Teyatzin, hijo mayor de Tezozómoc, pero un medio hermano suyo llamado Maxtla promovió entre la nobleza una rebelión que desconoció a Teyatzin. Este pidió ayuda a Chimalpopoca y entre los dos urdieron una conjura contra Maxtla, pero descubierta la trama Teyatzin fue asesinado y Chimalpopoca aprehendido y puesto en prisión en Azcapotzalco, donde murió.

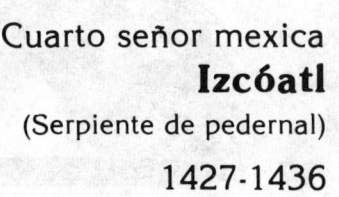

Cuarto señor mexica
Izcóatl
(Serpiente de pedernal)
1427-1436

EL USURPADOR MAXTLA, creyendo tener en sus manos a los mexicas, les ordenó que no eligieran señor porque él iba a designarles un gobernante; pero los jefes de los *calpullis* convocaron a los guerreros y por decisión de todos ellos rechazaron la tiranía de Maxtla y nombraron como su jefe a un guerrero muy distinguido que se llamaba Izcóatl.

Muerto Chimalpopoca, Netzahualcóyotl regresó a Texcoco, en donde fue muy bien recibido. Maxtla vio con desconfianza al joven príncipe texcocano y resolvió matarlo. Netzahualcóyotl se apresuró a formar un ejército y a buscar alianzas, entre ellas la de México, que le ofreció Izcóatl; empero el pueblo tenochca tenía mucho temor a Maxtla, por lo que Izcóatl convocó a la gente y la invitó a seguirlo hacia el triunfo, ofreciéndoselos seguro; en caso de derrota pidió que lo entregasen a Maxtla para que lo sacrificara. El pueblo, que le dio toda la confianza y apoyo, le hizo saber que de haber victoria ellos se comprometían a ser vasallos y peones de los guerreros triunfantes. Este suceso es de importancia porque marcó la separación entre el pueblo trabajador y una nobleza recién constituida por la clase militar.

Tenochtitlán se unió con Tlacopan y con Texcoco, constituyendo lo que se llamó la Triple Alianza; se alistaron los guerreros e Izcóatl envió a Azcapotzalco al valiente jefe Moctezuma Ilhuicamina, "flechador del cielo", para declararle la guerra a Maxtla, quien movió a sus combatientes al encuentro del enemigo. Los culhuas de Texcoco y los de Tlacopan no tenían mucha confianza y flaqueaban en el combate, aunque los guerreros tenochcas conducidos enérgicamente por Izcóatl derrotaron a los tecpanecas que se retiraron en desorden a su ciudad. Entonces cobraron nuevos bríos los aliados de México y entre todos llegaron al centro de la ciudad enemiga. En un combate singular fue muerto Maxtla, por el propio Izcóatl. Azcapotzalco quedó en poder de los mexicas y sus aliados; los tecpanecas fueron hechos prisioneros, muchos de ellos sacrificados en el ara de Huitzilopochtli, dios de la guerra y numen principal del panteón mexica. Aprovechando las circunstancias y el impulso del triunfo, Izcóatl y sus aliados sometieron fácilmente a Coyoacán, ciudad tributaria que fue de Azcapotzalco; a Xochimilco, Tláhuac y Míxquic. Iniciaron la conquista de Chalco y rebasando las serranías del sur sujetaron a los tlahuicas, una de las siete tribus nahuas, que no se encontraba cerca del lago. Los tlahuicas vivían en el valle de Cuauhnáhuac (Cuernavaca).

El gobierno de Izcóatl fue muy importante para Tenochtitlán, que no sólo quedó liberada del vasallaje de los tecpanecas, sino que su esforzado pueblo fue conducido a ser el más poderoso de la comarca. Con Izcóatl el grupo de guerreros victoriosos formó una casta superior, a la cual quedó sometido el pueblo laborioso. También empezó a aparecer la propiedad privada, ya que a los jefes guerreros se les recompensó con tierras y trabajadores en las regiones conquistadas.

GOBERNANTES DE MEXICO

Quinto señor mexica
Moctezuma Ilhuicamina
(El flechador del cielo)
1440-1464

ESTE GUERRERO, QUE TANTO SE DISTINGUIÓ en la campaña contra Azcapotzalco, era hijo de Huitzilíhuitl. Fue designado jefe de la tribu por los *calpuleques* representantes de los cuatro barrios. Quiso que el día en que se le entregara el bastón de mando hubiese suficientes prisioneros para ser sacrificados en el templo de Huitzilopochtli, por lo que hizo la guerra a los chalcas. Construyó una albarrada para proteger a la ciudad de inundaciones, así como un acueducto de piedra que sustituyó al que había de madera y que traía el agua de Chapultepec. Como hubo fenómenos muy extraños tales como terremotos, grandes sequías, fuertes nevadas, etc., que produjeron una época de hambre, los sacerdotes interpretaron estas desgracias como la exigencia de Huitzilopochtli que pedía más sacrificios humanos, de prisioneros de guerra, por lo que se acordó con Tlaxcala, Huejotzingo y Cholula, a los que se llamaba los enemigos de casa, que periódicamente se encontraran guerreros de esos pueblos con los mexicas y combatir sólo para hacerse mutuamente prisioneros y tener seres humanos para los sacrificios. A esta fecha permanente se la llamó Guerra Florida y se la mantuvo hasta la conquista.

Moctezuma Ilhuicamina llevó a cabo muy notables campañas, que extendieron el poderío mexica a lejanos lugares que hoy son los estados de Puebla, Veracruz, Morelos, Guerrero y Oaxaca.

Sexto señor mexica
Axayácatl
(Cara en el agua)

1469-1481

AL MORIR MOCTEZUMA ILHUICAMINA recibió el bastón de mando de los mexicas su hijo Axayácatl, cuyo nombre significa "cara en el agua", por el constante sudar de este personaje. Para las festividades religiosas de su coronación, si así pudiéramos llamarle a la entrega de una preciosa diadema de oro y plumas y de una caña adornada que representaba el poder, lo que hacía el sacerdote principal, trajo un gran número de prisioneros de una guerra que emprendió en Tehuantepec, para ser sacrificados en el templo de Huitzilopochtli que había sido muy ampliado durante el gobierno de Izcóatl. Debemos decir que estos usos sangrientos de una religión practicada muy particularmente por los mexicas, aunque haya muchas explicaciones que traten de justificarlos, iban produciendo temor y odio contra el poderoso pueblo del Anáhuac y por eso, cuando ocurrió la llegada de los españoles, los pueblos que no tomaron las armas para ayudarlos cuando menos les dieron la paz.

Durante el gobierno de Axayácatl sobrevino la guerra contra Tlatelolco, rival poderoso aunque hermano de Tenochtitlán. El jefe Moquihua se alió con los chalcas, enemigos constantes de los mexicas y se resolvió atacarlos. Axayácatl, al frente del muy bien entrenado ejército tenochca tomó la ofensiva, entró hasta el centro de Tlatelolco, que siempre tuvo un mercado más grande que el de Tenochtitlán y allí personalmente dio muerte a Moquihua. Con este suceso Tlatelolco se convirtió en un barrio más de la gran señora de los lagos.

Posteriormente Axayácatl envió a su numeroso y muy bien entrenado ejército a combatir y sujetar a los purépechas de la región lacustre de Michoacán, pero dicha expedición resultó un fracaso. Los purépechas burlaron y derrotaron a los guerreros mexicas, que sin embargo lograron poner destacamentos avanzados hacia esa región.

Se debe a Axayácatl el haber mandado labrar el enorme monolito conocido como calendario azteca, que no es sino una piedra votiva en honor del Sol como centro del universo.

Durante el gobierno de Axayácatl murió Netzahualcóyotl, amigo, aliado y consejero de los jefes mexicas. Fue poeta, ingeniero y filósofo. Antes de morir hizo reconocer a su hijo Netzahualpilli como sucesor legítimo.

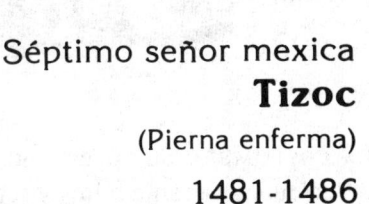

Séptimo señor mexica
Tizoc
(Pierna enferma)
1481-1486

ESTE DESAFORTUNADO SEÑOR, que seguramente tenía un padecimiento cutáneo en una pierna, por lo que le decían pierna enferma o cubierta de esmeraldas, marchó con el ejército hacia Veracruz llegando hasta Nautla y después hacia Oaxaca; pero en general la expedición, que tenía por objeto hacer prisioneros para los sacrificios en las festividades de su coronación, resultó un fracaso por lo que la aristocracia militar mexica se mostró descontenta e hizo envenenar al *tecutli*.

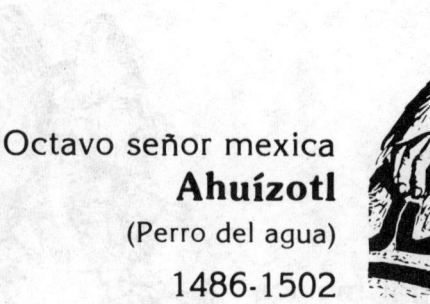

Octavo señor mexica
Ahuízotl
(Perro del agua)
1486-1502

SEGURAMENTE LA COSTUMBRE de ponerle nombre a los jefes, principalmente, se manifestaba cuando eran adultos y según las características personales que los identificaban. Era una especie de apodo, de acuerdo con su aspecto físico o sus usos y costumbres. En el caso de este *tecutli*, se le llamó así porque fue muy belicoso y el más feroz de todos los jefes mexicas. Llevó a cabo una campaña contra los mazahuas y otomíes, en la que hizo muchos prisioneros que fueron sacrificados el día de su coronación. Con el paso del tiempo y durante los gobiernos de los diferentes caciques, el templo de Huitzilopochtli fue ampliado. La reinauguración de este Templo Mayor fue hecha durante el mandato de Ahuízotl, cuyo nombre era el de un pececillo feroz de las lagunas mexicanas. Cuenta la relación indígena que cuando menos veinte mil seres humanos fueron sacrificados en una semana de festividades.

Ahuízotl se empeñó en hacer construir un acueducto que trajera a México el agua desde Coyoacán, contrariando la opinión de quienes conocían el problema. Se produjo en México una gran inundación y cuando dirigía los trabajos de salvamento se dio un golpe terrible en la cabeza, contra una viga, lo que le produjo la muerte, para descanso de todos los pueblos vasallos que tenían que entregar periódicamente muchos tributos consistentes principalmente en seres humanos para ser sacrificados casi a diario en los altares tenochcas.

Noveno señor mexica
Moctezuma Xocoyotzin
(Señor joven y sañudo)
1502-1520

ERA HIJO DE AXAYÁCATL y sucedió a su tío Ahuízotl. Fue un guerrero joven, valiente, prudente y muy religioso. Tenía fama de ser humilde y virtuoso, pero cuando subió al poder se tornó orgulloso y soberbio. Mostró un profundo desprecio para la clase que no era noble, todo plebeyo fue relevado de los cargos públicos. Desde un principio se dio cuenta de su gran poder y se hizo llamar *Tlacatecutli*, "señor de señores"; organizó en su corte una severa etiqueta, con el objeto de que se le rindiera constante ceremonia. Al recibir el gobierno llevó a cabo una guerra contra los otomíes para hacerles mil prisioneros, que hizo sacrificar el día de su coronación. Violando el trato de la Guerra Florida con los tlaxcaltecas y huejotzingas, agredió a estos pueblos para obligarlos a pagar tributo, cosa que no logró; pero los rodeó con un estrecho círculo que con nadie les permitía comerciar. Los tlaxcaltecas tuvieron que recurrir a tomar sus alimentos con *tequesquite*, porque no podían obtener sal que antes compraban a los pueblos de la costa. El empeño de Moctezuma por avasallar a los tlaxcaltecas no sólo fue en vano sino que creó en esa región un profundo odio a los mexicanos y a Moctezuma. Durante las múltiples guerras y conquistas llevadas hasta Centroamérica, se distinguió un joven jefe guerrero llamado Cuitláhuac.

Los aztecas, tan impropiamente llamados así porque en última instancia todos los grupos nahuas procedentes de Aztlán fueron aztecas, eran dueños de una enorme extensión territorial que iba desde el Pánuco hasta Yucatán y Centroamérica y por el litoral del sur hasta las costas del hoy estado de Guerrero. Dentro de ese gran territorio quedaban algunos señoríos independientes como la República de Tlaxcala, Huejotzingo y Mextitlán. La unidad del estado azteca y sus dependencias vasallas era muy frágil, ya que estaba fundada sobre la conquista y el odio. Cuando llegaron los castellanos se derrumbó tan gran imperio y los pueblos sometidos vieron la posibilidad de liberarse. En vez de unirse contra los invasores se aliaron con ellos, les proporcionaron mucha tropa y recursos, con tal de quitarse de encima la terrible tiranía de Moctezuma II y sus recaudadores de tributos.

Durante los últimos cincuenta años el estado mexica había llegado a ser una maquinaria muy eficiente constituyendo una especie de federación con sus antiguos aliados, Tacuba y Texcoco. La vieja enemistad con Tlatelolco y Azcapotzalco había desaparecido; pero con la llegada del "escogido de los dioses", como se hacía llamar Moctezuma II, desapareció el sistema; de nadie soportó la intervención en el manejo del gobierno, del ejército ni de la religión. Los *tecutlis* eran simples señores designados por él para que gobernaran las dependencias amigas. Los *calpuleques* y *calpixques* —recolectores de tributos— tenían como única función satisfacer los deseos del *tlacatecutli,* señor de señores.

Moctezuma II o Xocoyotzin fue muy religioso y supersticioso. Cuando supo de la llegada de "hombres blancos y barbados que venían de donde se pone el Sol", no dudó en dar por un hecho la realización de la vieja leyenda del regreso de Quetzalcóatl con sus hermanos. Cuando en 1519 llegaron a Chalchicuecan, primero Grijalva y después Cortés, no alistó a su pueblo para combatirlos sino para halagarlos y alejarlos de la capital; pero no logró esto, por consejo de Cacama y de Cuitláhuac —este último era su hermano—, ni después estuvo en posibilidad de combatirlos dentro de la ciudad. Moctezuma se había valido de un ardid para acabar con los conquistadores en Cholula; pero descubierto, se produjo una matanza que personalmente dirigió Hernán Cortés contra los cholultecas. Finalmente, el 8 de noviembre de 1519, Cortés, sus soldados y guerreros aliados entraron en México; fueron recibidos por Moctezuma en el lugar donde hoy está el hospital de Jesús; se les aposentó en el antiguo palacio de Axayácatl. Moctezuma tuvo algunas entrevistas con Cortés, en las que éste le trató el asunto de la religión, que abandonara sus creencias idolátricas, a lo que Moctezuma se negó. Temeroso Cortés de una rebelión del pueblo que hubiera acabado con ellos hizo prisionero a Moctezuma y lo llevó a su cuartel, desde donde el jefe mexicano hizo dar la noticia de que había ido al aposento de los castellanos por propia voluntad, para tranquilizar al pueblo. Cuando Cortés supo que la guarnición que había dejado en Veracruz fue atacada por los guerreros de Moctezuma, hizo que éste ordenara se presentasen en México los responsables del ataque a sus soldados en la costa. Después de un corto juicio, al guerrero Cuauhpopoca y a sus compañeros, que fueron quienes mataron al capitán Juan de Escalante y a algunos soldados en Veracruz, Cortés los hizo quemar vivos mientras encadenaba a Moctezuma que era quien había ordenado el ataque.

Cortés fue aprehendiendo poco a poco a los principales señores, para evitar que encabezaran alguna sublevación. Moctezuma supo por sus mensajeros de la llegada a Veracruz de una fuerte expedición de castellanos al mando del capitán Pánfilo de Narváez y lo hizo saber a Cortés, quien dejando una guarnición en México al mando del capitán Pedro de Alvarado, salió a combatir a Narváez. Entre tanto en México, al celebrarse una ceremonia religiosa en la que los nobles danzaban sin armas, Alvarado con sus soldados y guerreros aliados los hizo atacar produciéndose una terrible matanza, lo que causó un levantamiento general contra los españoles que fueron sitiados en el cuartel. Cortés regresó apresuradamente a la ciudad, después de haber derrotado a Narváez cuyas tropas se pasaron a su bando.

Por consejo de Moctezuma y para que la ciudad volviera a la normalidad puso en libertad a Cuitláhuac, quien organizó el ataque contra los españoles furiosamente. Cortés hizo subir a Moctezuma para que hablase al pueblo y que éste se diera de paz. Cuando Alvarado provocó la insurrección había recurrido a este procedimiento y dio resultado; pero cuando Cortés hizo subir a Moctezuma, éste fue recibido con injurias. Una piedra arrojada potentemente desde la muchedumbre hirió a Moctezuma. Los soldados lo retiraron y murió dos días después, el 29 de junio de 1520. Existe la sospecha que los españoles lo mataron, porque las heridas no eran de suma gravedad; el muerto, lo vieron testigos españoles, tenía estocadas y Cortés queriendo apaciguar a los sublevados hizo que se les entregara el cadáver, seguramente con la idea de aprovechar las circunstancias para poder escapar.

Décimo señor mexica
Cuitláhuac
(Excremento seco)
1520

ERA SEÑOR DE IZTAPALAPA y hermano de Moctezuma. Se encontraba prisionero de Cortés, por haber tramado un levantamiento en contra de los españoles. Cuando Cortés regresó después de haber derrotado a Narváez, encontró que Tenochtitlán se había sublevado con motivo de la matanza hecha por Pedro de Alvarado. Cortés pidió a Moctezuma que restableciera el mercado y volviese el pueblo a la tranquilidad, por lo que a petición de Moctezuma fue puesto en libertad Cuitláhuac para que se encargase de arreglar las cosas, mas este príncipe, al quedar libre, encabezó el levantamiento y atacó con tal fiereza el cuartel donde estaban los españoles y sus aliados que Cortés, temeroso de ser completamente aniquilado, exigió a Moctezuma subiese a la azotea para arengarlos y pedirles se mantuvieran en paz. Moctezuma fue herido de una pedrada y a los dos días murió. Entonces los señores y los sacerdotes eligieron a Cuitláhuac como su gobernante y jefe de guerra. Este desplegó gran actividad para alistar tropas, buscar alianzas con algunos pueblos y tratar de destruir a los invasores. Cuitláhuac fue el director de los combates en la llamada Noche Triste y en el homenaje por su coronación fueron sacrificados todos los españoles y sus aliados que cayeron prisioneros en el palacio de Axayácatl, a donde la retaguardia de los conquistadores había regresado cuando se hundió el puente portátil que iban colocando para pasar las zanjas. Cuitláhuac murió de viruelas, enfermedad desconocida en México que trajo un negro enfermo de los que venían en la expedición de Narváez. Tenía 44 años y su deceso ocurrió a fines de diciembre de 1520.

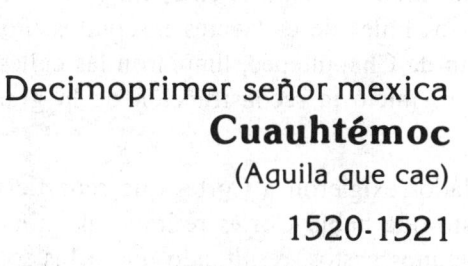

Decimoprimer señor mexica
Cuauhtémoc
(Aguila que cae)

1520-1521

ERA HIJO DE AHUÍZOTL y descendiente por línea materna de Netzahualcóyotl. Se educó en el Calmécac, colegio destinado a la nobleza. Era señor de Tlatelolco y en 1520 sucedió en el gobierno mexica a su tío Cuitláhuac, en circunstancias muy críticas. Su coronación se efectuó sin fiestas y sólo fueron sacrificados algunos prisioneros que quedaban de la Noche Triste.

Algún tiempo después Hernán Cortés con sus soldados y miles de guerreros de los pueblos aliados, sobre todo de Tlaxcala, avanzaron hacia México a la que rodearon por completo y pusieron sitio. El joven Cuauhtémoc hizo una defensa heroica de su ciudad, teniendo que ceder el terreno al enemigo palmo a palmo. Perdida la parte sur se concentró en Tlatelolco, donde opuso una gran resistencia por más de tres meses, a pesar del hambre y de la superioridad de los conquistadores. Rechazó cuantas proposiciones de paz le hizo Cortés y derrotado al fin se embarcó en una piragua para ponerse a salvo junto con sus familiares y principales el 13 de agosto de 1521, pero fue alcanzado y hecho prisionero por un bergantín al mando del capitán García Holguín; éste lo llevó a la presencia de Cortés, a quien el rey le dijo: "Malinche, he hecho lo que estaba obligado a hacer en defensa de mi ciudad y vasallos y no puedo más. Pues vengo por fuerza y preso ante tu persona y poder, toma luego ese puñal que tienes en la cintura y mátame con él". Cortés lo recibió amablemente, lo abrazó y le ofreció toda clase de seguridades para él y los suyos.

Cuauhtémoc fue trasladado a Coyoacán por órdenes de Cortés y se le dejó el encargo de ver por la ciudad de México. Dispuso la salida de los supervivientes para que no murieran de hambre, en el fango y en el ambiente pestilente causado por los miles de cadáveres insepultos. Por orden suya se arregló el acueducto de Chapultepec, limpiaron las calles, enterraron los restos humanos y se inició la reconstrucción de la gran ciudad.

Terminada la guerra los soldados exigieron a Cortés que repartiera el botín, que era muy poco, puesto que había Cortés retirado el quinto real, su parte personal, y cargó algunos gastos, resultando que a los soldados les tocó una parte miserable. Se corrió el rumor de que Cortés estaba de acuerdo con Cuauhtémoc para ocultar el tesoro, por lo que el capitán Julián de Alderete le pidió la aclaración de cuentas; pero Cortés no quiso darlas, porque no le convenía. Alderete culpó entonces a Cuauhtémoc y al señor de Tacuba, Tetlepanquetzal, de que ocultaban el oro, por lo que obtuvo la autorización de Cortés para darles tormento. Los dos nobles mexicanos fueron conducidos al suplicio, atándolos a un tronco y quemándoles los pies con aceite hirviendo. Cuauhtémoc sufrió el tormento con inquebrantable serenidad, no así el señor de Tacuba, a quien aquél dijo: "¿Acaso yo estoy en un lecho de rosas?". Los verdugos, al ver la inutilidad de esa crueldad, los retiraron del tormento, como consecuencia del cual, dicen algunos historiadores, que murió Tetlepanquetzal. Sin duda, por muchas razones, la culpa de este crimen recae sobre Cortés.

Durante los años en que estuvo prisionero Cuauhtémoc se alivió de los daños que le produjo el tormento. Aceptó ser bautizado con el nombre de Fernando de Alvarado y a su esposa se la llamó doña Isabel Moctezuma.

Cortés emprendió la expedición a las Hibueras (Honduras) para castigar a Cristóbal de Olid que se había rebelado y decidió llevar consigo al prisionero por temor a que su permanencia en la capital pudiera provocar una rebelión. La expedición pasó por los hoy estados de Veracruz y Tabasco, con muchos percances, hambre, enfermedades y peligros, hasta llegar a un lugar llamado Acallán (Alcalá) en los primeros días de febrero de 1525.

En ese lugar unos caciques locales y otras personas le dijeron a Cortés que Cuauhtémoc, viendo el estado en que se encontraban los españoles, tramaba con los suyos una conspiración para darles muerte y tratar de recuperar su trono de Tenochtitlán. Hechas algunas averiguaciones no muy claras, Cuauhtémoc fue condenado a muerte junto con otros de sus compañeros y ahorcado el 26 de febrero de 1525. Este fue un crimen que mereció la reprobación no sólo del rey y de la Corona de Castilla, sino hasta de los mismos soldados. Bernal Díaz del Castillo cita que Cuauhtémoc, cuando iba a ser ahorcado en una gran ceiba, el árbol sagrado de los mayas, dijo a Cortés: "¡Oh capitán Malinche!, días había que yo tenía entendido y había conocido en tus falsas palabras que esta muerte me habías de dar; pues yo no me la di cuando me entregué en mi ciudad de México, ¿por qué me matas sin justicia? ¡Dios te lo demande!".

2

Gobiernos anteriores al Virreinato

Hernán Cortés
1519-1524

HERNÁN CORTÉS NACIÓ EN MEDELLÍN de Extremadura, España, en el año de 1485. Hijo único de una familia pobre de hidalgos, pequeños terratenientes: El capitán Martín Cortés y Monroy y Catalina Pizarro de Altamirano; Cortés fue un niño enfermizo aunque muy despierto. Cuando joven fue enviado a la Universidad de Salamanca para que estudiara la carrera de leyes, la que siguió durante dos años con buen aprovechamiento, si bien su espíritu inquieto lo inclinó a una vida de aventuras. Quiso alistarse en las fuerzas españolas del Gran Capitán en Italia, pero por andar en una aventura amorosa cayó de una barda fracturándose la pierna derecha, por lo que tuvo que guardar cama durante algunos meses. De este accidente le quedó una ligera cojera para toda la vida.

A mediados de 1502 Hernán Cortés embarcó para las islas del Mar Océano como secretario de Nicolás de Ovando, quien iba como gobernador a La Española, nombrada después Santo Domingo, en donde Hernán se asentó como vecino. Conoció por ese tiempo a Diego Velázquez, lugarteniente de Ovando, comisionado para llevar a cabo la conquista de la isla Fernandina, Cuba, empresa sin mérito en la que lo acompañó Cortés que recibió como pago a sus servicios unas tierras y encomienda de indios en la villa de Santiago de Baracoa, de donde también fue nombrado alcalde aunque al poco tiempo tuvo graves desavenencias con Velázquez, quien lo puso en prisión por causa de una joven llamada Catalina Xuárez, a la que decían "La Marcaida", cuñada del propio Velázquez que era teniente de almirante y gobernador de la isla. Cortés aceptó el matrimonio con Catalina y fue perdonado.

Velázquez, que era comodín y muy ambicioso, ayudó y se asoció en una expedición al mando de Francisco Hernández de Córdoba para explorar hacia las tierras de Cozumel, al poniente, en donde le aseguraban había muchas riquezas. Regresó moribundo Hernández de Córdoba, aunque sus marineros y soldados comprobaron que sí se trataba de tierras muy vastas y muy ricas, pobladas por gente guerrera. Se armó una segunda expedición en 1518, al mando de un pariente de Velázquez, el capitán Juan de Grijalva, quien recorrió todo el litoral explorado por Hernández de Córdoba, descubrió el río que lleva su nombre y llegó hasta una isleta el día de San Juan, su santo; los marineros la llamaron San Juan de Ulúa, debido a que los mensajeros indígenas que estaban en la playa para recibirlos gritaban: "¡Culúa! ¡Culúa!".

Los embajadores de Moctezuma los recibieron con grandes presentes y sahumerios rituales, por tratarse de los hermanos de Quetzalcóatl según la leyenda tolteca tan creída por Moctezuma; pero pronto Grijalva regresó a Cuba a dar cuenta de sus descubrimientos y a entregar los presentes de oro que dejaron maravillados a los españoles, colonos de la isla de Cuba. Velázquez se apresuró a armar una tercera expedición y por consejo de algunos socios y amigos de Cortés nombró a éste su comandante, el 23 de octubre de 1518.

Cortés puso tal actividad para acopiar recursos que provocó las sospechas de Velázquez, alentadas por intrigas de terceros, al grado de que lo retiró del mando y hasta dio órdenes para aprehenderlo; pero Cortés no era gente que se dejara intimidar, se hizo a la mar con once barcos de diverso calado, artillería, caballos, soldados y marineros, en franca desobediencia y "como gentil corsario", completando sobre la marcha el matalotaje. Llegó a Cozumel y al cabo Catoche, en donde recogió a un náufrago llamado Jerónimo de Aguilar que como vivió mucho tiempo entre los indios hablaba perfectamente el maya e iba a prestarle valiosos servicios como intérprete.

En Tabasco tuvieron los expedicionarios una batalla en la que derrotaron a los indígenas, que se dieron de paz y les regalaron piezas de oro, bastimentos y veinte esclavas entre las que se encontraba una joven muy inteligente y desenvuelta llamada Malintzin, bautizada después con el nombre de doña Marina, que hablaba el náhuatl por ser su idioma nativo y el maya que aprendió entre la gente de Tabasco. Esta mujer le sirvió a Cortés de intérprete y como leal auxiliar en toda la conquista.

El 21 de abril, Jueves Santo, llegó la expedición a San Juan de Ulúa en donde los españoles entraron en contacto con los enviados de Moctezuma que les llevaron ricos presentes en oro, ropa y bastimentos, y también allí se dio cuenta Cortés de que a los de Culúa y a su príncipe Moctezuma los aborrecían muchos pueblos comarcanos y resolvió desde entonces sacar partido de esta circunstancia. Desembarcaron en la costa llamada Chalchicuecan y pasados algunos días Cortés puso en obra la idea de fundar una población a la que llamaron la Villa Rica de la Veracruz por ser el Viernes Santo, día de la Verdadera Cruz. A los amigos de Velázquez que venían en la expedición, que eran muchos, no les pareció la idea de poblar y querían regresar a Cuba, cosa que Cortés no podía aceptar porque llegado a La Habana sería ahorcado como rebelde. Tratando sigilosamente con los capitanes y soldados que le eran adictos hizo que éstos resolvieran, ante escribano real, constituir un Ayuntamiento el 10 de julio de 1519, el que declaró rota toda dependencia de Velázquez y nombró a Cortés autoridad militar y jurídica con el título de capitán general y justicia mayor de "todas estas tierras", a reserva de comunicarlo a Su Majestad el emperador Carlos V. Con esa fecha empezó el gobierno de Cortés, por mandato del ayuntamiento de la Villa Rica de la Veracruz.

El 13 de agosto, día de San Hipólito, de 1521, cayó en poder del capitán García Holguín el emperador Cuauhtémoc que trataba de escapar con sus familiares y principales en una piragua. Con este suceso terminó la heroica resistencia de la gran Ciudad de México, en la que se fundaría la capital de la Nueva España que Hernán Cortés continuaría gobernando como capitán general y justicia mayor por el nombramiento de la Villa Rica de la Veracruz ratificado posteriormente por el segundo ayuntamiento en México, el de Coyoacán, mientras se edificaba la nueva ciudad en el mismo sitio donde antes estuvo Tenochtitlán.

Cortés introdujo el cultivo de nuevas plantas, fundó la ganadería en muchos de sus aspectos; creó el cultivo de la caña de azúcar y estableció los primeros trapiches; envió de su peculio expediciones y descubrió la Baja California. Al final de su vida fundó el hospital de Jesús Nazareno y pidió el envío de misioneros para la obra de evangelización.

Durante su gobierno ocurrió el tormento dado a Cuauhtémoc, no por órdenes de él sino ante la insistencia del contador real Julián de Alderete para obtener oro y repartirlo a los soldados. También en el curso de su gobierno, ratificado por el emperador por real cédula de 15 de octubre de 1522, se llevó a cabo la expedición a las Hibueras para castigar al rebelde Cristóbal de Olid, encargando el gobierno a algunos lugartenientes como Alonso de Estrada, Rodrigo de Albornoz y Alonso Suazo, que mal se desempeñaron. Cortés quiso llevar en la expedición a Cuauhtémoc y a otros nobles que estaban prisioneros. La marcha fue terrible, fatigosa, llena de peligros; muchos españoles e indígenas murieron de hambre y de enfermedades. Finalmente en un pueblo llamado Izancánac, en Tabasco, ante una acusación hecha por el cacique Mexicalcingo de que el antiguo monarca azteca y otros conspiraban, Cortés los hizo ahorcar sin una investigación a fondo.

Cortés regresó a México, pero ya para entonces los enemigos que tenía en Cuba y en España obtuvieron que el emperador suspendiese del gobierno de Nueva España al capitán general.

GOBERNANTES DE MEXICO

Alonso de Estrada

Gobierno de los oficiales reales
1524-1527

Marcos de Aguilar   **Luis Ponce de León**

Estos personajes fueron nombrados directamente por el Real Consejo de Indias para vigilar los intereses de la Corona. Empezaron a gobernar al lado de Cortés, quedaron como representantes suyos cuando la expedición a las Hibueras y después lo sustituyeron cuando corrió la noticia de que había muerto. Sus cargos fueron los de tesorero, factor, veedor y contador. En general no fueron acertados y más que arreglar las cosas las pusieron en desorden. La gestión de estos funcionarios fue de 1524 a 1527.

El licenciado Alonso de Suazo fue jefe del gobierno durante la ausencia de Cortés, dando muestras de impericia, arbitrariedad y afán de enriquecerse.

Alonso de Estrada traía órdenes firmadas por Carlos V, como gobernador y tesorero real. Era más o menos de la edad de Cortés y corría el rumor de que era hijo de Fernando el Católico. Era enérgico y violento. A pesar de que Cortés lo nombró miembro del gobierno de Nueva España en su ausencia, se convirtió en su irreconciliable enemigo.

Fue quien dio la orden para que se impidiera a Cortés la entrada en la ciudad de México.

Otro enemigo de Cortés, probablemente más furioso que Estrada, fue el contador Rodrigo de Albornoz, quien de regreso a España se encargó de acusar y difamar a Cortés, de quien había recibido muchas atenciones.

El licenciado Luis Ponce de León tendría unos 65 años. Llegó a México en compañía de Marcos de Aguilar, con el cargo de juez de residencia contra Cortés. Murió de indigestión, por una abundante cena que se le sirvió como bienvenida.

Marcos de Aguilar recibió el cargo dejado por Ponce de León, aunque el ayuntamiento no lo reconoció en un principio como juez de residencia porque dicho ayuntamiento estaba formado por parciales de Cortés. Era un hombre enérgico y capaz e impuso su autoridad.

Deshechos los primeros cargos de la residencia, el capitán Cortés embarcó para España, siendo recibido con gusto y atención por el emperador, quien lo colmó de honores y lo nombró marqués del Valle de Oaxaca y capitán general de la Nueva España y Costa del Sur. Le concedió vastos territorios en México y lo autorizó para efectuar nuevas exploraciones. Casó con doña Juana de Zúñiga, de la nobleza española, y después embarcó para México llegando a Veracruz en 1530. Fue recibido por los indígenas y por los antiguos conquistadores con grandes fiestas, pero recibió una comunicación de Alonso de Estrada en la que le decía que no podía entrar en la Ciudad de México, por lo que se retiró a Texcoco. Los poderes civil y judicial estaban en otras manos y se dio cuenta de que los nombramientos que le fueron dados por el emperador más bien eran honoríficos. Su actividad la canalizó en la organización de nuevas expediciones marítimas buscando el camino a la China, pero fracasaron. En la que tomó parte personalmente dio por resultado el descubrimiento de la Baja California y del mar que lleva su nombre. Cuando fue establecido el Virreinato de la Nueva España don Antonio de Mendoza, el primer virrey, le tuvo frías atenciones y lo contrarió continuamente en sus actividades e iniciativas, por lo que Cortés muy ofendido volvió de nuevo a España a exponer sus quejas, pero apenas una vez fue recibido por Carlos V, quien no escuchó sus quejas y peticiones.

Cortés, acompañando al emperador, asistió a la desafortunada campaña de Argel con sus hijos Luis y Martín y de regreso a España en vano trató muchas veces de ver al emperador. Decepcionado, pobre y olvidado murió en una finca que tenía en Castilleja de la Cuesta, cercana a Sevilla, el 2 de septiembre de 1547.

Por disposición testamentaria sus restos fueron trasladados a México, al convento de San Francisco y de allí llevados a la iglesia de Jesús Nazareno contigua al hospital de Jesús, del cual fue fundador.

GOBERNANTES DE MEXICO

Nuño Beltrán
de Guzmán

Las audiencias gobernadoras
1527-1835

Gonzalo de Salazar  Sebastián Ramírez
de Fuenleal

LAS CONSTANTES QUEJAS que llegaban a España sobre las arbitrariedades y abusos cometidos por los oficiales reales, que terminaron en una especie de guerra civil, hicieron que la Corona resolviese establecer en México un gobierno más efectivo, nombrando en Burgos, el 13 de diciembre de 1527, una Real Audiencia Gobernadora, compuesta por un presidente y cuatro oidores. El presidente fue el licenciado Nuño Beltrán de Guzmán, gobernador de Pánuco y los oidores Juan Ortiz de Matienzo, Diego Delgadillo, Diego Maldonado y Alonso de Parada. Es de creer que la Corona no conocía a la gente que nombraba, porque el licenciado Nuño de Guzmán se había conducido de la manera más cruel en Pánuco, haciendo prisioneros a los indios para venderlos en las islas como esclavos; tuvo varias discusiones con Cortés por cuestión de límites de su gubernatura y resultó así su enemigo declarado. Los oidores embarcaron en Sevilla y llegados a Veracruz dispusieron el viaje a México sin esperar a Nuño de Guzmán, quien llegó después. El Ayuntamiento les hizo una recepción espléndida y les dedicaron las fiestas hechas con gran esplendor en México con motivo del nacimiento del príncipe Felipe que iba a ser el rey Felipe II.

Al poco tiempo de su llegada murieron Parada y Maldonado y Nuño de Guzmán y los dos oidores restantes se ocuparon de inmediato en quitarle atribuciones al ayuntamiento y reiniciar el juicio contra Cortés por la acusación de haber asesinado a su esposa Catalina Xuárez, cosa del todo falsa. El objeto principal de Guzmán y de los dos oidores era enriquecerse á toda prisa. Por ese tiempo ya había llegado a México el obispo fray Juan de Zumárraga, quien fue testigo de todas las tropelías y robos sin cuento de Guzmán y los oidores. Cortés, que andaba en España, llegó a México y como hemos dicho antes fue recibido con grandes fiestas. Salazar, que había sido oficial real y entonces era consejero muy de confianza de la Audiencia, hizo público un comentario diciendo que un rey que empleaba a un traidor como Cortés, era un hereje. El capitán Pedro de Alvarado, que lo oyó, se presentó a la Audiencia para desafiar a Gonzalo de Salazar, pero Guzmán dijo que Alvarado mentía como villano porque Salazar era un fiel vasallo y no había dicho tal cosa. Al día siguiente Alvarado se hallaba preso, con cadenas en los pies.

Toda comunicación con la Corte estaba rigurosamente prohibida, al grado de que el obispo Zumárraga tuvo que valerse de un marinero vizcaíno, paisano suyo, para que en una pieza de cera y en el fondo de un barril llevase una carta para el emperador con tantas acusaciones, que el Consejo de Indias ordenó remover inmediatamente a Nuño de Guzmán y a sus dos oidores, enjuiciándolos para que diesen cuenta de su conducta. Como el emperador estaba en Flandes, habiendo concedido por esos días a la Ciudad de México los mismos privilegios que a la ciudad de Burgos, vieja capital de Castilla, quedó ante el Real Consejo de Indias la emperatriz, como regente, y se resolvió entonces que más convendría para la Nueva España un Virreinato, como el que tenía el Imperio en Nápoles; mas, mientras se buscaba a una persona que reuniese los requisitos para desempeñar el cargo de virrey de la Nueva España, se dispuso mudar la Audiencia, nombrando como presidente de la que de nuevo iba a formarse a don Sebastián Ramírez de Fuenleal, obispo de Santo Domingo.

El presidente de la cancillería de Valladolid nombró como oidores a Juan Salmerón, Alonso Maldonado, Francisco Ceinos y Vasco de Quiroga. Todos ellos eran varones de acrisolada honradez y de gran capacidad, que mucho bien hicieron a la naciente nación. Bajo su gestión se hizo transitable el camino de Veracruz a México, se fundó en 1531 como lugar de reposo para los viajeros la ciudad de la Puebla de los Angeles, aparecieron las primeras carretas de transporte, se trajo de España ganado menor, caballar, bovino y bestias de carga, se negoció la llegada de la imprenta, se fundó el Imperial Colegio de Santiago Tlatelolco, para que los jóvenes indígenas hicieran estudios superiores y fueron reanudadas las exploraciones.

Nuño de Guzmán, al huir de México por el castigo que le esperaba, organizó una expedición hacia el occidente para ganar riquezas y fama que ocultaran sus criminales faltas. De Lerma entró en territorio de Michoacán, donde el cacique Zinsicha (al que los mexicanos llamaban Caltzontzin, "señor que lleva fino calzado") lo recibió de paz, le hizo obsequio de muchos tejos de oro y de plata, le dio guerreros y provisiones, pero Nuño de Guzmán no se conformó, lo hizo atormentar y asesinar, desventrándolo. Esa cruel conducta siguió en todos los pueblos por los que pasó. Fundó muchas poblaciones y exploró todo el territorio que se extiende de México hasta los ríos Yaqui y Mayo, al que llamó Reino de la Nueva Galicia con capital en Santiago de Compostela, Nayarit y quedó Guzmán como gobernador.

La conquista de la Nueva Galicia abrió el camino a las exploraciones posteriores del noroccidente de México. Guzmán exploró y conquistó en siete años casi la tercera parte del país, pero su gran empresa estuvo bañada de sangre, de lágrimas aun de sus propios soldados, de crueldades, de robos y crímenes sin nombre. Los indios pintaban en sus códices a Nuño de Guzmán como una serpiente a caballo, que caía del cielo. Las quejas en su contra fueron tantas que la Corona resolvió enjuiciarlo y envió al licenciado Diego Pérez de la Torre para investigar. Lo encontró gravemente responsable, le quitó el gobierno y lo remitió preso con grilletes a España. Murió en marzo de 1554 en la ciudad de Valladolid, todavía en calidad de preso.

3

El Virreinato

Virreyes de la Nueva España
durante el gobierno de la
Casa de Austria con Carlos I

Los virreyes representaban al rey, cuidaban los intereses de la Corona y estaban a su cargo las fuerzas de mar y tierra por lo que recibían el nombramiento de capitán general. El virrey era administrador general del reino; presidente de la Real Audiencia y de la Real Hacienda, ejercía el Subpatronato Real e intervenía en el nombramiento de las autoridades religiosas. Tenía como encargos muy especiales vigilar la conversión de los indios, defender los territorios y aumentar las conquistas. Podríamos decir que los virreyes ejercían el poder ejecutivo. Su nombramiento era por tres años, aunque frecuentemente se prolongaba. Gozaban de grandes honores y crecidos sueldos. Los virreyes tenían que formular dos documentos: la llamada Instrucción Secreta, para el sucesor, en donde exponían los problemas del país, y previendo el caso de muerte repentina el Pliego de Mortaja en el que señalaban a las personas que podían reemplazarlos. Cuando terminaba su gestión debían someterse a un juicio de residencia sobre su conducta y administración, pero esta situación casi nunca se produjo puesto que muchos pésimos virreyes salieron incólumes.

Con el fin de limitar el poder de los virreyes, que hubiera podido ser absoluto, la Corona puso a su lado una Real Audiencia cuya misión principal consistía en vigilar los actos del virrey, oír las quejas y fallar en las causas. La Nueva España tuvo dos Audiencias: la de México que comprendía al centro del país, Yucatán, Tabasco, Nuevo León y Veracruz y la de Guadalajara al actual territorio de Jalisco, Zacatecas, Durango, Colima, Sinaloa, Sonora, Coahuila, Nuevo México y Texas.

Primer virrey
Antonio de Mendoza
Segundo conde de Tendilla
1535-1550

DESPUÉS DE BUSCAR CON GRAN CUIDADO a una persona que reuniese las características apropiadas para virrey de Nueva España, el Consejo de Indias propuso al emperador al segundo conde de Tendilla, don Antonio de Mendoza, nacido en Granada en 1495. Grande de España y caballero de la Orden de Santiago, desde muy joven sirvió en la Corte, con los Reyes Católicos, con el príncipe Carlos, en el ejército y en misiones diplomáticas. El 17 de abril de 1535 fue nombrado virrey de Nueva España; el 2 de octubre llegó a Veracruz y el 14 de noviembre hizo su entrada solemne en la Ciudad de México.

Traía instrucciones especiales de ver por el culto religioso, atender a la obra de evangelización y que se diese buen trato a los indios, repartición de tierras a los conquistadores y muchas otras fórmulas para imponer el orden e impulsar el trabajo. Mendoza ayudó mucho en los trámites iniciados por el obispo Zumárraga para traer la imprenta a México; contribuyó con el recién fundado Colegio de Santa Cruz de Santiago Tlatelolco, haciéndolo que fuera la primera institución en América para estudios superiores. Durante su gobierno llegó, primero a San Miguel de Culiacán y después a México, el explorador Alvar Núñez

Cabeza de Vaca, quien aseguró haber recorrido las regiones de Cíbola y Quivira, en el norte del país, con grandes riquezas, por lo que en 1540 el virrey comisionó a Francisco Vázquez de Coronado, gobernador de la Nueva Galicia, para que marchase a descubrir las Siete Ciudades de Oro de las que hablaba Cabeza de Vaca. Coronado exploró grandes territorios, descubrió el Gran Cañón del Colorado y llegó hasta Kansas.

En 1541 el virrey marchó a la Nueva Galicia para terminar con la rebelión de los indios de Nochistlán y Mixtón, campaña en la que perdió la vida el capitán Pedro de Alvarado al desbarrancarse su caballo.

Arreglado el final de la guerra con los indios, lograda la paz y ya de regreso a la capital del Virreinato, don Antonio de Mendoza con su comitiva se detuvo en el valle de Guayangareo para fundar la población de Valladolid (Morelia), el 18 de mayo de 1541, como una necesidad para el contacto con las tierras del lejano occidente.

Reunió provisiones para explorar la mar del sur y mandó una expedición de cinco navíos con 175 soldados y marineros al mando del capitán Ruy López de Villalobos, quienes tuvieron que regresar por el occidente ya que fueron mal recibidos por los portugueses que eran dueños de las Islas de la Especiería. Mendoza hizo acuñar por primera vez moneda de vellón, que era una mezcla de cobre y plata y que no fue bien recibida por el pueblo al grado de tener que retirarla de la circulación.

Como en el Perú la guerra civil entre los partidarios de Almagro y los de Pizarro había dejado al país muy revuelto, el emperador Carlos V dispuso que el buen virrey Mendoza pasase a aquel reino a poner las cosas en orden, por lo que entregó el gobierno a la Audiencia y en compañía de su familia salió de Acapulco para llegar al Perú, en donde al poco tiempo enfermó y murió en la ciudad de Lima, el 21 de junio de 1552. Sus restos están en la catedral limeña.

Segundo virrey
Luis de Velasco
(padre)
1550-1564

EL VIRREY VELASCO nació en Castilla la Vieja, en una ciudad pequeña de Palencia llamada Carrión de los Condes. Desde 1525, cuando tenía 14 años, empezó a servir en la Corte y en la milicia y ya adulto, por sus cualidades, el emperador le confió el gobierno de Navarra, puesto que desempeñó con eficiencia y distinción, recibiendo en premio la orden de caballero de Santiago. Al producirse graves incidentes en el Perú se pensó en mandarlo como gobernador a ese reino, pero la Corona resolvió finalmente enviar al experimentado virrey de Nueva España, don Antonio de Mendoza, al Nuevo Reino de Toledo como le llamaban los conquistadores al antiguo imperio de los incas. Velasco vino a Nueva España en 1550 e hizo su entrada solemne en México el 25 de noviembre. Su gestión fue tan buena que se le llamó "El prudentísimo" y mereció el nombre de tutor y padre de la patria.

Se ocupó con gran empeño de darle plena libertad a 150,000 indios que estaban como esclavos en minas, campos de labranza y prestando servicios personales. Durante su gobierno fueron fundadas las poblaciones de Durango, San Sebastián Chametla y San Miguel el Grande, como baluartes para contener las incursiones de los indios bárbaros. Protegió la minería con el auxilio que le prestó al minero sevillano Bartolomé de Medina, para poner en práctica el beneficio de patio consistente en mezclar el mineral molido con mercurio y sal, rindiendo mucho más el producto con esta técnica que con la del simple lavado al agua.

Velasco tuvo mucho que ver en la fundación de la universidad, con su impulso y ayuda ante las autoridades reales y le tocó presidir la inauguración de dicha institución el 25 de enero de 1553. En 1555 reunió al primer Concilio Provincial Mexicano, para la moralidad y buena conducta del clero y la conversión y buen trato a los indios. En 1558 se produjo en México la primera gran inundación y después una epidemia que causó muchas víctimas. El virrey se ocupó de auxiliar en todo lo que pudo a las víctimas de las dos calamidades.

En el terreno de las exploraciones, como franceses e ingleses andaban la costa atlántica de los actuales Estados Unidos, Velasco armó una expedición puesta al mando del capitán Tristán Luna y Arellano, que zarpó para ocupar La Florida pero pronto regresó a Veracruz sin haber hecho nada.

Don Luis de Velasco empezó a estar enfermo, a guardar cama, hasta que murió en el antiguo palacio de los virreyes el 18 de julio de 1564. En su pliego de mortaja encargaba el gobierno interino al licenciado Francisco Ceinos, como presidente de la Audiencia; recomendaba a su familia se encargase de pagar algunas deudas que tenía pendientes en el comercio. Casi no había dinero para sepultarlo. Fue un activo y probo virrey.

4

El Virreinato

Virreyes de la Nueva España
durante el gobierno de la
Casa de Austria con Felipe II

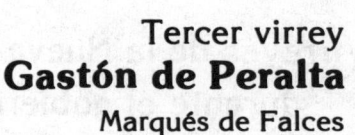

Tercer virrey
Gastón de Peralta
Marqués de Falces
1566-1568

Era hijo de aristócratas navarros que se habían distinguido al servicio de la Corona de Aragón. Se desempeñó con mucha eficiencia como comandante militar, diplomático en Italia y gobernador de Navarra. El Real Consejo de Indias lo propuso al rey para que viniera de virrey a Nueva España, cuando llegó la noticia de la muerte de don Luis de Velasco.

Recibió las cédulas en Burgos, se trasladó a Sevilla y allí embarcó para Veracruz a donde llegó a principios de septiembre de 1566, quedando inmediatamente informado de la aprehensión, juicio y sentencia en contra de los hijos del marqués del Valle de Oaxaca, a quienes la Audiencia acusó de querer "alzarse con la tierra". Después de darles tormento se les sentenció a muerte, por lo que el nuevo virrey despachó de Puebla un correo especial ordenando la suspensión de la ejecución de Luis y Martín Cortés, cuando ya habían sido muertos los hermanos Avila.

La Audiencia acusó al recién llegado virrey de proteger a los rebeldes y estar de acuerdo con ellos. Peralta mandó a los hijos de Cortés a España en calidad de presos, para la revisión del juicio e hizo valer su autoridad. Fue el virrey que impuso la costumbre de que se le llamara "excelencia". Se dio tiempo para crear un hospital que alojara a enfermos mentales e inválidos.

México vivía un ambiente de temor y sobresalto por la enemistad de la Audiencia contra el virrey, por lo que la Corona dispuso que el marqués de Falces regresara a España a dar razón de su conducta. Se le sujetó a proceso y salió absuelto y justificado con creces, por lo que se le premió con el cargo de condestable de Navarra. Murió en Valladolid en 1580.

Cuarto virrey
Martín Enríquez de Almanza
1568-1580

EMPEZÓ A GOBERNAR la Nueva España desde el 5 de noviembre de 1568 y al llegar a Veracruz se ocupó de desalojar un puesto de piratería que habían establecido los ingleses en la isla de Sacrificios, perjudicando gravemente al comercio y manteniendo en zozobra a las poblaciones ribereñas. Al llegar a México se encontró con el grave conflicto causado por la desavenencia entre el clero secular y los frailes franciscanos, por celos y rencillas de los dos grupos religiosos. Como el virrey quiso conciliar, los franciscanos amenazaron con abandonar la ciudad y se pusieron en camino a Veracruz apoyados por los indios que querían sublevarse. El virrey Almanza tuvo que pedirles que regresaran, haciéndoles algunas concesiones y sólo así cesó el conflicto.

Las incursiones de indios bárbaros llamados huachichiles llegaban hasta Querétaro, amenazaban los centros mineros y el virrey personalmente dirigió una campaña para alejarlos y fundó los presidios de Ojuelos y Portezuelos en el camino a Zacatecas y el de San Felipe en Guanajuato en 1570.

En 1571 llegó a Nueva España don Pedro Moya de Contreras con el cargo de inquisidor, para perseguir idolatrías y a los judíos que no practicasen el catolicismo. En esa época arribaron nuevas órdenes religiosas como la de los Hospitalarios de San Hipólito, la Compañía de Jesús y otras menores. Los primeros se hicieron cargo de algunos hospitales y los segundos iban a ocuparse de la enseñanza. En 1573 se empezó a construir la Catedral de México y en 1574 el convento de La Merced, la parroquia de San Pablo y el Santuario de los Remedios, donde había una pequeña ermita fundada desde la escapatoria de la Noche Triste. En ese mismo año se llevó a cabo el primer auto de fe, en la plaza del Marqués del Valle, donde se le dio castigo público a 63 penitentes.

En 1576 se produjo una terrible epidemia de viruela que mató a millares de indígenas. El virrey se ocupó activamente en establecer hospitales para atender a los enfermos, procurándoles alimentos y atenciones. Este gobernante fue caritativo particularmente con los indios, a quienes dio trabajo pagado en la construcción de algunas obras para evitar las inundaciones, frecuentes en la capital al desbordarse los ríos del valle de México en la estación de lluvias.

Como en el Perú todavía había serios problemas y desórdenes, la Corona dispuso que don Martín Enríquez de Almanza, un buen gobernante en todos sentidos, marchase a Sudamérica. Dejó un buen recuerdo, principalmente entre los indios a los que relevó del pago de tributos.

Quinto virrey
Lorenzo Suárez de Mendoza
Conde de la Coruña
1580-1583

ESTE VIRREY NACIÓ en Guadalajara, España, probablemente en 1518. Pertenecía a la vieja nobleza española, descendiente directo del marqués de Santillana, don Iñigo López de Mendoza y primo segundo de don Antonio de Mendoza, primer virrey de Nueva España. Era hombre de letras, escritor de mérito y protector de la Universidad de Alcalá de Henares fundada por el cardenal Jiménez de Cisneros. El 26 de marzo de 1580 fue nombrado virrey de Nueva España por el rey Felipe II; hizo el viaje sin contratiempo hasta Veracruz y entró solemnemente en la Ciudad de México el 4 de octubre del mismo año.

Era trabajador, honrado y de muy buen carácter, por lo que se ganó la simpatía general, encargándose desde luego de corregir los vicios y corrupciones de la administración, cosa que no logró del todo porque la Audiencia le limitaba su radio de acción. Para el control de los negocios mercantiles y principalmente de las importantes ferias de Veracruz y Acapulco, instituyó el Tribunal del Comercio o Consulado de México, pero aún así encontró serios obstáculos por la intromisión de la Audiencia, por lo que pidió al rey le enviara un visitador, cargo que recayó en el arzobispo don Pedro Moya de Contreras, quien al mismo tiempo era presidente del Tribunal de la Inquisición.

El virrey Suárez de Mendoza, conde de La Coruña, era ya anciano y no podía ocuparse de los muchos asuntos y problemas del Virreinato. Inopinadamente murió el 29 de junio de 1583. Recibió interinamente el gobierno la Audiencia, mientras se designaba al nuevo virrey. La gestión de la Audiencia duró 16 meses y fue negativa puesto que produjo zozobra e inseguridad.

Sexto virrey
Pedro Moya de Contreras
Primer inquisidor de Nueva España y arzobispo de México

1584-1585

NACIÓ EN CÓRDOBA, España; siguió la carrera sacerdotal doctorándose en cánones en la Universidad de Salamanca. Mucha fama gozaba este arzobispo por su recta justicia, que produjo mucho recelo entre los oidores. Teniendo el cargo de visitador en 1584, recibió el nombramiento de virrey y asumió así los tres mayores cargos de Nueva España; virrey, inquisidor general y arzobispo de México. La instrucción de la población indígena fue para el arzobispo-virrey su principal preocupación; fundó el Seminario de Indios, para enseñarles la doctrina cristiana, lectura, escritura, canto y un oficio.

En 1585 convocó el arzobispo-virrey a un concilio provincial en el cual se decretó que por ningún motivo se podía hacer esclavos a los indios. Las rentas reales aumentaron considerablemente, al grado que se pudo enviar a España tres millones y medio de ducados de plata acuñada, más de mil marcos en tejos de oro y otros objetos de valor. Fue un hombre recto y justo, por lo que la sociedad lo quiso mucho. Murió tan pobre que la Corona tuvo que costear sus funerales. Falleció en España, en la presidencia del Real Consejo de Indias, el 21 de diciembre de 1591.

Séptimo virrey
Alvaro Manrique de Zúñiga
Marqués de Villamanrique
1585-1590

ERA HIJO MENOR del cuarto duque de Béjar. Sirvió a la Corona de España con tanta eficiencia y lealtad que el rey Felipe II le dio el título de marqués de Villamanrique en reconocimiento a su labor.

El día 26 de febrero de 1585, don Alvaro Manrique de Zúñiga recibió el nombramiento de virrey de Nueva España, directamente del monarca. Duró todavía algún tiempo en España, hizo el viaje a Veracruz en un barco de guerra y entró solemnemente en México el 18 de noviembre, acompañado por su esposa. Inició su gobierno haciendo cumplir las ordenanzas sobre el comercio de vinos en la capital y reguló los sitios donde podía haber tabernas. En el año de 1586 volvió a recrudecerse el disgusto entre los cleros regular y secular, por asuntos de jurisdicciones. Siempre el clero regular, los frailes, contaron con el apoyo del pueblo, mientras que el virrey, en este caso, y la nobleza, se inclinaron por los seculares. Los frailes de las órdenes de Santo Domingo, San Agustín y San Francisco, tuvieron disgustos muy serios con el virrey Manrique.

Otra calamidad que asolaba al comercio de Nueva España eran los piratas, corsarios que cometían depredaciones y robos en las costas. El bucanero Walter Raleigh logró apoderarse del galeón que venía de Manila a Acapulco, perdiéndose todos los efectos que traía y que representaban un rico tesoro.

El virrey Manrique creó un cuerpo de milicias de voluntarios para rechazar cualquier desembarco de los filibusteros y armó dos buques para combatirlos en alta mar. Para entonces ya se había constituido la Audiencia de Guadalajara, que obraba independiente de la de México y casi del Virreinato, por lo que el marqués de Villamanrique la llamó para establecer jurisdicciones, que les parecieron arbitrarias a los oidores. Las quejas contra el virrey Manrique empezaron a llegar al Real Consejo de Indias con muchos cargos, la mayor parte injustos o exagerados; se decía que existía el riesgo grave de que las "injusticias y abusos" del virrey produjesen una guerra civil.

Alarmado el Real Consejo de Indias dispuso el nombramiento de un visitador, cargo que recayó en don Pedro Romanos, obispo de Tlaxcala, enemigo del virrey por los incidentes habidos con el clero regular. El obispo Romanos, que además traía nombramiento de juez de residencia contra el marqués de Villamanrique, le embargó sus bienes y lo destituyó del cargo. Manrique permaneció seis años más en México, pobre, enfermo y procesado, hasta que al fin pudo regresar a España donde solicitó la restitución de sus bienes sin haberlo logrado. Murió en Madrid a fines de 1590, en gran estado de pobreza.

Octavo virrey
Luis de Velasco
Marqués de Salinas
1590-1595

NACIÓ EN LA CIUDAD DE CARRIÓN DE LOS CONDES, Palencia, España, hijo del virrey del mismo nombre. Niño aún acompañó a su padre al Virreinato de la Nueva España y en la Ciudad de México pasó su juventud. Cuando murió su progenitor continuó viviendo en México y fue nombrado regidor, pero tuvo disgustos serios con el virrey Manrique y marchó a España presentándose en la Corte, donde Felipe II lo escogió para embajador en Florencia.

El día 19 de julio de 1589 recibió el nombramiento de virrey de la Nueva España, en lugar del marqués de Manrique. Como las noticias alteradas que llegaban a la metrópoli hacían suponer que la Nueva España se encontraba en gran desorden, le recomendaron que desembarcara en Tamiahua, de la provincia de Pánuco. Llegado a ese puerto se dio cuenta de que el país estaba en paz y tranquilidad, por lo que prosiguió el viaje hasta Veracruz en donde desembarcó a mediados de diciembre, para hacer su entrada oficial en la Ciudad de México a la que tanto quería, el 25 de enero de 1590. Se le recibió como a un hijo de la tierra, con gran alegría de todas las clases sociales. En 1591 logró la pacificación de las tribus chichimecas que vivían en guerra y siempre fuera del control del gobierno. Los caciques pedían que se les diera carne, para que sus poblaciones pudieran alimentarse. Velasco aceptó y esas aguerridas tribus se dieron de paz, por lo que se envió a vivir con ellas a 400 familias tlaxcaltecas, ya con costumbres españolas, que bajo la dirección de frailes franciscanos fundaron cuatro colonias teniendo como centro a Zacatecas. Velasco, quien conocía muy bien los hábitos de los indígenas, dispuso que se rebajase en buena cantidad los pagos que hacían a los tribunales y encargó a la Real Hacienda que atendiera con cuidado los asuntos de los naturales.

En 1595 Velasco hijo pasó a hacerse cargo del Virreinato del Perú, embarcando en noviembre de ese año; pero se sintió cansado y enfermo y pidió ser relevado del gobierno peruano para regresar a México, cosa que le fue concedida. Aquí se dedicó a atender sus encomiendas de Azcapotzalco y Teulitlán.

Noveno virrey
Gaspar de Zúñiga y Acevedo
Conde de Monterrey
1595-1603

ESTE VIRREY NACIÓ EN MONTERREY, Orense, España. En 1578 pasó a la Corte al servicio del rey Felipe II y tomó parte en la campaña de Portugal al frente de una milicia de gallegos que él pagaba de su bolsillo. Estuvo en la defensa del puerto de La Coruña cuando fue atacado por el corsario inglés Francis Drake. El 28 de mayo de 1595 se le expidió el nombramiento de virrey de la Nueva España, llegó a Veracruz a mediados de septiembre y el 5 de noviembre hizo su entrada oficial en la Ciudad de México, donde fue recibido con mucha atención y respeto.

Inmediatamente organizó una expedición a California a cargo del marino Sebastián Vizcaíno, quien salió del puerto de Acapulco con cinco navíos, tropa y marinería. Descubrió todo el litoral de California y dio el nombre del virrey a la bahía que aún lo conserva, pero como ninguno de los puertos era favorable para colonizar regresó al sur; fundó el puerto de La Paz, porque los grupos indígenas que allí encontró eran pacíficos y continuó el regreso hasta Acapulco. El virrey mandó otra expedición a Nuevo México, al mando del capitán Lope de Ulloa, quien fundó la población de Santa Fe pero no encontró las famosas Siete Ciudades de Oro de las provincias de Cíbola y Quivira.

Este virrey puso mucho empeño en que los indios se reunieran en pueblos y congregaciones cercanos a sus tierras e impidió que fuesen despojados y explotados por mineros y ricos propietarios.

El 13 de septiembre de 1598 murió el rey Felipe II en El Escorial. Se le guardó luto en México y fue fijada la fecha para la jura de Felipe III.

El virrey Zúñiga trasladó la población de Veracruz al lugar donde hoy se encuentra y el rey Felipe III le dio el título de ciudad en 1615. Se la construyó en toda forma, frente al castillo de San Juan de Ulúa. En 1639 los jesuitas fundaron un colegio que tuvo mucha importancia. En Topia, Durango, hubo sublevación de indios contra el maltrato de que eran objeto. El obispo Ildefonso de la Mota logró que depusieran esa actitud belicosa ofreciéndoles que se les respetaría. Después de infructuosos intentos por colonizar California, el padre jesuita Juan María Salvatierra fundó la población de Loreto, en la costa oriental.

Por disposición de la Corona el conde de Monterrey fue promovido al virreinato del Perú con fecha 19 de mayo de 1603. Su despedida fue muy suntuosa y espléndida. Fue un virrey benefactor de los indios.

5

El Virreinato

Virreyes de la Nueva España durante el gobierno de la Casa de Austria con Felipe III

Décimo virrey
Juan de Mendoza y Luna
Marqués de Montesclaros

1603-1607

NACIÓ EN GUADALAJARA, España y quedó sin padre siendo un niño, por lo que se educó al lado de su madre. Sirvió en el ejército con distinción en la campaña de Portugal y fue investido con la orden de caballero de Santiago. Fue gobernador de Sevilla y allí se enteró muy bien del manejo de los asuntos de Indias, por lo que la Corona le expidió el nombramiento de virrey de Nueva España el 19 de mayo de 1603.

Hizo su entrada en México el día 26 de octubre del mismo año e inmediatamente procedió a acusar al conde de Monterrey por gastos excesivos y por haber extendido su actuación más allá de sus facultades. Estas acusaciones no progresaron por ser infundadas y exageradas. En 1604 se produjo otra gran inundación de la Ciudad de México, por lo que el virrey propuso fuera trasladada la capital a otro lugar, pero esto resultaba imposible por lo costoso y porque la pérdida habría sido irreparable. Después intentó el marqués de Montesclaros llevar a ejecución el desagüe de Huehuetoca, pero sería obra de muchos años y requería el trabajo a diario de unos 15,000 indios. Entonces se recurrió a reparar los bordes que levantó don Luis de Velasco, construyendo a la vez las calzadas de San Antonio Abad, Chapultepec, San Cristóbal y Guadalupe. Fue construido sobre arcos el acueducto que conducía el líquido de las fuentes de Chapultepec al centro de la ciudad, limpiadas acequias y empedradas las calles.

El virrey marqués de Montesclaros fue trasladado al Perú con fecha 20 de noviembre de 1606 y entregó el gobierno a don Luis de Velasco hijo.

Montesclaros fue un gobernante probo, activo e inteligente. Después de su virreinato en el Perú regresó a España, en donde desempeñó altos cargos y recibió honores. Murió en Madrid el 9 de octubre de 1628.

Decimoprimer virrey
Luis de Velasco
(hijo)
1607-1611

EL 25 DE FEBRERO DE 1607 se le nombró otra vez virrey de Nueva España y tomó posesión en julio del mismo año, ocupándose de inmediato en disponer la excavación del canal de Huehuetoca bajo la dirección del ingeniero Enrico Martínez y del padre Juan Sánchez, matemático de la Compañía de Jesús. Esta obra tenía por objeto canalizar las aguas que año con año, durante la estación de lluvias, inundaban la Ciudad de México.

En febrero de 1609 llegó a México la real cédula que prohibía en forma terminante la esclavitud de los indios, disposición que Velasco hizo cumplir rigurosamente, con gran disgusto de encomenderos y dueños de minas. Velasco, como su padre, fue un celoso defensor de los indios. En enero de ese año corrió el rumor de que para el día de Reyes se tramaba una rebelión de negros. Velasco tomó medidas preventivas y mandó de Puebla una fuerza armada para combatir a los negros cimarrones o alzados que andaban por el rumbo de Río Blanco y que a menudo asaltaban a los viajeros que iban a Veracruz. Los negros cimarrones obedecían a un jefe llamado Antonio Yanga, quien mandó un mensaje al capitán Pedro González de Herrera, jefe de la fuerza armada; le decía que habían huido para escapar del maltrato de que eran víctimas. Velasco oyó las quejas y accedió a que los alzados fundaran una población a la que llamaron San Lorenzo de los Negros, en las cercanías de Córdoba.

El rey Felipe III concedió a Velasco, en reconocimiento a sus valiosos servicios, el título de marqués de Salinas y el 27 de diciembre de 1610 se le nombró presidente del Real Consejo de Indias, por lo que al año siguiente embarcó hacia España a hacerse cargo de su nuevo puesto. El 7 de agosto de 1617, encontrándose muy enfermo y viejo, fue retirado de la presidencia del Consejo de Indias y un mes después murió en Sevilla. Mereció el bien de la patria.

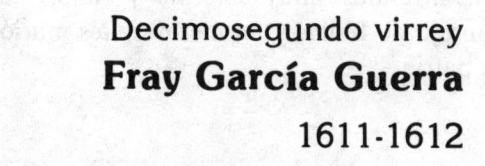

Decimosegundo virrey
Fray García Guerra
1611-1612

Este religioso nació en Fromesta, Palencia, España a mediados del siglo XVI. Tomó el hábito de los Predicadores y fue prior y maestro en el convento de San Pablo de Valladolid. En 1607 se le designó arzobispo de México y el 17 de junio se hizo cargo del Virreinato. Se registró en esa época un fuerte temblor de tierra que arruinó algunos edificios, sin desgracias personales.

El arzobispo-virrey se ocupó de presupuestar los gastos que se podrían hacer en las obras del desagüe de la ciudad para evitar las temidas inundaciones casi anuales. Trató de que se les devolvieran las tierras a los indígenas, pero este intento no tuvo buen resultado ante los intereses de encomenderos y latifundistas. También quiso arreglar el problema de la comunicación con la metrópoli, que era muy tardada por la organización de flotas para seguridad contra los piratas.

Fray García Guerra murió a consecuencia de un golpe sufrido al bajar de su coche. Se le hicieron solemnes funerales y fue sepultado en Catedral, asumiendo el gobierno interino la Audiencia. Su labor no se dio a notar por el poco tiempo que duró en el cargo.

Decimotercer virrey
Diego Fernández de Córdoba
Marqués de Guadalcázar

1612-1621

Este virrey nació en Sevilla, perteneciente a una familia que tenía el título de marqueses de Guadalcázar, por abolengo. Fue nombrado virrey de Nueva España por Felipe III de quien era gentilhombre de cámara. El día 28 de octubre de 1612 hizo su entrada solemne en México, ocupándose inmediatamente en la obra del desagüe de la ciudad y de sofocar una rebelión de indios tehuecos en Sinaloa, para lo que envió al capitán Diego Martínez de Hurdáiz con alguna tropa y auxiliares, que lograron someterlos después de algunos combates.

El rey Felipe III había dispuesto se contratara en España a un hombre entendido en hidrología, para que viniese a encargarse de las obras del desagüe de la Ciudad de México y se eligió al francés Adrián Boot, quien viajó a la capital de la Nueva España, hizo una revisión de las obras hechas hasta entonces y opinó que no servían, aunque se las utilizaría para desviar el río de Cuautitlán que era el que producía las inundaciones.

El ingeniero Martínez ofreció que con 300 hombres y 100,000 pesos terminaría la obra de desviación del río Cuautitlán e impediría el desemboque de aguas en Zumpango, pero los proyectos quedaron en suspenso hasta no ser aprobados por el rey. Como la minería requería de mucho azogue o mercurio, éste era traído de España y se le repartía arbitrariamente, por lo que el virrey Fernández de Córdoba estableció el Tribunal de Tributos y Repartimiento de Azogues para regular debidamente la compra y venta de ese producto. En Durango se sublevaron los tepehuanes que cometieron muchas violencias y asesinaron a misioneros y colonos, blancos, mestizos e indios, por lo que el marqués de Guadalcázar envió suficiente fuerza armada que los sometió y ahorcó a los responsables. Este virrey fundó las ciudades de Córdoba y Lerma. Fue explorado y pacificado el centro del país y se dio en honor del virrey el nombre de Guadalcázar a la sierra transversal de San Luis Potosí.

Al comenzar el año de 1621 fue enviado el virrey Fernández de Córdoba al Perú. Sirvió allá ocho años y regresó a España, a su villa de Guadalcázar, donde murió el 6 de octubre de 1630.

6

El Virreinato

Virreyes de la Nueva España
durante el gobierno de la
Casa de Austria con Felipe IV

Decimocuarto virrey
Diego Carrillo de Mendoza y Pimentel
Marqués de Gelves y
Conde de Priego
1621-1624

ESTE VIRREY NACIÓ EN EL REINO DE ARAGÓN y desde muy joven sirvió en el ejército, donde se distinguió por su energía, valor e inteligencia, lo que le valió ser nombrado para el Virreinato de la Nueva España; llegó a Veracruz el 21 de septiembre de 1621 y recibió el poder hasta el 8 de abril del siguiente año, ocupándose desde luego en comprar 10,000 fanegas de maíz para repartir a las clases pobres de la capital y sus alrededores, puesto que las sequías habían hecho que se perdieran las cosechas.

Como el bandidaje en todo el territorio era terrible, el virrey Carrillo organizó una persecución activa contra los ladrones e hizo ahorcar inmediatamente a los que fueron sorprendidos en la comisión del delito. A proposición suya, el doctor don Cristóbal Hidalgo y Bandaval dio lecciones de cirugía en la Universidad de México. Mandó destruir el dique que contenía las aguas del río Cuautitlán e interrumpió las obras del desagüe de Huehuetoca, por considerarlas muy caras. Como casi todos los años, la ciudad sufrió una gran inundación que causó serias pérdidas y molestias. Como los comerciantes siempre compraban en grandes cantidades el maíz para monopolizarlo e imponer precios, el virrey se opuso con energía por lo que los monopolistas lo vieron como enemigo muy odiado.

Se produjo un grave problema después, por los abusos que cometía el arzobispo de México don Juan Pérez de la Serna, tanto en lo religioso como en actividades comerciales. El virrey lo hizo llamar para reconvenirlo, por lo que el arzobispo se sintió gravemente lastimado en su calidad religiosa y lo excomulgó. Carrillo lo hizo detener y enviar a Ulúa, para remitirlo a España bajo partida. Esto originó un tumulto el 15 de enero de 1624; el pueblo enfurecido frente a Palacio, pedía la renuncia del virrey. El arzobispo, quien había logrado escapar, hizo pregonar que el marqués de Gálvez dejaba de ser virrey, que él tomaba el gobierno y que nombraba capitán general al licenciado Pedro Gaviria. El virrey, con peligro de ser asesinado por el populacho enfurecido, huyó del palacio que había sido incendiado, disfrazado de sirviente, para ir a refugiarse en la iglesia de San Francisco con algunos guardias que lo seguían; allí estuvo hasta que marchó a Veracruz para embarcar hacia España, en donde fue recibido por Felipe IV que lo escuchó con atención y aprobó algunas de las medidas que tomó en contra del arzobispo rebelde, pero desaprobó otras. El virrey Carrillo de Mendoza fue un gobernante recto y honrado que cuidó mucho de los gastos públicos e impidió abusos; pero sus disgustos con el arzobispo y la forma enérgica en que lo trató, hicieron que el pueblo se rebelara porque siempre éste apoyó a los religiosos y sobre todo a los frailes.

Decimoquinto virrey
Rodrigo Pacheco y Osorio
Marqués de Cerralvo
1624-1635

CUANDO EL REY FELIPE IV tuvo noticia de los motines ocurridos en México nombró como virrey de Nueva España a don Rodrigo Pacheco y Osorio, marqués de Cerralvo, de la nobleza española e inquisidor de Valladolid, dándole instrucciones muy precisas de investigar las causas verdaderas de los tumultos y castigar a quienes resultasen responsables. El nuevo virrey hizo su entrada en México el 3 de noviembre de 1624, pero olvidó el encargo principal por atender al amago de una flota holandesa que intentó apoderarse del puerto de Acapulco. Se ocupó de poner en estado de defensa a dicho puerto, para evitar que cayera en poder de los marineros holandeses o franceses, ya que España se encontraba en guerra contra Francia y Holanda. Un corsario holandés llamado Pit Hein, se apoderó de una flota de comercio española que llevaba a la metrópoli 12 millones de pesos y mucha mercadería.

Las inundaciones seguían amenazando a México, sin que nada se hiciera en serio por contenerlas. En 1629, como se habían dejado pendientes las obras del desagüe, se produjo la peor inundación que había sufrido la ciudad, subiendo el agua hasta dos metros. Se temió que la capital desapareciera por completo; el tránsito se hacía en canoas y muchas familias emigraron a otras poblaciones. Las aguas tardaron cuatro años en retirarse del todo. Oficialmente se dispuso que la ciudad fuese trasladada a otro lugar fuera del alcance de las aguas de los lagos; pero como la cédula estaba sujeta a discusión del ayuntamiento y de los gremios comerciales y a éstos no les convenía, se resolvió que la capital del Virreinato continuara en el sitio de la antigua gran ciudad azteca. Lo que había propuesto el ingeniero francés Boot resultaba muy costoso y poco operativo y el ingeniero Enrico Martínez continuó la obra que había quedado en suspenso, de manera que para 1632 estuvo concluido el canal de Huehuetoca y bien arreglada la calzada de San Cristóbal sobre un bordo macizo y con compuertas para regular las avenidas.

Como las incursiones de indios alzados se producían en el norte del Nuevo Reino de León, fue fundado un presidio al que se llamó Cerralvo en honor del virrey, presidio que dio lugar a la ciudad neoleonesa de hoy día.

El marqués de Cerralvo, quien no era muy honesto en el manejo de fondos, aunque hacía mucha obra sacaba buen partido de ella y se hizo inmensamente rico. Regresó a España en septiembre de 1635 y el rey Felipe IV lo colmó de honores haciéndolo consejero de estado, gentilhombre de cámara, mayordomo de palacio y de pie del infante don Fernando y después embajador en la corte de Viena. Murió este personaje en Madrid, en junio de 1652.

Decimosexto virrey
Lope Díez de Armendáriz
Marqués de Cadereyta
1635-1640

FUE EL PRIMER CRIOLLO que desempeñó el gobierno de la Nueva España. Nació en Quito, en el Virreinato de Nuevo Toledo (el Perú), ciudad que hoy es la capital de la República de Ecuador. Su padre era presidente de la Real Audiencia de esa ciudad, donde él se educó siguiendo la carrera del mar. Llegó a ser un marinero distinguido, que tuvo a su mando las flotas de seguridad en los convoyes que llevaban las mercaderías y tesoros de las Indias a España. El 19 de abril de 1635 fue nombrado virrey de Nueva España e hizo su entrada en México el 16 de septiembre del mismo año, ocupándose inmediatamente de continuar las obras de seguridad para evitar las inundaciones, azote de la capital novohispana.

Un temblor de tierra destruyó parte de la obra del desagüe en enero de 1637, por lo que el virrey hizo llamar a dos peritos, los señores Fernando de Zepeda y Hernán Carrillo, para que dieran su opinión, que fue la de abrir un tajo descubierto. Tomada la opinión del Ayuntamiento, de la Audiencia y de los gremios del comercio, se resolvió cavar y arreglar el tajo aprovechando una gran hendedura del terreno llamada Nochistongo. Este tajo sirvió mucho y con el tiempo fue ampliado y aprovechado por los gobiernos del México independiente.

El rey Felipe IV dio la cédula de abolición de la esclavitud para los indios, mas no así para los negros que con frecuencia escapaban a remontarse en las montañas en calidad de cimarrones, principalmente en el actual estado de Veracruz. Asimismo, para seguridad de los habitantes del Nuevo Reino de León contra los indios apaches, comanches y lipanes, fue fundado un presidio que después se convirtió en villa con el nombre del título nobiliario del virrey y hoy es la ciudad de Cadereyta, en Nuevo León, así como otra con el mismo nombre en Querétaro. Este virrey se ocupó mucho en la limpieza de la ciudad, disponiendo que fuesen desazolvadas las acequias por donde se canalizaba a las aguas en caso de inundación o de aseo de la capital. Durante su gobierno fue fundado el hospital del Espíritu Santo, y se disponía a crear centros de población, sobre todo en el norte del país, cuando se supo que venía otra persona a sustituirlo.

El virrey de Cadereyta, al entregar el gobierno, fue acusado de muchas cosas por el obispo don Juan de Palafox y Mendoza, más bien por asuntos de carácter personal que acumularon sus enemigos. Como marinero que era se ocupó en formar la Armada de Barlovento, para combatir a los piratas. Esta flota, que estaba integrada por barcos ligeros bien armados, tenía su base en Veracruz y constantemente patrullaba el litoral del Golfo de México dándole seguridad a las poblaciones de la costa y al comercio de cabotaje y de altura de España.

Decimoséptimo virrey
Diego López Pacheco Cabrera y Bobadilla
Marqués de Villena, conde de Xiquena y duque de Escalona

1640-1642

Este personaje pertenecía a una de las familias más aristocráticas de España. Era gente de armas y de letras, educado en la Universidad de Salamanca y sirvió en los Tercios españoles en donde llegó al grado de coronel de infantería. Era joven, alegre y le gustaban las fiestas y diversiones. Recibió las órdenes para venir como virrey en enero de 1640; llegó a Veracruz a fines de junio del mismo año, pero allí se entretuvo por los festejos con que fue recibido, haciendo su entrada ceremonial en México hasta el 28 de agosto. En Veracruz se dio cuenta de la imperiosa necesidad de reforzar la Armada de Barlovento, ante la presencia constante de barcos corsarios. Intensificó la construcción de naves de guerra, fundición de cañones y hechura de municiones, aparejos y pólvora, y obtuvo que buques de línea de las bases de La Habana y Cartagena pasaran a formar parte de dicha armada.

Desgraciadamente los sucesos y las intrigas perjudicaron mucho al virrey, ya que en Portugal se produjo una sublevación para separarse de España y ocurrió que el duque de Braganza encabezara dicha revuelta alzándose como rey de Portugal. Braganza era primo hermano del virrey, por lo que sobre éste inmediatamente recayeron sospechas insidiosas de que quería levantarse con la Nueva España en apoyo de los portugueses. El virrey, para hacer desaparecer la murmuración, hizo que los portugueses residentes en Nueva España se presentasen ante las autoridades para ser vigilados estrechamente, pero ni esta medida dio resultado; las intrigas y sospechas siguieron y aumentaron.

El obispo don Juan de Palafox y Mendoza, quien tenía cierta amistad con el virrey puesto que viajaron juntos de España a Veracruz, fue quien encabezó las acusaciones en calidad de visitador real. Palafox, que era titular del obispado de Puebla y residenció al virrey marqués de Cadereyta, se prestó a servir de instrumento a la Audiencia de México, a los ricos comerciantes y al populacho, para acusar insistentemente al virrey marqués de Villena de tener nexos con los rebeldes portugueses. El 9 de junio de 1642 el arzobispo Palafox hizo rodear el palacio con guardias, a la medianoche, notificándole al marqués de Villena que había cesado en el cargo, que el propio arzobispo asumía para seguridad del reino con el embuste de que tenía las órdenes en la mano, las que nunca mostró. El virrey se retiró al convento de Churubusco y de allí a San Martín Texmelucan, en donde estuvo algunos meses tratando de arreglar asuntos personales puesto que el arzobispo-virrey, arbitrariamente, hizo que le fueran confiscados sus bienes y vendidos en pública subasta.

Aprovechó la salida de una flota hacia España y embarcó en Veracruz. Se presentó en la Corte, fue recibido por el rey quien le dio la razón en sus quejas y quiso reponerlo en el gobierno de Nueva España, pero Villena ya no aceptó. Se le dio en parte el dinero que había perdido con la confiscación de sus bienes y fue enviado como gobernador primero a la isla de Sicilia y después al reino de Navarra, muriendo en Pamplona el 27 de febrero de 1653.

Decimoctavo virrey
Juan Palafox y Mendoza
Obispo de la Puebla de los Angeles
1642

BUEN ADMINISTRADOR pero poco político, fue hijo bastardo del marqués de Ariza. Bien educado en Zaragoza se resolvió por seguir la carrera eclesiástica y perteneció al clero secular. No tuvo título nobiliario y llegó a ser virrey por las circunstancias que aprovechó para destituir al marqués de Villena, siendo Palafox obispo titular recién llegado a Puebla; se entiende que era de carácter conflictivo. En el poco tiempo que gobernó al Virreinato se ocupó mucho de asuntos de la Iglesia con la organización de ceremonias, continuación de las obras de la catedral de México, la doctrina, mejoramiento de conventos y aposentos de los religiosos y también hizo obras de caridad en favor de los pobres y de los enfermos.

En lo externo de los usos religiosos hizo demoliciones y se perdieron seguramente muchas piezas de gran valor, ídolos y obras de las antiguas culturas mexicanas. Levantó una fuerza armada que de ninguna manera representaba un ejército y creemos que más bien era para su seguridad personal; estableció medidas para regular la vida académica de la universidad así como cánones para controlar a la Audiencia. Dos oidores no aceptaron las disposiciones del arzobispo-virrey y éste los suspendió en sus funciones. Palafox se inclinaba a apoyar al clero secular, al que él pertenecía, por lo que empezó a tener dificultades con los jesuitas que querían actuar fuera de su dependencia como autoridad religiosa, suscitándose a poco un pleito muy grave, por lo que fue relevado de su cargo gubernamental, aunque permaneció en México algunos años con el puesto de visitador general.

En junio de 1649 el arzobispo Palafox salió para España, por órdenes de la Corona. Era escritor muy culto, gente honrada y trabajador incansable, de espíritu recto. Construyó y consagró la catedral de Puebla y fundó la famosa biblioteca palafoxiana. Siendo obispo en Osma, España, murió el primero de octubre de 1659.

Decimonono virrey
García Sarmiento de Sotomayor
Segundo conde de Salvatierra y marqués de Sobroso

1642-1648

Cuando se tuvo sospechas de que el marqués de Villena mantenía nexos con los rebeldes de Portugal, Felipe IV nombró al segundo conde de Salvatierra como virrey sustituto de la Nueva España y éste recibió el gobierno de México el 23 de noviembre de 1642 otra vez con el problema de una fuerte inundación, porque el tajo de Nochistongo se azolvó y las aguas de la laguna de Zumpango pasaron a la de México. El virrey hizo limpiar el tajo y por lo pronto desapareció el peligro.

Envió una expedición a California, que no tuvo el buen éxito deseado; reconstruyó los acueductos que surtían de agua a la ciudad, llevó a cabo el establecimiento de algunas poblaciones en el centro del país, siendo la principal Salvatierra que llevó ese nombre en su honor; logró dominar levantamientos de algunas tribus indígenas y construyó el presidio de Cerro Gordo, en el camino de México al mineral de Parral; reguló con mucho cuidado las percepciones de la Hacienda Real y estableció el uso de papel sellado para los trámites legales y administrativos.

El 13 de mayo de 1648 entregó el gobierno al nuevo virrey, el obispo de Yucatán don Marcos Torres y Rueda. El marqués de Salvatierra marchó al Perú para hacerse cargo de aquel Virreinato y cuando terminó su gobierno se quedó a vivir en Lima, donde murió el 26 de junio de 1659.

Vigésimo virrey
Marcos Torres y Rueda
Obispo de Yucatán
1648-1649

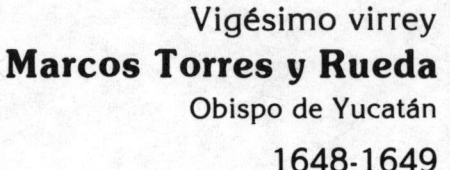

EL OBISPO TORRES Y RUEDA era originario de la villa de Almazán, en España; estudió en la Universidad de Alcalá de Henares con mucha distinción. Fue catedrático de teología en esa misma universidad y en la de Valladolid. El rey Felipe IV solicitó del Papa que se le nombrara obispo de Yucatán, por lo que embarcó hacia Veracruz. En Puebla fue consagrado como obispo e hizo el viaje a su nueva sede, llegando a Campeche en noviembre de 1646; tomó posesión del cargo religioso en Mérida ese mismo mes, pero ocurridos los sucesos que acabaron en la destitución del virrey Villena, a la Corona no le pareció bien el proceder del arzobispo Palafox ni definitivamente el de García Sarmiento de Sotomayor, porque éste tuvo serios disgustos con el arzobispo; entonces el rey dispuso que se encargara del Virreinato de la Nueva España el obispo Torres y Rueda, además presidente de la Audiencia mientras se nombraba a un virrey titular.

Cuando Torres y Rueda entró en México el conde de Salvatierra no quiso entregarle el gobierno y menos el dinero de las cajas reales, por lo que la Corona tuvo que intervenir directamente para hacer valer el nombramiento de virrey al obispo de Mérida.

Durante el gobierno muy corto de Torres y Rueda la Inquisición de México llevó a cabo, el 11 de abril de 1649, un gran auto de fe en que se castigó a 107 sentenciados, entre ellos los judaizantes Tomás Tremiño de Campos y 12 personas más que fueron estranguladas a garrote vil. El obispo-virrey estaba enfermo y no pudo asistir a tan terrible espectáculo. Murió el mismo mes de abril, dejando el gobierno interino a la Audiencia.

Vigesimoprimer virrey
Luis Enríquez de Guzmán
Conde Alba de Liste
1650-1653

ESTE PERSONAJE, de la nobleza media española, se formó en la administración y recibió el título de caballero de la Orden de Calatrava. Fue nombrado virrey en Madrid para que viniera a recibir el gobierno en México, de la Audiencia. Lo único que hizo fue regular la hacienda pública, de manera que recogió mucho dinero por concepto de impuestos, gabelas y alcabalas, enviando a España grandes cantidades de numerario.

Hizo sofocar una rebelión de indios tarahumaras, que habían asesinado a misioneros franciscanos y jesuitas y saqueado e incendiado algunas pequeñas poblaciones. El cabecilla fue capturado y ahorcado y terminó así el problema.

Como premio a las aportaciones de dinero que hizo a la Corona, el virrey Enríquez de Guzmán fue trasladado, con el mismo nombramiento al Perú. Fue un gobernante que prácticamente nada hizo por el Virreinato.

Vigesimosegundo virrey
Francisco Fernández de la Cueva

Duque de Alburquerque, marqués de Cuéllar, conde de Ledesma y de Huelma, grande de España

1653-1660

MILITAR MUY DISTINGUIDO, de familia aristócrata. Fue nombrado virrey de la Nueva España e hizo su entrada en la Ciudad de México el 15 de agosto de 1653. Como se recrudeció la guerra contra los ingleses se temía un desembarco, por lo que reforzó las defensas de Veracruz y San Juan de Ulúa y envió armas y municiones a Jamaica y a La Habana. Mandó 100 familias españolas a poblar Nuevo México y fue fundada la villa de Alburquerque, en su honor.

Acrecentó el comercio con las Filipinas, mandó hacer monedas de oro con el muy prestigiado cuño mexicano, recogió con cuidado las rentas reales que remitió a España en gruesas cantidades de plata, reforzó la Armada de Barlovento y mandó construir en la dársena de Campeche algunos navíos para el servicio de cabotaje y de ultramar e hizo progresar las obras de construcción de la catedral de México, en donde estaba rezando cuando fue agredido por un soldado de la guardia llamado Manuel Ledesma, quien fue juzgado sumariamente y ejecutado al día siguiente del atentado.

Entregó el gobierno de Nueva España y marchó a Madrid en septiembre de 1660. Fue nombrado teniente general de marina y después embajador extraordinario en Viena para acompañar a la princesa Margarita que iba a casarse con el rey Leopoldo. Murió en Madrid de un ataque al corazón, el 27 de marzo de 1676.

Vigesimotercer virrey
Juan de Leyva de la Cerda
Conde de Baños y marqués de Leyva y de Ladrada

1660-1664

PERTENECÍA A LA VIEJA NOBLEZA ESPAÑOLA; desde muy joven empezó a servir a la Corona en la marina, combatiendo a los piratas argelinos que infestaban el Mediterráneo y posteriormente, en 1626, a los sublevados catalanes de Tarragona. Fue nombrado virrey de Nueva España cuando tenía 56 años de edad y entró en la capital mexicana el 16 de septiembre de 1660, acompañado de su familia. El conde de Baños era de carácter altanero, brusco en sus modales y de codicia sin límite. Todas estas características también las tenían sus familiares.

Recién llegado su hijo Pedro tuvo un altercado con un servidor del conde de Santiago al que mató de una estocada y como el conde le reprochase su conducta, don Pedro de Leyva consiguió unos asesinos bien pagados con los que intentó matar al conde. Las presiones y abusos provocaron rebeliones de algunos grupos indígenas, principalmente en Tehuantepec. Hizo embargar tierras y propiedades para darlas a sus familiares y a algunos amigos y para cubrir un préstamo que el tesoro de Nueva España había adelantado a la Corona, embargó las mercaderías que llegaron de Europa a Veracruz, para obligar al comercio de la Ciudad de México a aportar de inmediato el dinero que se le había remitido al rey.

Como las quejas contra el conde de Baños eran muchas, la Corona dispuso que entregara interinamente el Virreinato al obispo don Diego Osorio de Escobar; pero Leyva interceptaba la correspondencia y así se apoderó de las órdenes de la Corona y siguió gobernando hasta que el obispo supo, dio a valer su autoridad y el virrey, en forma humillante, tuvo que salir de México casi a escondidas, con gran alegría de la gente que lo aborrecía. Embarcó para España y cuando se presentó en la Corte fue reprendido severamente por el rey, quien lo separó para siempre de todo servicio. El conde de Baños enviudó, tomó las órdenes de los carmelitas y estuvo en un convento hasta que murió en 1667.

Vigesimocuarto virrey
Diego Osorio de Escobar y Llamas
Obispo de la Puebla de los Angeles

1664

ESTE RELIGIOSO DEL CLERO SECULAR, aunque amigo de los jesuitas, era obispo de Puebla y había sido nombrado arzobispo de México, cargo que declinó. Como una necesidad imperiosa aceptó sustituir al virrey conde de Baños en el gobierno de la Nueva España, pero era totalmente ajeno a las actividades profanas. Durante el poco tiempo que gobernó se ocupó en ordenar la Armada de Barlovento, que carecía de muchos elementos; remitió dinero a Cuba para reparar el castillo de Santiago, fundir artillería y fabricar pólvora, porque la guerra contra los ingleses seguía.

También se ocupó en escuchar quejas de particulares por el mal servicio del correo, el que hizo arreglar de manera muy eficiente; pero enfermo y cansado, este obispo-virrey tan pronto como lo creyó prudente renunció a su alto cargo retirándose a Puebla, donde murió en octubre de 1673.

Vigesimoquinto virrey
Sebastián de Toledo Molina y Salazar
Marqués de Mancera
1664-1672

Conocía bien América porque acompañó y fue ayudante de su padre cuando éste desempeñó el cargo de virrey del Perú, en 1639. Sirvió a la Casa Real como mayordomo de palacio y en el cuerpo diplomático, por lo que ganó la confianza del rey Felipe IV que lo nombró virrey de la Nueva España en diciembre de 1663.

Llegó a la Ciudad de México e inmediatamente ordenó que no se hiciera gasto alguno en su recepción porque el tesoro virreinal estaba muy pobre por las constantes remisiones que se hacían a España y además se tenían fuertes gastos en la constante guerra contra los ingleses, cuyos corsarios Davis y Morgan ponían constantemente en jaque a las posesiones españolas desde Cartagena hasta la Florida y Cuba.

Este virrey se ocupó de poner en alta fuerza a la Armada de Barlovento, cuya reorganización había iniciado el obispo-virrey Osorio de Escobar porque resultaba indispensable para seguridad de las costas, del comercio de cabotaje y de altura. Sobre todo se construyeron barcos ligeros y bien armados, para concurrir oportunamente a los puntos amenazados o en seguimiento de los piratas.

A principios de 1666 llegó a México la noticia de la muerte del rey Felipe IV a quien Mancera le debía muchas atenciones, por lo que se le hicieron solemnes honras fúnebres en la Catedral inconclusa, donde a pesar de la pobreza del erario el marqués de Mancera se ocupó en terminar todo el ornato interior. Los grandes problemas que tuvo este virrey fueron de orden económico; sin embargo la Audiencia lo acusó de trivialidades como llegar tarde a los oficios religiosos, lo que mereció que la Corona llamara la atención al virrey, quien enfermo y molesto solicitó retirarse del mando, petición que no le fue aceptada sino hasta julio de 1672. En el camino a Veracruz, ya para embarcar hacia España, murió su esposa en la villa de Tepeaca, Puebla, donde fue sepultada.

7

El Virreinato

**Virreyes de la Nueva España
durante el gobierno de la
Casa de Austria con Carlos II**

Vigesimosexto virrey
Pedro Nuño Colón de Portugal

Duque de Veragua, marqués de Jamaica, conde de Gelves y caballero de Toisón de Oro, descendiente en línea directa del almirante Cristóbal Colón

1672

En abril de 1672 fue nombrado virrey de Nueva España don Enrique de Toledo y Osorio, marqués de Villafranca, pero pretextando motivos de salud renunció al cargo, por lo que la Corona, gobernando Carlos II "El Hechizado" (quien iba a ser el último monarca de la Casa de Austria), nombró al duque de Veragua para virrey. Llegó a Veracruz en septiembre y allí se entretuvo para revisar las fortificaciones del puerto, porque se había declarado la guerra a Francia y se temían ataques a la tierra firme.

El virrey, aunque entusiasta y buen soldado, estaba enfermo. Se detuvo en el Alcázar de Chapultepec, más bien por motivos de salud que para esperar los festejos de recepción. Ya al frente del gobierno se puso grave y murió el 13 de diciembre del mismo año. Se le dio solemne sepultura en Catedral y sus restos después de algún tiempo fueron trasladados a España.

Vigesimoséptimo virrey
Fray Payo Enríquez de Rivera
Arzobispo de México

1672-1680

NACIÓ EN SEVILLA EN 1622, hijo bastardo de un comandante militar de Andalucía. Estudió en su ciudad natal e ingresó en la orden de San Agustín.

Después fue maestro de teología en Osuna y en las universidades de Burgos, Valladolid y Alcalá de Henares, donde lo conoció el rey Felipe IV que le cobró mucha estimación y lo nombró para que se hiciera cargo del obispado de Guatemala que desempeñó durante 10 años. En 1667 fue nombrado obispo de Michoacán y después arzobispo de México. Como en España se tenía noticia de la enfermedad del duque de Veragua, quien por compromiso con el monarca aceptó el Virreinato, la reina regente Mariana de Austria nombró en pliego secreto al obispo Enríquez de Rivera virrey sustituto de la Nueva España.

Este virrey dio un gran impulso a las obras públicas, no sólo de la Ciudad de México sino de muchas plazas que lo requerían; con las milicias de voluntarios de la costa de Barlovento hizo que los ingleses abandonaran Coatzacoalcos y la Laguna de Términos; reforzó la guarnición de Campeche, puso especial cuidado en llevar las cuentas de ingresos para poder cubrir exactamente los gastos de los que tenía proyectado y fue desarrollando cómo terminar las obras del desagüe de México, la construcción de una calzada empedrada y bien hecha a la Villa de Guadalupe, junto con un acueducto; construyó 25 puentes de cal y canto sobre los canales que había en México, sustituyendo las endebles y peligrosas pasarelas de madera; inició la reconstrucción de la iglesia de San Agustín, donde después estuvo la Biblioteca Nacional, que había sido casi destruida por un incendio; pacificó a las tribus alzadas de Nuevo México. Fundó la villa de Paso del Norte, hoy Ciudad Juárez, sobre el río Bravo en 1677.

En 1680 solicitó que lo relevaran de ambos cargos, el de arzobispo de México y el de virrey de Nueva España, lo que le fue concedido. Entregó en el más perfecto orden su gobierno, dio cuenta hasta del último centavo gastado durante su administración. Entregó el poco dinero que era de su propiedad a un asilo de huérfanos y regaló su biblioteca al Oratorio de San Felipe Neri. Se retiró a España, donde vivió en el convento de San Agustín, en Alcalá de Henares, hasta su muerte ocurrida el 8 de abril de 1684.

Vigesimoctavo virrey
Antonio de la Cerda y Aragón
Conde de Paredes y marqués de la Laguna
1680-1686

ESTE PERSONAJE, de ilustre familia, fue nombrado virrey de Nueva España, cargo que recibió el 30 de noviembre de 1680. Tuvo de inmediato noticia del levantamiento de los indios de Nuevo México que asesinaron a colonos, soldados y misioneros, obligando a los sobrevivientes a abandonar Santa Fe que era la capital de aquel territorio, para refugiarse en Paso del Norte. El virrey movió fuerzas de caballería de la Nueva Vizcaya para perseguir a los 25,000 indios que estaban en armas pero que bien se cuidaron de presentar batalla, por lo que no se obtuvo un buen resultado. Se repobló a Santa Fe con nuevos contingentes de colonos, españoles y mestizos, quienes recibieron tierras para su cultivo, y se aumentaron las guarniciones que dieran seguridad a esa región.

En 1681 fue enviada una nueva expedición a California, al mando del capitán Isidro Otondo, quien recorrió todo el litoral hasta La Paz, de donde regresó al puerto de Navidad, Jalisco. En esa expedición fueron tres padres jesuitas, entre ellos el tirolés Eusebio Kino, para ver la posibilidad de quedarse en alguna misión. La empresa fue un fracaso, mientras Veracruz, que estaba descuidada y sin suficiente guarnición, caía en manos de unos piratas franceses al mando de Lorencillo (Lorenzo Jácome), quien con 800 hombres se apoderó del puerto y encerró a los habitantes en las iglesias en tanto se dedicó a saquear la ciudad llevándose enormes cantidades de mercancía, rehenes y siete millones de pesos. Cuando llegaron las fuerzas para combatirlos, se habían hecho a la mar y sorpresivamente atacaron a Campeche y a Yucatán burlándose de las autoridades españolas y de la Armada de Barlovento. Este virrey fue quien hizo ahorcar a un aventurero medio loco que estaba en la cárcel, llamado Antonio Benavides y al que el vulgo llamaba "El Tapado", porque decía que traía órdenes de visitador, gobernador y castellano de Acapulco. Probablemente vino con los piratas de Lorencillo. Su ejecución ocurrió el 14 de julio de 1683 en la plazuela de El Volador, en México.

El 16 de noviembre de 1683 el conde de Paredes entregó el gobierno de la Nueva España al conde de la Monclova.

Vigesimonono virrey
Melchor Portocarrero y Lasso de la Vega
Conde de la Monclova
1686-1688

EL CONDE DE LA MONCLOVA era militar que se distinguió en las guerras contra Francia. En la batalla de las dunas de Dunquerque perdió el brazo derecho, el que le fue sustituido por uno de plata; por esa razón el vulgo le llamaba "Brazo de plata". El 17 de abril de 1686 fue nombrado virrey de Nueva España. Llegado a Veracruz allí permaneció algunos días para obtener información de si había algún establecimiento de franceses en el golfo de México. Mandó dos bergantines bien armados y tripulados que recorrieran el litoral hasta muy al norte y explorasen para ver si había enemigos, como se aseguraba.

Se puso en marcha, llegó a Puebla y después a México, en donde hizo su entrada solemne el día 30. El mes de diciembre llegaron a México muy bien escoltados tres piratas ingleses que habían sido hechos prisioneros en la Laguna de Términos, declarando que tenían ya algunos meses allí y que con otros 100 hombres se dedicaban al corte de maderas preciosas que remitían a Jamaica en barcos que de allá les mandaban. Regresaron los dos bergantines que había enviado el virrey a explorar, con la información de haber encontrado unas embarcaciones destruidas y un fuerte a medio construir en la bahía de San Bernardo, Texas, aunque sus constructores habían sido muertos por los indios.

Para evitar el desembarco de franceses el virrey ordenó la creación de un presidio o campamento que en su honor se llamó Monclova, donde se establecieron 150 familias, en total 270 hombres bien armados para rechazar cualquier intento de los franceses. Hizo construir y arreglar otros presidios más al norte, todos enlazados entre sí. Dispuso que todos los sacerdotes extranjeros sin licencia salieran inmediatamente del país. Extendió la cañería del acueducto que conducía el líquido de Chapultepec, haciéndolo que llegara a una fuente principal a la que el pueblo llamó el **Salto del Agua**. Todos los gastos los cubrió de su bolsillo.

El conde de la Monclova recibió órdenes el 3 de mayo de 1688 para marchar al Perú como virrey y salió del puerto de Acapulco hasta mayo de 1689, por falta de un barco que lo llevase con su familia. Murió en Lima el 15 de septiembre de 1705.

Trigésimo virrey
Gaspar de la Cerda Sandoval Silva y Mendoza
Conde de Gelves
1688-1696

FUE UNO DE LOS MAS JÓVENES VIRREYES que tuvo la Nueva España; contaba 35 años cuando recibió el nombramiento, en mayo de 1688. Llegó a Veracruz a mediados de octubre y en el camino encontró a su antecesor. Juró lealtad al rey ante la Audiencia y empezó a ejercer el gobierno a principios de diciembre. Este virrey se ocupó en combatir a la piratería y las invasiones de franceses en los dilatados y abandonados territorios del noreste del virreinato. Puso atención en mantener con mucha diligencia las obras del desagüe de la Ciudad de México.

Al informarse de la presencia de mercaderes británicos en las costas de Tabasco y Campeche, los que cortaban maderas preciosas que embarcaban hacia Jamaica, envió fuerza armada para combatirlos; pero eran unos cuantos ingleses y los trabajadores eran mayas que recibían buena cantidad de aguardiente y de dinero para que cortasen la madera que era enviada a Jamaica y a Europa. Se ocupó en intensificar la enseñanza del idioma castellano entre los grupos indígenas, con buen provecho.

El gobernador del territorio de Coahuila y Texas fue ganándose pacíficamente a los grupos aborígenes que recorrían aquellos lugares, aunque de vez en cuando se levantaban en armas contra el maltrato que se les daba por parte de los soldados y colonos mestizos y españoles. Hubo un agudo periodo de sequía que hizo se perdieran las cosechas; los novohispanos lo relacionaron con la aparición de un cometa, no hubo maíz en la capital y apareció el hambre, por lo que la multitud se amotinó frente a la Plaza de Armas y apedreó el palacio de los virreyes. Como nadie intervenía para calmar los ánimos, el alboroto creció y el tumulto se convirtió en un motín que prendió fuego al palacio, a las casas del cabildo y a algunas tiendas de telas, que ardieron con gran rapidez. En el salón de cabildos se encontraba en forma desordenada mucha documentación importante del historial novohispano, la que en gran parte logró salvar de ese desastre, con gran peligro de su vida, el sabio mexicano don Carlos de Sigüenza y Góngora. El virrey, quien se escondió en el convento de San Francisco el Grande, se informó por algunas personas de su confianza sobre quiénes habían sido los promotores de los desórdenes, los hizo aprehender y sin más juicio que la identificación personal, los mandó ahorcar. Eran cinco los responsables principales, todos ellos españoles.

En ese tiempo España estaba aliada con los ingleses en contra de Francia, así que con la ayuda de unos barcos de guerra de los aliados el virrey atacó a los franceses que se habían apoderado de la isla Española, les quitó muchos cañones y pólvora y aprovechó las construcciones para hacer algunos fuertes. En Texas, para evitar desembarcos de extranjeros, estableció la guarnición de Panzacola.

Con deseos de regresar a España el virrey conde de Gálvez pidió su relevo en septiembre de 1695, lo que le fue concedido. Quiso entregar al obispo de Puebla don Manuel Fernández de Santa Cruz, interinamente, el gobierno virreinal; pero Fernández se negó a aceptar por motivos de salud y por tener mucho trabajo en su obispado, por lo que el conde de Gálvez entregó el gobierno a don Juan de Ortega y Montañés, obispo de Michoacán.

De la Cerda y Sandoval murió en el puerto de Santa María, España, el 12 de marzo de 1697.

Trigesimoprimer virrey
Juan Ortega y Montañés
Obispo de Michoacán
1696

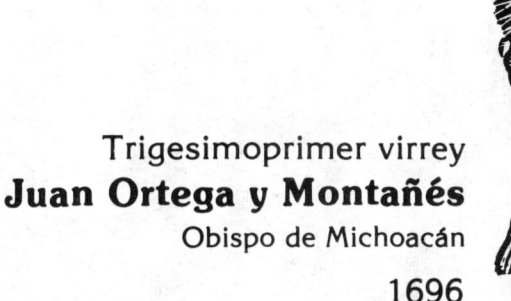

Este obispo-virrey estudió en Cartagena, su tierra natal, y de allí pasó a Málaga y a Alcalá de Henares, donde se graduó de doctor en jurisprudencia. Fue nombrado inquisidor para la Nueva España y aquí entró en el servicio religioso. Fue obispo de Guatemala y de Valladolid, donde se hizo notar por su energía contra los miembros del clero, sus abusos y arbitrariedades y asimismo por su bondad y atención hacia la feligresía sencilla y pobre. En febrero de 1696 recibió el virreinato interinamente. Tuvo que sofocar un tumulto causado por los estudiantes de la universidad que quisieron quemar la picota que estaba en la plaza de armas "como manifestación vejatoria del poder de la monarquía".

Los alguaciles persiguieron a los revoltosos y detuvieron a un joven llamado Francisco González de Castro, a quien el populacho quiso rescatar cuando lo llevaban a la cárcel. Los revoltosos se escondían en los puestos y desde allí arrojaban piedras. Como nada se pudo aclarar pero sí los estudiantes lograron quemar la picota, el virrey hizo que retirasen todos los puestos y baratillos que había en el zócalo. Ese mismo año encomendó el obispo-virrey a los jesuitas la evangelización de California, el 13 de diciembre entregó el gobierno al nuevo virrey y salió de inmediato a su diócesis de Michoacán, hasta marzo de 1700 en que fue nombrado arzobispo de México y pasó a radicar en la capital.

Trigesimosegundo virrey
José Sarmiento y Valladares
Conde de Moctezuma y Tule

1696-1701

ESTUVO CASADO con la tercera condesa de Moctezuma, descendiente del emperador mexicano, de donde le venía el título. Llegó a México en diciembre de 1696 y se entrevistó con el obispo Montañés en Otumba, donde recibió el gobierno del que tomó posesión oficial ese mismo día ante la Audiencia. Al entrar en la capital lo derribó el caballo que montaba, lo que produjo mucha risa entre el pueblo. En febrero del mismo año salió a colonizar las Californias el padre jesuita mexicano Juan María Salvatierra, quien fundó muchas misiones y evangelizó a numerosos indígenas.

A este virrey le tocó publicar la autorización del consumo de pulque como bebida para los indios. Se ocupó en hacer que fuese reparado el palacio virreinal, semidestruido por los motines y el incendio de 1692. Como los ladrones pululaban no sólo en los caminos sino en la misma capital, el virrey dictó la orden de dividir a la ciudad en ocho cuarteles a cargo de los alguaciles mayores. Los delincuentes detenidos eran azotados públicamente, si reincidían se les marcaba en la espalda con un hierro candente y a la tercera ocasión se les cortaba una oreja. A los salteadores de camino real se les castigaba con la pena de muerte. En agosto de ese año murió en la Ciudad de México el ilustre hombre de ciencia mexicano don Carlos de Sigüenza y Góngora.

Como el virrey Sarmiento y Valladares manifestara su inclinación por los Habsburgo, que pretendían la Corona de España para uno de sus archiduques, fue objeto de intrigas y se le removió del cargo que entregó interinamente al arzobispo de México don Juan Ortega y Montañés. El conde de Moctezuma regresó a España, donde fue muy bien recibido. Se le concedió una pensión y el título de duque de Atlixco y grande de España.

8

El Virreinato

Virreyes de la Nueva España durante el gobierno de la Casa de Borbón con Felipe V

Un barco llegado a Veracruz el 6 de marzo de 1701 trajo la noticia de la muerte del rey Carlos II, "El Hechizado", ocurrida en Madrid el 1º de noviembre del año anterior; era hijo de Felipe IV y de doña Mariana de Austria y había nacido en 1661. Padecía epilepsia, por lo que creyeron él mismo y su corte que estaba hechizado y se sujetó a muchos exorcismos por demás ridículos. Estuvo casado primero con la princesa María Luisa de Orleáns y después con Ana de Newburg, pero no tuvo sucesión por lo que con él se extinguieron la rama de Carlos V y la dinastía de la Casa de Austria en España. En su testamento designó heredero al príncipe Felipe de Anjou, nieto de Luis XIV, con quien principió el gobierno de la Casa de Borbón en España.

Trigesimotercer virrey
Juan Ortega y Montañés
Arzobispo de México
1701-1702

ESTE VIRREY ORDENÓ se suspendiera el envío de presos y delincuentes de la Nueva España a Puerto Rico, como lo había dispuesto el conde de Moctezuma. A consecuencia de la alianza de Austria, Holanda e Inglaterra contra Francia y España para impedir la coronación de Felipe de Anjou como Felipe V de España, iba a empezar la guerra.

El nuevo virrey recibió la información de que se encontraba en La Habana el conde de Chateau-Renaud con una escuadra francesa, para conducir la flota que llevaba a la metrópoli los caudales de América. Se produjo una discusión entre el virrey y la Audiencia; ésta pedía que no se le confiaran los dineros y efectos de valor al francés, sino hasta que presentara una orden expresa del rey. El virrey hizo saber que él debía ordenar lo que se tenía que hacer, porque las consecuencias que sufriera la Corona serían de su responsabilidad.

Salieron los barcos de carga de Veracruz, el 12 de junio de 1701, escoltados por la flota de Barlovento al mando del almirante don Manuel de Velasco, conduciendo cinco millones de pesos. Los ingleses y holandeses, que supieron de la remisión, se situaron con sus escuadras cerca del puerto de Cádiz, por lo que los hispano-franceses resolvieron llegar a Vigo, donde se trató de hacer la descarga; pero los comerciantes de Cádiz se opusieron, recurriendo a la opinión del Real Consejo de Indias. Entre tanto los ingleses y holandeses se presentaron frente a Vigo y atacaron con gran potencia puesto que tenían mucha superioridad en navíos.

La resistencia se hizo con valor y decisión, pero resultó inútil; se perdieron todas las naves, unas fueron destruidas por el fuego y otras cayeron en poder del enemigo. El almirante Velasco hizo arrojar al mar mucho de la mercadería y caudales antes que dejarlos en manos de los anglo-holandeses. Las pérdidas fueron enormes, murieron más de 2,000 marineros franceses y españoles. La flota hispana quedó reducida a la nada.

Un año gobernó esta última vez el arzobispo, puesto que el 27 de noviembre de 1702 marchó a Otumba al encuentro del nuevo virrey, a quien le entregó el mando. Volvió a ocupar la sede arzobispal de México, hasta que murió en esta capital el día 16 de diciembre de 1708.

Trigesimocuarto virrey
Francisco Fernández de la Cueva Enríquez
Marqués de Cuéllar, duque de Alburquerque y grande de España

1701-1711

ESTE VIRREY DE ORIGEN MILITAR, recibió su nombramiento a fines de 1701 y llegó a México hasta el 8 de diciembre de 1702. Desde un principio mostró su inclinación por la dinastía de los Borbones en España. Cuando arribó a Veracruz se enteró de que en ese puerto se había establecido una factoría francesa para el comercio de negros esclavos, con una concesión de 10 años, "negocio" que aprobó.

El 6 de enero de 1703 los guardias de palacio, única fuerza militar que había en la capital, recibieron uniforme completamente a la francesa, lo que llamó mucho la atención. Aumentó la Armada de Barlovento, intentó proteger a las misiones de California, ayudando a los jesuitas en ese empeño; exigió que el clero entregara al gobierno la décima parte de sus rentas, lo que originó una grave desavenencia entre el arzobispo y el cabildo; fue dedicada en 1709 la colegiata de Santa María de Guadalupe y se estableció en 1710 el Tribunal de la Acordada, llamado así porque se le creó en virtud de una disposición acordada por la Audiencia, estando destinado a perseguir el bandidaje. Desde su creación hasta el principio de la guerra de Independencia, la Acordada sentenció en 57,500 causas con un total de 62,850 reos, de los cuales 35,058 fueron puestos en libertad, 888 ahorcados, 1,729 azotados y con cárcel mayor, 19,410 remitidos a purgar cárcel de un año o de dos, 263 a trabajos de obras públicas, 777 desterrados a los campamentos del norte y el resto enviado a los jueces comunes; 340 murieron en los hospitales y 1,280 en prisión.

El virrey Alburquerque hizo reprimir una rebelión de indios pimas en la Nueva Vizcaya, de la manera más cruenta, por lo que los aborígenes quedaron aterrorizados, cosa que a la larga iba a dar mal resultado porque esos grupos indígenas, desconfiados, se resistieron a la incorporación evangelizadora. Alburquerque se ocupó mucho, más que otra cosa, en reunir dinero para contribuir a la guerra en favor de los borbones. Fue prorrogado en el gobierno y como gratitud al rey le remitió dos millones de pesos, recurriendo para reunir este dinero a medidas indignas como vender los empleos. Alburquerque tuvo fama de afable, moderado y hábil gobernante, que mantuvo al virreinato tranquilo y seguro. Entregó el gobierno en 1710, regresó a España y murió en Madrid en octubre de 1733.

Trigesimoquinto virrey
Fernando de Alencastre Noroña y Silva

Duque de Linares, marqués de Valdefuentes, comendador de la Orden de Santiago, virrey de Nápoles y de Cerdeña y virrey del Perú

1711-1716

FUE CARITATIVO Y HUMANO. Cuando recibió el gobierno se produjo una nevada como nunca se había visto en México y el 16 de agosto de 1711 hubo un fuerte temblor de tierra que dañó a muchos edificios y causó pérdidas de vidas. El virrey acudió con su propio dinero para ayudar a los pobres y en la reconstrucción de edificios. Para congraciarse con Inglaterra, con la que se había ya entrado en paz, le concedió la Corona la trata de negros por diez años en la América española, lo que aumentó la riqueza de los traficantes ingleses porque con el pretexto de traer negros introducían enormes cantidades de contrabando de mercaderías, lo que estaba muy penado por las leyes.

El virrey mandó construir en la dársena de Coatzacoalcos cuatro barcos ligeros, bien armados, para reforzar la Armada de Barlovento; compró seiscientos fusiles nuevos en Cantabria para distribuirlos a las milicias de vecinos, envió situados a Cumaná para arreglar las fortificaciones, pidió inútilmente a la Corte se ordenara el establecimiento de un comercio regular entre la Nueva España y el Perú y como respuesta la Corona fijó al virrey duque de Linares una contribución de un millón de pesos de la Nueva España, anualmente.

El duque de Linares fundó la primera biblioteca pública, así como el primer museo de animales y plantas de Nueva España. Ayudó a las misiones en California y Nuevo México, fundando nuevas poblaciones. Aunque había abundancia de granos, maíz y frijol, las epidemias mataban a mucha gente que tenía que ser enterrada en fosas comunes. Muchos enfermos estaban abandonados en plena calle.

El duque de Linares puso mucho cuidado en la vigilancia de la Laguna de Términos, porque los ingleses seguían robando madera fina, especialmente palo de tinte. Se llevaron a cabo dos expediciones a Texas, donde fueron establecidas misiones y se fundó una colonia en Nuevo León que se llamó San Felipe de Linares. Explotó los minerales de Real de Asientos y Mapimí, prohibió la fabricación de aguardiente de caña y obligó al clero a comportarse en debida forma, sin dar lugar a críticas o malos entendidos. Entregó el mando del virreinato en 1716 y murió en la Ciudad de México en junio del siguiente año.

Trigesimosexto virrey
Baltasar de Zúñiga y Guzmán
Duque de Arión, marqués de Valero
1716-1722

HIZO SU ENTRADA SOLEMNE en la Ciudad de México el 16 de agosto de 1716, recibiendo el cargo del duque de Linares. Fue el primer virrey soltero que tuvo Nueva España. Recibió la noticia de que había hambre en Texas y que por esa razón se iba a perder, porque los colonos abandonarían las poblaciones. De inmediato ordenó se socorriera a esa región y que se enseñase a los indios el cultivo de la tierra y la cría de ganado, para que se abastecieran en sus necesidades, como se hizo. Los caciques indígenas de La Florida reunidos en Panzacola quisieron venir a la Ciudad de México, se les facilitó el viaje en un barco de la flota de Barlovento que los trajo a Veracruz y de allí en diligencia marcharon a la capital, donde fueron muy bien recibidos y bautizados y ofrecieron ser amigos de los españoles, compromiso que cumplieron. Durante esta época la Corona ordenó que el gobierno de Nueva España estableciera el monopolio del tabaco, desapareciendo las fábricas que antes lo labraban. Este negocio representó una gran percepción de dinero para el rey.

Al mismo tiempo que se desalojaban definitivamente de la Laguna de Términos a los ingleses que se dedicaban al corte y contrabando de maderas finas, el virrey se ocupó de ir colonizando el territorio de Texas y creó puestos avanzados para evitar que los franceses se establecieran en esos lugares. En la Sierra Gorda, del estado de Tamaulipas, se llevó a cabo la pacificación de los indios lipanes, estableciendo algunas misiones.

El día de Corpus, después de la procesión y de regreso a palacio, el virrey fue agredido por un loco llamado Nicolás Camacho, quien no logró herirlo con un cuchillo por haber sido detenido a tiempo. Fue enviado al hospital de San Hipólito para enfermos mentales. Los franceses desembarcaron en Panzacola y fueron obligados a rendirse, sin gran dificultad. Ante la amenaza de una nueva invasión los colonos se retiraron a Coahuila, hasta que el virrey mandó al marqués de Aguayo con 500 milicianos para ocupar la bahía del Espíritu Santo, desalojando a los franceses que allí se habían establecido.

Había un estado de guerra entre Francia y España porque el regente, el duque de Orleáns, en la menor edad de Luis XV, tenía antipatía por el primer ministro de España que era el cardenal Alberoni, ya que éste se había negado a dar más concesiones a Francia.

El virrey Valero se ocupó en hacer que los franceses, que habían fundado colonias importantes en la isla Española, fueran desalojados. En 1720 se ajustó una paz definitiva y entonces hubo necesidad de emprender operaciones para arrojar a los daneses que se habían apoderado de las islas de San Juan y Santo Tomás, que fortificaron y en las que montaron artillería.

Al efectuarse el matrimonio del príncipe de Asturias con la princesa de Orleáns el marqués de Valero fue nombrado mayordomo de Palacio en Madrid, por lo que entregó el gobierno de Nueva España a don Juan de Acuña y Manrique, marqués de Casafuerte. El marqués de Valero murió en Madrid en diciembre de 1727.

Trigesimoséptimo virrey
Juan de Acuña y Manrique
Marqués de Casafuerte
1722-1734

FUE EL SEGUNDO CRIOLLO que gobernó a la Nueva España. Nació en Lima, Perú, en 1658 y desde muy joven entró al servicio militar en el que se distinguió desempeñando muy importantes cargos. Era comandante militar de los reinos de Aragón y Mallorca cuando fue nombrado virrey y presidente de la Audiencia de México, cargos que recibió solemnemente el día 15 de octubre de 1722. Desde un principio fue muy bien recibido por el pueblo, por ser criollo y por seleccionar a sus colaboradores no por influencias o recomendaciones sino por su capacidad para el trabajo. Este virrey encontró las cajas del erario casi vacías, por lo que puso personal atención en la cuestión hacendaria. Se ocupó primero en cubrir los adeudos pendientes y después de regular los gastos, con lo que se obtuvo más que suficiente dinero para enriquecer el tesoro, pacificó completamente la región del Nayar, enviando una expedición armada y estableciendo colonias; para artillar los puertos y los barcos de guerra, construyó una fundición de cañones en Orizaba e hizo que se ampliara el desagüe de las minas de Pachuca para poder trabajar nuevas vetas, así como organizó la explotación de las minas de estaño.

Los ingleses seguían explotando el palo de tinte, entonces en la costa de Yucatán y en Belice, por lo que el virrey armó una expedición para desalojarlos; pero al llegar a esos parajes se encontró a una fuerza muy numerosa y bien armada apoyada por varios barcos de guerra de alto bordo, por lo que dicha expedición nada pudo hacer. Desde entonces los ingleses se negaron a abandonar ese territorio. Como las negociaciones diplomáticas que siguieron no dieron resultado, el virrey olvidó el asunto y se dedicó a reorganizar lo que estaba en su mano: Ulúa, isla del Carmen, Veracruz y las bahías del Espíritu Santo y Panzacola. Limitó con energía la acción de la Inquisición e impidió que se llevaran a cabo persecuciones y castigos por demás injustos.

Dado su buen gobierno y honorabilidad, su mandato fue prorrogado a partir del tres de junio de 1727. Autorizó al señor Juan Francisco Sahagún de Arévalo Ladrón de Guevara para que publicara "La Gaceta de México" que había sido suspendida en 1722. Gracias a su petición ante el Papa, éste dio la bula para construir la Colegiata de Nuestra Señora de Guadalupe. El arzobispo, en presencia del virrey y del Cabildo Metropolitano, estrenó la magnífica reja del coro de Catedral, que había sido forjada en Macao y traída por la nao de China. Para evitar anarquía en las fundiciones artísticas de la plata hizo que todos los plateros se establecieran en una calle céntrica llamada de San Francisco, que por esta razón fue nombrada de Plateros hoy calle de Francisco I. Madero. Mandó construir el edificio de la Aduana con sus almacenes y depósitos y reconstruir la Casa de Moneda cuyos cuños y calidad le dieron gran fama en el mundo. Se acuñaron en 1730 más de diez millones de pesos de plata y 151,560 de oro, reglamentando rigurosamente peso, forma y ley que debían tener. Este virrey murió en la capital de Nueva España el 17 de marzo de 1734. Fue sepultado en la iglesia de San Cosme.

Trigesimoctavo virrey
Juan Antonio de Vizarrón y Eguiarreta
Arzobispo de México

1734-1740

AL MORIR EL VIRREY marqués de Casafuerte se reunió en acuerdo extraordinario la Audiencia, para abrir el pliego de mortaja en el que se encontró el nombramiento del arzobispo don Juan Antonio de Vizarrón y Eguiarreta para sucederle en el gobierno hasta la decisión de la Corona. El descendiente de Cortés, duque de Montelone y marqués del Valle de Oaxaca, por tomar el partido de la Casa de Austria sufrió el confiscamiento de sus bienes.

Se vio obligado el virrey a luchar contra el excesivo contrabando que hacían los ingleses y como la Armada de Barlovento apresó en alta mar a cuatro barcos ingleses, estuvieron a punto de romperse las relaciones y el rey de Inglaterra dispuso se hiciera a la mar con destino a las costas de Nueva España una potente escuadra, por lo que se produjo la alarma en Veracruz y en México, aunque mediaron gestiones diplomáticas y terminó el incidente.

El virrey ayudó a la Capitanía General de Guatemala a combatir a unos grupos indígenas armados y apoyados por los ingleses de Belice, que cometían asaltos y robos contra las poblaciones de la costa. Asimismo tuvo que mandar socorros a California donde los indios rebeldes asesinaron a dos misioneros jesuitas y a varios soldados. Dispuso que la Armada de Barlovento desalojase a los daneses de la isla de Santa Cruz, pero dicha flota estaba dispersa frente a la costa de Veracruz y no se pudo reunir oportunamente. Prosiguió la campaña contra el bandidaje, evitando que los ladrones pudieran refugiarse en sagrado; ayudó a nombre de la Nueva España, con dos millones de pesos en plata, a la reconstrucción del Palacio Real de Madrid que se había incendiado en 1734. En 1736 se declaró una terrible epidemia de fiebre amarilla que mató a miles de indígenas porque se propagó a muchas ciudades y pueblos, al grado de que hubo necesidad de habilitar edificios públicos como hospitales. El virrey se ocupó en ayudar a miles de enfermos, sobre todo con alimentos y se logró al fin que terminara tan grave desgracia.

En 1739 los ingleses declararon la guerra a España amenazando con la invasión de las posesiones españolas en América, por lo que se dieron al virrey amplias facultades para gastos de guerra. Aumentaron las guarniciones de Ulúa y Veracruz y se tomaron otras providencias para impedir un desembarco de ingleses en las costas de Nueva España, ayudando también con armas, milicianos, víveres y dinero a los puestos militares de La Florida, Puerto Rico, Santo Domingo y Cartagena.

El 25 de enero de 1747 falleció don Juan Antonio de Vizarrón, arzobispo-virrey y fue enterrado en la Catedral metropolitana.

Trigesimonono virrey
Pedro de Castro y Figueroa
Marqués de Gracia Real
1740-1741

ESTE MILITAR, quien también tenía el título de duque de la Conquista y caballero de Santiago y de San Genaro, fue nombrado virrey de la Nueva España en 1740. Embarcó en un buque de comercio holandés con destino a Cuba y Veracruz, mas al llegar al litoral americano fue alcanzado por una fragata inglesa que estuvo a punto de hacerlo prisionero, aunque logró que echaran un bote al mar y junto con otros pasajeros y a la vista de San Juan de Puerto Rico, ganó ese puerto sin llevar con él ningún documento que lo acreditase. Posteriormente hizo el viaje de Puerto Rico a Veracruz a donde llegó el 30 de junio, y de allí escribió al arzobispo-virrey que por otro conducto había recibido aviso e instrucciones sobre el particular. Hizo su entrada oficial en la Ciudad de México el duque de la Conquista, el día 17 de agosto del mismo año.

Encontró a la Nueva España sobresaltada por el estado de guerra existente, amenazada en el norte por los franceses y sobre el gran litoral del Golfo de México por los ingleses, aunque hasta entonces no habían atacado Veracruz, que era el camino más directo y de más cuidado hacia la capital del virreinato. Se supo que intentaron apoderarse de San

Agustín de La Florida, de donde fueron rechazados por la guarnición, muy exigua, que defendía esa plaza, por lo que el virrey se apresuró a enviar trescientos hombres, armas, víveres y municiones, para reforzar a los defensores de aquel lejano lugar. Puso especial empeño en desaguar las minas de Zacatecas, para obtener mayores rendimientos; hizo una considerable remisión de "situados" —dinero con el que la Nueva España ayudaba a las posesiones españolas que tenían necesidades o carencias— a las Filipinas, para labor misionera y dio las órdenes pertinentes para limpiar el puerto de Veracruz, que estaba muy azolvado.

Los ingleses, con su poderosa marina y jefes muy hábiles, se habían apoderado de algunos fuertes de Cartagena de Indias y Puerto Bello, teniéndose en México la seguridad de que intentarían un desembarco en Veracruz, por lo que el virrey hizo construir nuevos fortines artillados y bien orientados en Ulúa y mandó poner sobre las armas a una parte de la población para estar en capacidad de defender el puerto. Estos milicianos sacados de la población civil en forma de leva, formaron la guarnición y un batallón muy efectivo que se llamó de la Corona, famoso en el ejército realista durante la revolución de independencia.

Estaba el virrey conde de la Conquista en Veracruz, revisando las obras de aquel puerto; cuando enfermó de una disentería hemorrágica. Fue traído apresuradamente a México, donde murió el 22 de agosto de 1741. Fue sepultado en el convento de la Piedad, a la salida sur de la ciudad.

Cuadragésimo virrey
Pedro Cebrián y Agustín
Conde de Fuenclara, caballero de San Genaro y del Toisón de Oro

1742-1746

DIPLOMÁTICO DISTINGUIDO, fue nombrado directamente por el rey Felipe V el 31 de enero de 1742; embarcó para Veracruz, a donde llegó el 5 de octubre. Se puso en marcha hacia la capital y en Jalapa alguien le informó que radicaba en México un caballero italiano llamado Lorenzo Boturini, quien había girado esquelas para coronar públicamente a Nuestra Señora de Guadalupe con una corona de oro, pidiendo ayuda a los obispos. A Fuenclara le causó extrañeza todo eso y llegado a México, donde hizo su entrada solemne el día 3 de noviembre, ordenó se hiciera una investigación, abriéndole causa a Boturini con cargos que nos parecen por demás superficiales. Se le redujo a prisión, le recogieron valiosísimos documentos, códices y mucho que tenía escrito sobre las antiguas culturas, que todo se perdió. Fue remitido a España a principios de 1744 junto con su proceso. Se le dio autorización después para que regresara a México, lo que ya no pudo hacer y en Madrid escribió una historia antigua de México que no vio publicada puesto que murió en 1753.

En 1743, recién llegado el conde de Fuenclara, reunió los caudales que se debían remitir a España, queriendo hacerlo vía Filipinas en el barco que hacía el servicio de Acapulco a Manila, llamado "Nuestra Señora de Covadonga"; pero en junio, al salir a alta mar, fue apresado por un corsario inglés llamado James Anson, que le quitó todo el dinero y la mercadería de valor.

Encargó el virrey al geógrafo don José Villaseñor obtener datos para un informe a la Corte sobre las poblaciones de la Nueva España, y con ellos publicó un libro muy interesante al que llamó "Teatro Americano", publicado en el año de 1746.

En Puebla se produjo un motín por un asunto religioso sin importancia y el virrey ordenó se le reprimiera con tropas de la guarnición, resultando algunos heridos, lo que causó críticas para el conde de Fuenclara que, por otra parte, había realizado la reparación del acueducto de Chapultepec y la reconstrucción y ampliación de la calzada de San Antonio Abad, que estaba muy abandonada; hizo explorar la barra de Tampico y establecer poblaciones en la Sierra Gorda, en Tamaulipas. El virrey enfermó y solicitó ser relevado del cargo, lo que le fue concedido en noviembre de 1745, por lo que regresó a España en julio de 1746, siendo nombrado embajador en Viena. De regreso a Madrid murió el 6 de agosto de 1752.

9

El Virreinato

Virreyes de la Nueva España durante el gobierno de la Casa de Borbón con Fernando VI

Cuadragesimoprimer virrey
Juan Francisco de Güemes y Horcasitas

Conde de Revillagigedo,
gobernador de La Habana,
capitán general de la isla de Cuba

1746-1755

NACIDO EN REINOSA EN 1681, hizo carrera en el ejército español en el que se distinguió por su valor, inteligencia y orden administrativo. Fue enviado a Cuba porque esta isla era un problema militar de gran importancia, que requería de una persona hábil como lo era el primer conde de Revillagigedo. Desempeñando ese cargo recibió el nombramiento de virrey de la Nueva España, todavía firmado por el rey Felipe V que murió ese año. Recibió el puesto en la Ciudad de México, ante el Cabildo y la Audiencia, el 9 de julio de 1746. Como había necesidad de prestar socorro económico para cubrir variados gastos, entre ellos la paga de las guarniciones de La Florida, así como sus vituallas, armamento y equipo y el numerario había sido en gran parte enviado a la metrópoli, el virrey mandó acuñar 150,000 pesos de circulación limitada al Virreinato; pero con mucha observación se dio cuenta de las grandes fugas que sufría el erario por descuido en el manejo de los gastos e ingresos, por lo que nombró personal capaz que se encargara de enmendar dichas fallas.

La guerra contra los ingleses seguía y llegó la información de que se había alistado en la dársena inglesa de Portsmouth una escuadra de 17 navíos de línea y transportes para operar un desembarco en las posesiones españolas en América. ¿Podría ser la Nueva España, la más factible y codiciada? El virrey se ocupó de tomar todas las providencias para la defensa de las tierras a su cargo. Llegó a México la noticia de la muerte del rey Felipe V, acaecida el 9 de julio; se le hicieron honores póstumos con gran solemnidad, mientras se preparaban para 1747 las festividades por la jura de Fernando VI, lo que Revillagigedo llevó a cabo con las fórmulas acostumbradas. Para aumentar los ingresos fiscales autorizó el juego de naipes, que había sido suspendido por el conde de Fuenclara. El contrabando continuaba en forma muy nutrida, por lo que dio órdenes rigurosas para revisar cuidadosamente todos los barcos que arribasen a los puertos novohispanos, lo que no remedió las cosas porque el contrabando se hacía por medio de buques extranjeros que atracaban por las noches en playas abandonadas y entregaban sus cargas ilegales a gente del país. Se decía que hasta la virreina vestía con telas inglesas o de Flandes traídas de contrabando.

El virrey fue cuidadoso vigilante de que los empleados cumplieran con su deber; manejó el gobierno con desinterés y honradez, hizo que los ingresos del virreinato aumentasen, aunque la minería mermó por la carencia y carestía de azogue; creció el número de barcos de la flota que cubría el servicio de Veracruz a La Habana y aunque se estaba en muy buenas relaciones con Francia, Revillagigedo vigiló que los franceses no se aposentaran en territorios de la Nueva España. Por quejas constantes del comercio español y de sus intereses, principalmente en América, se rompieron relaciones con la Liga Hanseática de Hamburgo por lo que en Veracruz se impidió el anclaje de esos barcos, que traían mucha mercadería, y esto aumentó el contrabando.

El virrey Horcasitas hizo fundar una nueva colonia en el norte, para lo que comisionó al coronel José de Escandón que fundó Nuevo Santander, hoy Tamaulipas y estableció once pueblos que recibieron entre otros los nombres del virrey, de su esposa y del propio Escandón, quien por sus servicios fue premiado por la corona con el título de conde de Sierra Gorda.

El virrey primer conde de Revillagigedo fue quien dispuso el manejo regular de la documentación, ordenó que se manejaran los asuntos civiles independientemente de los eclesiásticos y de esta suerte se inició lo que iba a ser el Archivo General de la Nación. Como las potencias en Europa llegaron a un acuerdo de paz en la ciudad de Aquisgrán, el 30 de abril de 1748, España debería pagar lo que debía a Inglaterra y ésta devolvería las plazas tomadas, por lo que el virrey Horcasitas pudo emplear los gastos de guerra en otras empresas, como la colonización completa de Nuevo Santander. Hubo un fuerte incremento del comercio y el contrabando disminuyó grandemente; sobrevino un año de carestía de granos y semillas, por lo que el gobierno virreinal tuvo que acudir en ayuda de las clases menesterosas para evitar que hubiera muertos por hambre, aunque pronto cosechas muy abundantes remediaron los males.

Con la apertura franca del comercio en el mar, sin más temor que a los piratas ingleses que acostumbrados a ejercer el corso entonces practicaban el robo en el mar para provecho propio, aumentó la llegada del azogue de las minas de España, con lo que volvió a su fuerza anterior la minería. Aumentaron las guarniciones en los presidios, de Texas principalmente, porque los franceses no dejaban de hacer intentos para apoderarse de ese territorio. En esa época se prohibió radicalmente que se hiciese comercio por proveedores o "registros sueltos", ordenándose que en lo sucesivo fuera por el sistema de "flotas" y que la primera saliera el 2 de junio de 1756.

El virrey, oportunamente, depositó en La Habana el dinero con el cual la Nueva España debía colaborar para los gastos de aquella guerra. Compró fusiles, cañones y pertrechos para una expedición que se iba a enviar a Belice; llevó a cabo la pacificación de las tribus indígenas de Sinaloa y del sur de Sonora, fundando algunos presidios. A pesar de todo esto algunas crónicas acusan al conde de Revillagigedo de haber acumulado una enorme riqueza; sin embargo, cuando dejó el gobierno lo hizo con sobrante de dinero y de abastecimientos, en bonanza. El 9 de noviembre de 1755 entregó el mando y regresó a España, donde ocupó la presidencia del Consejo de Guerra.

Cuadragesimosegundo virrey
Agustín de Ahumada y Villalón
Marqués de las Amarillas

1755-1760

ESTE MILITAR desempeñaba el gobierno de la ciudad de Barcelona cuando fue nombrado virrey de la Nueva España, cargo que desempeñó del 10 de noviembre de 1755 hasta su muerte acaecida en la Ciudad de México el 5 de febrero de 1760. En 1756 se ocupó de arreglar irregularidades del clero de Puebla, el que concedía autorización a personas de poca confianza para la fabricación de aguardiente y para explotar casas de juego.

En 1757 se sublevaron mil indios comanches en Texas, cometiendo muchas depredaciones y crímenes, por lo que se enviaron partidas de tropas a ese territorio que quedó otra vez bajo el control del Virreinato. Continuó las obras del desagüe del valle de México y le dio impulso a la minería, recabando grandes ganancias para la hacienda, aunque se estaba lejos de tener tranquilidad, puesto que los franceses no dejaban de invadir tierras en las costas de Texas y los envíos a España no estaban seguros, ya que en el Golfo de México los piratas, casi todos de origen inglés, asaltaban los barcos teniendo siempre en grave zozobra al comercio y a los pueblos de la costa. Por esta época, en la hacienda de San Miguel del Jorullo, de la jurisdicción de Ario, Michoacán, propiedad del señor Andrés Pimentel, surgió un volcán que hizo que todas las rancherías y poblaciones fueran abandonadas, por lo que el virrey se ocupó de dar asentamientos en otros sitios, cubriendo hasta de su peculio los gastos para el auxilio de esa gente.

El virrey, que hacía ya algún tiempo estaba enfermo, murió y fue sepultado en la iglesia de la Piedad. Su familia quedó en la pobreza, por lo que se obtuvo de las cajas de hacienda el dinero necesario para que pudiera regresar a España.

10

El Virreinato

Virreyes de la Nueva España
durante el gobierno de la
Casa de Borbón con Carlos III

Cuadragesimotercer virrey
Francisco Cajigal de la Vega
Caballero de la Orden de Santiago y teniente general de los Reales Ejércitos, gobernador de la isla de Cuba
1760

CUANDO MURIÓ EL MARQUÉS de las Amarillas, la Real Audiencia de México abrió el pliego de mortaja y encontró que se nombraba virrey de Nueva España al gobernador de Cuba, por lo que éste salió de La Habana el día 28 de marzo para llegar a Veracruz en los primeros días del mes siguiente. Hizo su entrada en México el 28 del mismo y se ocupó de inmediato en revisar el estado de cuentas de la hacienda; concedió libranza de derechos por diez años a los productos provenientes de La Florida y de Panzacola, con lo que ayudó mucho a la economía de aquellas lejanas gubernaturas; declaró libres de alcabalas los productos de hierro y acero, para el beneficio de la minería. Para aumentar los ingresos vendió los derechos de naipes y de recaudaciones de la Aduana de Veracruz, por cinco años. Hizo ascender los efectivos del ejército a 3,000 hombres y a su hijo lo nombró comandante de la compañía a caballo de los guardias virreinales.

Como Fernando VI había muerto subió al trono español el rey Carlos III y fue expedido un indulto general que sin embargo no agració a muchos presos porque estaban en las excepciones. Este virrey no fue honrado y dispuso que se le otorgara un sueldo muy alto y se le cubriesen los gastos, muy caros, de su viaje de ida y de regreso a La Habana, a donde llegó de nuevo como gobernador.

Cuadragesimocuarto virrey
Joaquín de Montserrat
Marqués de Cruillas

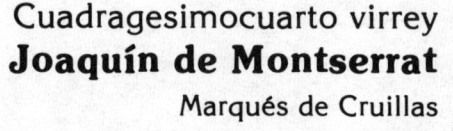

1760-1766

A PRINCIPIOS DE 1760 fue nombrado virrey de la Nueva España don Joaquín de Montserrat, marqués de Cruillas, quien el 19 de septiembre del mismo año recibió en Otumba el bastón de mando y entró en la ciudad capital del Virreinato el 6 de octubre. Desde un principio este virrey se ocupó en desarrollar un plan que tenía para organizar un verdadero ejército colonial. A su paso por Puebla revistó a un batallón de milicias formado por negros y mulatos armados en forma muy irregular, por lo que desde luego hizo un pedido de fusiles a España para armarlos debidamente. En 1761 ocurrió una gran epidemia de viruela, que como siempre se cebó principalmente en los indígenas al grado de que en la Ciudad de México hubo unos 15,000 muertos y en Puebla una cantidad que probablemente haya llegado a los 80,000. El gobierno virreinal ayudó con mucho dinero para paliar las desgracias ocasionadas por esa tremenda enfermedad y las cajas de la hacienda casi quedaron vacías, por lo que el virrey ordenó que no se compraran mercancías caras, que se pagasen los impuestos retrasados y que no se ocultaran víveres ni granos.

Tuvo que mandar además auxilios militares a Sonora, por haberse producido una rebelión de indios pimas y seris contra el maltrato por parte de los colonos españoles. Los indios sublevados mataron a los soldados de dos presidios y al gobernador, y escaparon a la sierra, aunque finalmente fueron sometidos.

Acabada de hacer la solemne juramentación de Carlos III como rey de España, se produjo el estado de guerra contra los ingleses que con gran audacia se apoderaron de La Habana, amenazando con desembarcar de un momento a otro en Veracruz, por lo que inmediatamente el marqués de Cruillas dispuso fueran pertrechadas bien las fortalezas y que se hicieran obras de defensa en una gran faja tierra adentro. Se levantaron nuevas tropas, que si en un principio dejaban qué desear fueron organizándose y disciplinándose al grado que llegaron a ser muy efectivas. Para escoltar las mercancías el comercio de México organizó dos compañías de granaderos, negros y mulatos, a los que el pueblo llamaba "los morenos". El comerciante Juan de Lasaga, encabezando a un grupo de hombres de negocios de aquel puerto, formó otra compañía, cuyos sueldos, equipo y armamento cubrían esos comerciantes. Surgieron batallones y regimientos provinciales en México: el batallón del Príncipe y de Nueva España, el de Valladolid, los de León, Puebla y Oaxaca, escuadrones de caballería y muchas milicias en las ciudades grandes. El marqués de Cruillas es el organizador del primer ejército mexicano. Las tropas estaban formadas por mestizos, negros y mulatos. Los indios no entraban en el servicio militar.

Durante el gobierno de Cruillas hubo otras calamidades como una grave inundación en Guanajuato, que paralizó el trabajo en las haciendas de beneficio de plata y una epidemia de fiebres que produjo gran mortandad. Se firmó la paz con Inglaterra, que devolvió La Habana aunque se quedó con Panzacola y definitivamente con el territorio de Belice. Como los oficiales de las tropas eran voluntarios de familias acomodadas que nada sabían de lo relacionado con el servicio castrense, el virrey pidió a España que le enviasen instructores. Llegó a Veracruz el primero de noviembre de 1765 el teniente general don Juan de Villalba, acompañado por cinco generales y otros jefes, oficiales y tropa, como instructores. Para arreglar administrativamente a la Nueva España arribó el visitador don José de Gálvez, con plenos poderes para introducir reformas de fondo y nuevos conceptos en el manejo de la economía del Virreinato.

Gálvez dejó en un principio que las cosas siguieran tal y como las manejaba el virrey, quien tuvo que hacer concesiones a los mineros de Guanajuato que se habían sublevado; creó nuevos presidios en el norte y prosiguió las obras del desagüe de la Ciudad de México. Gálvez, después de realizar muchos viajes al interior del país y de observar y estudiar todos los problemas que eran planteados en el Virreinato, empezó a intervenir, por lo que el virrey se disgustó, renunció al cargo y regresó a España.

Cuadragesimoquinto virrey
Carlos Francisco de Croix
Marqués de Croix

1766-1771

ESTE VIRREY, DE ORIGEN FLAMENCO, nacido en 1699, sirvió en el ejército español habiendo sido comandante de la guarnición de Ceuta, en Africa y después capitán en Galicia, donde recibió el nombramiento de virrey de la Nueva España. Llegado a Veracruz a mediados de julio de 1766, marchó a la Ciudad de México y recibió el poder en la población de Otumba, como se acostumbraba. Quiso establecer el servicio militar por sorteo, cual se hacía en el ejército prusiano, pero esto provocó descontento principalmente en la Intendencia de Michoacán o Valladolid.

Como los indios seris y pimas habían vuelto a sublevarse y cometían muchos desmanes en Sonora, se envió a una columna expedicionaria a la cual se unió el visitador Gálvez, para conocer esa región. Durante el gobierno del marqués de Croix llegó la orden secreta firmada por el rey Carlos III para expulsar de todos los dominios españoles a los jesuitas, a partir del día 25 de junio de 1767. Con tropa fueron sacados de sus conventos y colegios, dejándolos llevar con ellos apenas algunas prendas de ropa. Esta radical medida provocó una franca rebelión, especialmente en las ciudades de Guanajuato, Pátzcuaro y Valladolid.

El virrey procedió con mano muy dura contra los rebeldes, ahorcando a los encabezadores de motines. Al ser publicado el decreto de expulsión, éste decía: "Por motivos reservados a la real conciencia del soberano y que debían saber de una vez los vasallos de Su Majestad, que habían nacido para obedecer y no para mezclarse en los altos negocios del gobierno". Por ese tiempo empezó a ser notada una especie de pugna entre criollos y peninsulares. Cuando la expulsión de la Compañía de Jesús, las sublevaciones que se produjeron dieron lugar a que se asesinara a españoles; se maltrató a las personas y se rompieron retratos del rey. De todo esto tenía conocimiento el virrey, quien lo puso en un informe secreto que mandó a la Corona.

El rey Carlos III que tan severo se había mostrado con los jesuitas, protegió a la Inquisición y le dio su apoyo. Los cleros regular y secular, que se creyeron amenazados por lo ocurrido a los jesuitas, se dieron a murmurar contra el régimen al grado de que el virrey les hizo saber que serían castigados los religiosos que se inmiscuyeran en asuntos del gobierno. Fue suprimido el "Diario Literario" que publicaba el padre don José Antonio Alzate, el que sólo se ocupaba de asuntos literarios y científicos.

Como los rusos tenían establecimientos en el norte de América y podían llegar hasta California, el visitador Gálvez marchó a inspeccionar los territorios de Baja California, Sonora y Alta California, para dictar medidas que los protegiesen. En 1769, para aumentar las recaudaciones, el virrey dispuso el establecimiento de la Lotería de Nueva España, que dio muy buenas ganancias. Se intensificó la enseñanza del castellano entre los grupos indígenas que hasta entonces sólo hablaban sus idiomas nativos. Los indios apaches y comanches fueron batidos en la Nueva Vizcaya, por las milicias presidiales al mando del capitán don Bernardo de Gálvez.

Hubo desórdenes y tumultos en algunos centros mineros como Guanajuato y Pachuca, contra las pagas bajas que se daban a los trabajadores, por lo que el virrey, de acuerdo con los dueños de minas, dispuso se aumentase el salario. El virrey mandó construir en Perote, Veracruz, la fortaleza de San Carlos, en honor del rey y como punto de resistencia para rechazar un desembarco en la costa que pusiera en peligro a la capital del Virreinato.

El 22 de septiembre de 1771 el marqués de Croix entregó el mando del virreinato a su sucesor, don Antonio María de Bucareli. De Croix regresó a España, siendo nombrado capitán general de la provincia de Valencia, en donde murió algunos años después.

Cuadragesimosexto virrey
Antonio María de Bucareli y Ursúa
Marqués de Vallehermoso y conde de Jerena

1771-1779

ESTE VIRREY, UNO DE LOS MÁS preclaros que tuvo la Nueva España, era sevillano, hijo de familia noble. Ingresó en el ejército como voluntario en un regimiento de infantería y ascendió rigurosamente hasta capitán general. Se distinguió en las campañas de Italia por lo que fue enviado como gobernador general a la isla de Cuba, donde se ocupó en arreglar las milicias y construir las fortalezas del Príncipe y del Morro. En La Habana recibió el nombramiento de virrey de la Nueva España.

Llegó a Veracruz el 23 de agosto de 1771, recibió el mando en San Cristóbal Ecatepec y entró en México el 23 de septiembre siguiente. Como se estaba en paz redujo los efectivos del ejército para evitar gastos, aunque puso especial atención en reforzar los contingentes de los presidios del norte, para perseguir a los indios apaches y julimes que no dejaban de hacer terribles correrías por lo que hoy es el estado de Coahuila. Los indios que caían prisioneros eran deportados junto con sus familias a Cuba.

Trató de lograr la reconciliación entre los franciscanos y los dominicos, divididos por la conquista evangelizadora de California. Prohibió la introducción de géneros extranjeros y mandó recoger la moneda circulante para poner en uso la que traía la efigie de Carlos III. Fundó el hospital militar en el antiguo colegio de San Andrés. En 1772 fue creado el puerto de San Francisco de California y el presidio en un lugar muy apropiado que descubrieron los exploradores capitán de milicianos presidiales Pedro de Fagos y misionero fray Juan Crespi, quienes salieron del campamento militar de San Diego. Como la explotación de la minería se hacía en forma, siguiendo el criterio de cada propietario de fundo, Bucareli dispuso se efectuase una reunión de mineros el 3 de mayo de 1774; de allí emanaron ordenanzas para esa industria, que dieron grandes resultados.

El gobierno progresista de Carlos III, a principios de enero de 1774, dio la real cédula que permitió el libre comercio entre la Nueva España, el Perú y el recién creado Virreinato de la Nueva Granada, hoy Colombia. Este asunto fue promovido por el virrey Bucareli ante los ministros liberales de la Corona. Un minero muy rico, el conde de Regla, don Pedro Romero de Terreros, quien ya había prestado al virrey marqués de Croix cuatrocientos mil pesos y a Bucareli ochocientos mil, regaló a la Marina un navío de ochenta cañones. Dotó al colegio de Pachuca con mil pesos mensuales y fundó el Monte de Piedad para socorrer las urgencias del pueblo.

En julio de 1776 se otorgó a los mineros el derecho a formar un cuerpo similar a los consulados del comercio, que tenían mucha libertad en el manejo de sus negocios y se limitaban a entregar sus contribuciones, todas ellas muy ricas, a la real hacienda. Aseguraba el barón de Humboldt que los trabajadores de la minería de Nueva España eran de los mejor pagados en el mundo, o cuando menos menos mejor pagados que los de los estados alemanes. El administrador del ramo de minas fue don Lucas de Lasaga y el director, el famoso científico mexicano don Joaquín Velázquez de León. Se presentó el problema administrativo del control de los lejanos territorios del norte, por lo que se propuso la creación de las comandancias de las Provincias Internas de Occidente, del Norte y de Oriente, California, Nuevo México, Coahuila y Texas.

En la Ciudad de México fue inaugurado un hospital para pobres y se amplió y arregló al de San Hipólito, para dementes; empezó la construcción de la fortaleza de San Diego, en Acapulco, como punto de apoyo militar y naval para la base principal que sería ese puerto en el comercio con la América del Sur.

Al virrey Bucareli le tocó terminar la fortaleza de San Carlos, que fue construida con nuevos conceptos de táctica e iniciada por el virrey de Croix en la llanada de Perote, Veracruz. Cuando se empezaba a obtener los beneficios de las mejoras en el comercio, en la industria minera y en la iniciación del liberalismo económico, el virrey don Antonio María de Bucareli falleció en la Ciudad de México el día 9 de abril de 1779, a consecuencia de un ataque de pleuresía. Fue enterrado, en medio de la tristeza del pueblo que de veras lo quería, en el cementerio adjunto a la Colegiata de Guadalupe.

Cuadragesimoséptimo virrey
Martín de Mayorga
Caballero de la Orden Militar de Alcántara y mariscal de campo de los Reales Ejércitos

1779-1783

FUE PRESIDENTE DE LA AUDIENCIA de Santiago de los Caballeros de Guatemala y capitán general de ese reino donde tuvo muchos problemas insuperables. Cuando la Audiencia de México abrió el pliego de mortaja del virrey Bucareli se supo que éste nombró a don Matías de Gálvez, quien iba a ser gobernante de Guatemala; pero como la Corona le dio otro destino, el nombramiento para el Virreinato de la Nueva España recayó en el mariscal de campo don **Martín de Mayorga**, quien llegó a la Ciudad de México el 23 de agosto de 1779 y se encontró de inmediato con que había de alistar al Virreinato para las contingencias de la guerra que Francia y España declararon a Inglaterra. Dispuso reforzar a La Habana, al mismo tiempo que mandaba una expedición a La Florida al mando de don Bernardo de Gálvez, para ayudar a los colonos que se habían levantado en armas contra Inglaterra.

En México se desató una epidemia de viruela que se extendió por muchas ciudades produciendo muerte y desolación al grado de que el virrey, quien gastó muchos fondos en socorrer a los enfermos y moribundos presentó su renuncia, que no le fue aceptada. En enero de 1780 se sublevaron los indígenas en Izúcar, del hoy estado de Puebla, siempre por el maltrato de que eran víctimas. Los capitanes José Antonio de Urízar y Tomás Pontón se encargaron de someter a los rebeldes, que en gran número fueron enviados a La Habana para servir en la flota como marinería.

El virrey Mayorga se ocupó mucho de embellecer la ciudad, mandó empedrar las calles y limpiar las acequias y acueductos para evitar otra epidemia. Dispuso que el intendente de Puebla se ocupara de reunir la "Historia Antigua de la Nueva España" escrita por el padre don Mariano Veytia, de gran importancia, así como algunos documentos e informes que había escrito don Lorenzo Boturini. Gracias a esa disposición, tales obras, tan importantes, no se perdieron. Seguramente el virrey Mayorga no se sentía bien de salud porque, argumentando eso, insistió en que se le relevara del cargo. Finalmente llegaron las órdenes para que entregara el gobierno virreinal a don Matías de Gálvez, quien se encontraba como capitán general en Guatemala. El 28 de abril de 1783 cedió Mayorga el mando, embarcó para España y al llegar al puerto de Cádiz murió. El vulgo decía que fue envenenado por el mismo Gálvez, quien era su enemigo, por haber ocupado aquél el Virreinato en su lugar, pero eso nunca pudo ser comprobado.

Cuadragesimoctavo virrey
Matías de Gálvez
General de Ejército Real

1783-1784

NACIÓ EN UN PUEBLO DE MÁLAGA llamado Macharaviaya, en 1717. Su familia fue de agricultores. Era hermano de don José de Gálvez, visitador de Nueva España y muy hábil administrador. Don Matías sentó plaza en el ejército y se distinguió en campaña, por lo que fue ascendiendo y se hizo notar, así como por la influencia de su hermano José, que era muy conocido y distinguido en la Corte.

Don Matías fue padre de don Bernardo de Gálvez, quien lo sucedió en el Virreinato de la Nueva España; en 1779 fue nombrado presidente de la Audiencia y capitán general de Santiago de los Caballeros de Guatemala. En el pliego de mortaja del virrey Bucareli, muerto de un momento a otro, la autoridad que representaba a la Audiencia de México encontró que se mencionaba para recibir el virreinato novohispano "al capitán general de Santiago de Guatemala", sin citar nombre; aunque ya estaba nombrado para tal puesto don Matías de Gálvez, no había tomado posesión del cargo que desempeñaba por nombramiento real don Martín de Mayorga, quien pasó a México a hacerse cargo del gobierno. Don Matías de Gálvez, tipo ambicioso, sin cultura y rencoroso, le cobró profunda enemistad a Mayorga al grado de que la gente aseguraba que lo había envenenado.

En la capitanía general de Guatemala don Matías de Gálvez se mostró activo y organizador; rechazó a los ingleses de San Fernando, en la bahía de Honduras; pero por las distancias y escasos recursos no pudo acudir en auxilio del fuerte de San Juan, en Nicaragua, que cayó en poder del enemigo; empero las operaciones dirigidas por Gálvez, quien era militar con mucha experiencia, hicieron que los ingleses se rindieran el 5 de enero de 1781. El rey Carlos III, para premiarlo y acceder a las peticiones de Mayorga, que deseaban entregar el gobierno de México, le dio el cargo. Fue el último virrey que hizo su entrada en la Ciudad de México a caballo, solemnidad que ocurrió el día 28 de abril de 1783. Para su mejor administración, cuidado, vigilancia y manejo, dividió a la ciudad en cuatro cuarteles; mejoró el servicio de policía, hizo crear nuevas acequias y limpiar las existentes, resanar los conductos de agua potable y empedrar las calles de La Palma, Monterilla y San Francisco. Ayudó al establecimiento de la Academia de las Nobles Artes de San Carlos, fundada por cédula real del 25 de diciembre de 1783, comprando una valiosa colección de estatuas en yeso y copias de las más célebres obras griegas y romanas.

Levantó estadísticas de los coches, que resultaron ser 637; del tráfico por el canal de La Viga y San Lázaro, de los carros y cargas en acémilas y de semillas, comestibles y objetos de comercio. Creó las cajas de comunidad para indios, con el objeto de que se ayudaran económicamente en forma mutua e ir interesándolos en los negocios; ordenó que se siguieran reuniendo todos los papeles y documentos dispersos relacionados con la historia de la Nueva España, con el objeto de dar una información completa para ayudar en la formulación de una Historia General de las Indias, sobre la que se estaba trabajando en Madrid y en Sevilla. Concedió a don Manuel Valdés el privilegio de publicar de nuevo la "Gaceta", periódico del Virreinato que había sido suspendido por el marqués de Croix. Se sintió enfermo el virrey, a la edad de 67 años, e hizo concurrir a la Audiencia en extraordinario el día 3 de noviembre de 1784. Ya casi sin uso de razón entregó el gobierno y murió ese día a las ocho de la noche.

Cuadragesimonono virrey
Bernardo de Gálvez
Conde de Gálvez
1785-1786

Este joven militar nació en Málaga, hijo de don Matías de Gálvez. Sentó plaza en un regimiento de infantería y tomó parte en la campaña de Portugal, en la que ascendió a teniente. En 1756, acompañando a su tío y a su padre, intervino en varios encuentros en las guerras contra los apaches que constantemente estaban en rebelión y cometían muchos daños, asesinatos y robos. Salió herido en muchas ocasiones, hasta de gravedad.

En 1762 pasó a España y fue enviado a la campaña en Argel, donde lo hirieron también de gravedad. Su conducta en campaña, muy distinguida, le valió el ascenso a coronel y el cargo de profesor en la Academia Militar de Avila, mientras se reponía por completo de sus lesiones. En 1779 fue enviado como gobernador militar de Luisiana, antiguo territorio francés que pasó a poder de España. En ese cargo se desempeñó con mucha distinción y se le promovió al empleo de general. Vuelto a Europa tomó parte en la campaña de Holanda. La energía y cuidadosa atención que ponía para el desempeño de las comisiones que le confiaban, sobre todo de tipo militar, hicieron que el rey lo mandara como capitán general de la isla de Cuba.

Se había distinguido en el gobierno de Luisiana combatiendo a los ingleses y ayudando eficientemente a los colonos norteamericanos que luchaban por su independencia. En Cuba recibió el nombramiento de virrey de Nueva España, llegó a Veracruz el 26 de mayo de 1785 y entró solemnemente en la Ciudad de México a mediados de junio del mismo año. Era de trato sencillo, amable y franco. Se presentaba en público en una carretela de dos caballos, descubierta, que muchas veces él mismo conducía; asistía a las corridas de toros y a romerías y fiestas públicas, siendo recibido con alegría y aplausos.

Llegó a ser muy popular, aunque se le criticaba principalmente por parte de la Audiencia por su carácter, que parecía poco formal. Cuando hubo heladas y hambre, de su propio dinero y de otro que obtuvo prestado compró maíz y frijol para dar a los necesitados. Abrió obras públicas, para dar trabajo a la gente. Reconstruyó el castillo de Chapultepec, que era una casona abandonada; comenzó la instalación del alumbrado público y la construcción de las torres de Catedral, así como la continuación de las obras del camino a Acapulco. Como supiera que los indios eran llevados a ese trabajo a grandes distancias y sin abonarles jornal, dispuso que se impidiesen tales abusos. Se ocupó de intensificar las labores en los campos, para aumentar la producción y evitar la escasez de maíz y frijol, que continuaba.

Hizo que su hijo, que era todavía un niño sentase plaza como soldado en un regimiento y con ese motivo dio una magnífica fiesta en la azotea de palacio. En cierta ocasión, dirigiéndose el virrey, montado a caballo, a reunirse con la Audiencia, se encontró con una escolta que llevaba a tres reos al patíbulo; suspendió la ejecución y después obtuvo su libertad. La Nueva España estaba muy satisfecha con el virrey y lo supo el ministro Floridablanca, quien lo felicitó y lo hizo subdelegado de correos, postas y estafetas, al mismo tiempo que le otorgó una partida de dinero para reforzar las guarniciones de las Provincias Internas y combatir a los indios bárbaros que cometían muchas depredaciones.

Empero la Audiencia no estaba de parte del virrey; hizo saber que la popularidad de Gálvez era sospechosa y que hasta podría alzarse con la Nueva España. La Corte reprendió al virrey severamente, lo que hizo que se convirtiera en un ser melancólico y huraño. Empezó a sentirse enfermo, dejó de salir y estuvo en cama. Una enfermedad nerviosa, probablemente de origen hereditario, lo llevó a la tumba el día 30 de noviembre de 1786. Murió en el palacio arzobispal de Tacubaya; fue trasladado el cadáver a la ciudad para ser sepultado en el cementerio de San Fernando.

Quincuagésimo virrey
Alonso Núñez de Haro y Peralta
Arzobispo de México
1787

ESTE VIRREY INTERINO era de una vasta cultura. Estudió en las universidades de Toledo y Bolonia. Fue catedrático en la Universidad de Avila. Hombre estudioso e inteligente, además de su propio idioma sabía latín, griego, hebreo, francés e italiano. En 1771 fue presentado al rey Carlos III para que se hiciera cargo del arzobispado de la Nueva España, el que recibió el día 12 de septiembre de 1772. Tomó a su cargo los hospitales de San Andrés y San Juan de Dios. Fundó el Asilo de Niños Expósitos, el Convento de Capuchinas y el Seminario de Tepozotlán; enriqueció con muchos libros la biblioteca del arzobispado y otorgó becas y premios a los seminarios que se distinguían.

Cuando ejercía la Audiencia el gobierno interino, el arzobispo Núñez de Haro recibió la cédula por la cual se le nombraba virrey, cargo que recibió el 8 de mayo de 1787. Tuvo algún incidente con la Audiencia, porque ésta se negaba a que fuera su presidente. Al tomar el mando llevó a cabo el establecimiento de un jardín botánico, con plantas que hizo traer de todas las provincias. Durante su gobierno fue planteado el sistema llamado de intendencias, propuesto por el visitador Gálvez.

Trató de ayudar a la población indígena, haciendo que suprimieran los repartimientos; pero sus órdenes no fueron obedecidas. Remitió una fuerte cantidad de dinero a La Habana, para la compra de negros que se hacía a los ingleses y holandeses. Estas compras se hacían como negocio; pero ya no hubo concesiones a negreros ingleses o franceses, que hacían sus tratos en Veracruz. El 16 de agosto del mismo año entregó el mando de la Nueva España al virrey don Manuel Antonio Flores y regresó a hacerse cargo del arzobispado, en el que murió a la edad de 70 años en 1800.

Quincuagesimoprimer virrey
Manuel Antonio Flores
Caballero de la Order Militar de Calatrava
1787-1789

ORIGINARIO DE SEVILLA, hizo su carrera sirviendo en la marina de Su Majestad. Tuvo el mando de varias embarcaciones de guerra, para combatir a los piratas tanto en el Mediterráneo como en las posesiones españolas de América. Se distinguió por su valor y conocimientos, fue comandante del Departamento Naval de El Ferrol y el 3 de diciembre de 1775 se le nombró virrey de la Nueva Granada, hoy Colombia, cargo que desempeñó con eficiencia durante 11 años.

En 1787 fue nombrado virrey de la Nueva España así como presidente de la Audiencia de México, puestos de los que tomó posesión el 17 de agosto del mismo año. Marinero organizador, puso sobre las armas a tres nuevos batallones de voluntarios: el de México, el de Puebla y el de Nueva España. No aceptó compartir su autoridad con un señor llamado Francisco Mangino, quien traía nombramiento de superintendente del Virreinato. Envió regularmente el dinero que la Corona dispuso se entregara en Nueva York al encargado de negocios.

Intervino en las disputas ocasionadas por las misiones de California y el gobernador militar de aquel territorio; hizo que los jóvenes de las familias de más arraigo cubrieran los puestos de oficiales en las tropas coloniales y logró que el gobierno español enviase 11 mineros alemanes, contratados en Dresde, para que como profesores prácticos facultativos implantaran los más recientes adelantos técnicos metalúrgicos. Asimismo contribuyó a que los vaciados destinados a la Academia de San Carlos llegaran de España con prontitud y en buen estado. El director del Real Colegio de Minas, don Fausto Elhuyar, se encargó de que se le diera buen trato a los mineros alemanes y se aprovechase su trabajo.

Muy ocupado el virrey en sus labores recibió la noticia de la muerte del rey Carlos III, ocurrida el 14 de diciembre de 1788, después de un largo reinado. En las suntuosas exequias en honor del monarca se gastaron en México fuertes cantidades de dinero. Al virrey mucho le afectó la muerte de Carlos III, quien fue su protector. La Audiencia informó a la Corona sobre la mala salud del gobernante novohispano, por lo que se ordenó fuera relevado dignamente, sin ser sometido al juicio de residencia y otorgándole seis meses de sueldo para que regresara a España el 16 de octubre de 1789. Fue premiado con la Cruz de la orden de Carlos III y con el nombramiento de capitán general de la Marina, más bien como cargo honorífico. Murió en Madrid el 20 de marzo de 1799.

11

El Virreinato

Virreyes de la Nueva España
durante el gobierno de la
Casa de Borbón con Carlos IV

GOBERNANTES DE MEXICO

Quincuagesimosegundo virrey
Juan Vicente de Güemes Padilla Horcasitas y Aguayo
Conde de Revillagigedo, caballero de la Orden Militar de Carlos III y barón de Benilova y Rivarroja
1789-1794

ESTE VIRREY, QUE SEGURAMENTE fue uno de los mejores que tuvo la Nueva España, era originario de La Habana, hijo de don Juan Francisco de Güemes, primer conde de Revillagigedo, quien de 1746 a 1755 fue también virrey de la Nueva España. Don Juan Vicente era el tercer virrey criollo. A mediados de 1789 recibió el nombramiento, llegó a Veracruz a principios de octubre y el 16 del mismo mes recibió el mando en la Villa de Guadalupe. Tenía además los cargos de presidente de la Audiencia y capitán general. Desde muy joven sirvió en el ejército y se hizo notar en la campaña contra los ingleses en Gibraltar. Se ocupó de inmediato en la celebración del coronamiento del rey Carlos IV.

Revillagigedo era trabajador, activo y enérgico. Tenía 49 años cuando recibió el gobierno, estaba en la flor de la edad. Empezó por hacer investigar y castigar prontamente el asesinato del comerciante don Joaquín Dongo y sus dependientes y criados. Resultaron responsables tres españoles de apellidos Aldama, Quintero y Blanco, que fueron detenidos, juzgados, sentenciados y ejecutados en 15 días. Le causó asombro al virrey el desaseo que había en todas partes, en las calles, en los mercados, en los paseos. La mayor parte del pueblo andaba casi desnudo, llevando sólo una especie de sábana y un sombrero de palma sucio y maltratado. Las casas estaban mal hechas, descuidadas o maltratadas; la instrucción pública en completo abandono, no había escuelas gratuitas de primeras letras y las demás eran deficientes, con la atención de ancianos sacerdotes casi siempre carentes de ilustración. Los alumnos más bien recibían una limitada enseñanza reducida a ideas supersticiosas y negativas, que impedían el progreso y la investigación. Los caminos estaban de tal manera abandonados que solamente a pie o en mula se les podía transitar. El ejército existía a medias, en todos lados había desorden y confusión. Este activo e inteligente virrey organizó el Archivo General de la Nación, coleccionando documentos antiguos y de gran valor. Todas las calles principales fueron dotadas de alumbrado, se establecieron rondas y patrullas; mandó construir bombas para sofocar incendios, ordenó que los cementerios estuvieran afuera, alejados de las poblaciones y tuvo graves disgustos con el clero y los ayuntamientos por esta medida.

Embelleció los paseos, creó escuelas en diferentes ciudades, contrató maestros competentes para la Academia de San Carlos, fundando la cátedra de Matemáticas aplicadas a la Arquitectura; perfeccionó el establecimiento de las intendencias, fomentó el cultivo de plantas textiles (algodón, cáñamo y lino) y reglamentó el corte de madera; intensificó la construcción de los caminos a Veracruz, Acapulco, Guadalajara, San Blas y Toluca, e hizo que hubiese correos bisemanales a las capitales de las intendencias; abrió numerosas escuelas primarias y favoreció los estudios profesionales en las grandes ciudades. Impulsó el estudio de la botánica, concediendo premios a los alumnos aventajados; hizo construir navíos ligeros bien armados para la vigilancia de las costas, ayudó en la formación de las expediciones a Nutka, Alaska y las islas Hawai.

Durante su gobierno se produjo la Revolución Francesa y todo lo acaecido en el terrible año de 1793 fue motivo de alarma y de sobresalto para los gobernantes de Indias. Se prohibió la entrada en las colonias de libros, folletos y periódicos que trajeran al país las nuevas ideas, a fin de evitar los desórdenes en las colonias. La guerra con los franceses ocasionó enormes gastos y el virrey Revillagigedo, además de otras sumas ya remitidas, reunió tres millones de pesos para mandarlos a España, aunque no descuidó el progreso del Virreinato. Mandó levantar planos de las principales ciudades, promovió el establecimiento de numerosas fábricas, continuaron las obras del desagüe y se formularon estatutos para la cátedra de anatomía en el Hospital General de los Naturales.

En 1794 muchos funcionarios, a quienes no se les permitían abusos ni ventajas, acusaron al virrey de cometer innumerables tropelías. La Corona hizo caso a las intrigas y ordenó que el conde de Revillagigedo entregase el poder el mes de julio y saliera para España. En el juicio de residencia que se le siguió en el Consejo de Indias demostró ampliamente su rectitud, su honradez y su gran actividad en beneficio del Virreinato de Nueva España, cuyo gobierno se le había confiado. La Audiencia, que lo acusó, tuvo que pagar los costos. Este gran virrey, sin duda uno de los mejores gobernantes que tuvo la Nueva España, murió en Madrid el 2 de mayo de 1799.

Quincuagesimotercer virrey
Miguel de la Grúa Talamanca y Branciforte
Marqués de Branciforte
1794-1798

De origen italiano, fue capitán general del ejército español; tenía título de Grande de España. Fue nombrado virrey por estar casado con doña María Antonia Godoy, hermana del primer ministro don Manuel Godoy, llamado el Príncipe de la Paz. El 15 de junio de 1794 llegó a Veracruz y el 12 de julio tomó posesión del gobierno. Este virrey, protegido por un primer ministro inmoral, se ocupó principalmente de obtener dinero para él, y por eso, bajo el pretexto del estado de guerra que existía entre España y Francia revolucionaria, hizo secuestrar todos los bienes de los franceses residentes en Nueva España y en Luisiana, que no eran pocos, de cuya venta se quedó con gran parte.

Para mediados de julio de 1795 el ministro Godoy, representando a España, hizo la paz con los franceses, pero en Nueva España no dejaba de vigilárseles. En ese entonces y desde la época del despotismo ilustrado de Carlos III, la Inquisición había dejado de perseguir herejes y luteranos para ocuparse de la gente con las ideas políticas propagadas por filósofos y economistas, que habían movido a los revolucionarios franceses. Al gobierno del virrey Branciforte le tocó entrar en negociaciones con los Estados Unidos de América para marcar límites entre los dos países. Entre las personas comisionadas por el gobierno virreinal estaba un religioso peruano residente en México, especializado en cosmografía y matemáticas, fray Melchor de Talamantes, quien fue de los encargados de trazar la colindancia con la joven república del norte.

Sin hacer caso a los consejos del conde de Aranda, brillante político y economista español, la Corona hizo que se redoblaran las medidas de vigilancia contra los norteamericanos, sólo por considerárseles revolucionarios como a los franceses y no por sus ambiciones expansionistas. Branciforte de todo sacaba partido para hacerse de dinero porque francamente se trataba de un sujeto indigno y ladrón, uno de los más malos gobernantes que tuvo la Nueva España.

Hizo vender los empleos y los grados militares. Cuando España, en paz con Francia, declaró la guerra a Albión, el virrey Branciforte se aprovechó incautando en su beneficio las propiedades e intereses de ciudadanos ingleses; por halagar la vanidad del monarca contrató los servicios del arquitecto don Manuel Tolsá para que hiciera una gran estatua ecuestre de Carlos IV, para halagar también al ministro Godoy. Se notó mucho el contraste entre la honradez y virtudes del conde de Revillagigedo y la rapacidad e ineptitud de Branciforte, quien empezó por favorecer a los enemigos de aquel gobernante emérito hasta lograr que el Ayuntamiento de México acusara al conde declarando que había empleado grandes sumas en obras de ninguna importancia. Las acusaciones, como se ha visto, no prosperaron y el Ayuntamiento tuvo que pagar los costos del juicio.

Habiéndose declarado nuevo estado de guerra entre España y Francia, Branciforte dispuso poner sobre las armas a nuevos regimientos provinciales, que le dieron a ganar mucho dinero por la escandalosa venta que hizo de los empleos militares. Por fin el desorden y la deshonestidad de este virrey, de los que estaba informada la Corona, hicieron que fuera removido nombrándose en su lugar a don Miguel José de Azanza.

Quincuagesimocuarto virrey
Miguel José de Azanza
Político y diplomático navarro
1798-1800

VINO A AMÉRICA A LOS 17 AÑOS, acompañando a su tío don José Martín de Alegría; fue secretario del visitador don José de Gálvez y con él recorrió la Nueva España y conoció muchos de sus grandes problemas. En 1771 causó alta como cadete en un regimiento de infantería en España, pero se separó pronto de la milicia para entrar en el servicio diplomático y fue secretario de la embajada española en San Petersburgo y encargado de negocios en Berlín. En 1793 fue ministro de la Guerra, cargo que debe haber desempeñado con eficiencia porque duró tres años en él cuando existía beligerancia contra Francia. Cuando fue nombrado virrey muchas personas lo tomaron como un discreto destierro porque Godoy quería deshacerse de él debido a las fuertes críticas que le hizo. Al fin tomó posesión del cargo el 31 de mayo de 1798 y fue muy bien recibido porque todo mundo deseaba que cambiaran las cosas tan mal hechas por la sórdida avaricia de Branciforte, inmoral y ladrón.

El virrey Branciforte había hecho una considerable concentración de tropas en Jalapa, lo que costaba mucho dinero a la hacienda novohispana, por lo que Azanza fue retirándolas poco a poco, sobre todo a los regimientos de milicias provinciales que marcharon a sus lugares de origen. Con el dinero así economizado se fortificó y artilló muy bien al puerto de San Blas y estaba ocupado Azanza en estos asuntos durante los dos primeros años de su administración, cuando en 1799 fue descubierta la primera conjuración a la que el pueblo llamó "de los machetes".

Don Pedro de la Portilla, criollo y empleado en la oficina de recaudación de derechos, estuvo tratando con unas 20 personas sobre la situación que guardaban los criollos en relación con los españoles peninsulares, por lo regular gente inculta. De acuerdo todos se decidieron a levantarse en armas para arrojar del país a los "gachupines", como desdeñosamente se les decía a los peninsulares, para lo cual fueron reuniendo algunos sables viejos. Se apoderarían de la persona del virrey, cuyo puesto ocuparía Portilla; proclamarían la independencia del país y declararían la guerra a España. Contaban los conjurados con 1,000 pesos de plata, dos pistolas y unos 50 sables y machetes. En la segunda reunión que tuvieron, don Francisco de Aguirre, pariente de Portilla, se alarmó ante lo que se tramaba y los denunció a las autoridades; fueron aprehendidos todos y estuvieron en prisión muchos años sin que se ventilara su causa.

Azanza poco o nada se ocupó del mejoramiento de la ciudad. Se venció el contrato de los mineros alemanes, a quienes se les pagó puntualmente sus sueldos y se les dio una gratificación. Casi todos regresaron a su patria y uno de los que se quedaron, don Luis Lidner, se encargó de las cátedras de química y metalurgia en el Real Colegio de Minas, en donde era alumno el joven potosino don Mariano Jiménez, quien andando el tiempo iba a ser uno de los héroes de la independencia. Las milicias fueron distribuidas en brigadas y recibió el mando de la de San Luis Potosí el brigadier don Félix María Calleja, quien había venido con el conde de Revillagigedo e iba a ser el sexagésimo virrey de Nueva España, de 1813 a 1816. Azanza fue removido y regresó a España, donde desempeñó comisiones muy importantes. Fue "afrancesado", partidario de Napoleón, por lo que al ser derrotados los franceses en España tuvo que emigrar; en ausencia fue sentenciado a muerte y sus bienes confiscados. Había recibido de José Bonaparte el título de duque de Santa Fe. Murió en Burdeos, Francia, el 20 de junio de 1826, en medio de la mayor pobreza.

Quincuagesimoquinto virrey
Félix Berenguer de Marquina

Oficial de marina, gobernador de las islas Marianas en el Pacífico

1800-1803

ERA DE ORIGEN HUMILDE. Desde muy joven estuvo embarcado en los navíos de guerra y el 30 de abril de 1754 presentó examen como guardiamarina y sirvió en barcos de guerra, en el Mediterráneo y en el Atlántico. Hombre estudioso, llegó a ser maestro de Matemáticas y de Astronomía en la Academia Naval de Cartagena y después director del Cuerpo de Pilotos de la Armada. En 1789 se le encargó la gobernación de las islas Marianas, que desempeñó hasta 1795 en que regresó a España a ocupar cargos en la administración de la Marina; ascendió a teniente general de la Armada española y el 8 de noviembre de 1799, Carlos IV lo nombró virrey de la Nueva España.

Era tenaz, honrado y valiente, con buena preparación en su profesión, pero de poca capacidad para los cargos de gobierno. En 1800, al hacer la travesía de Cuba a Veracruz fue hecho prisionero por los ingleses que lo remitieron a Jamaica, en donde lo trataron con muchas consideraciones al grado de que le permitieron embarcar hacia Veracruz. El 29 de marzo del mismo año recibió el mando del Virreinato en la Villa de Guadalupe y entró en la Ciudad de México al día siguiente. Como sabía que los ingleses podían desembarcar en Veracruz, hizo reforzar las guarniciones de Ulúa y del propio puerto; también reforzó los presidios del norte para rechazar a los angloamericanos, que frecuentemente trataban de establecerse en aquellas lejanas comarcas. A Marquina le tocó entregar a Francia el gran territorio de la Luisiana, que al poco tiempo fue vendido por Napoleón a los norteamericanos.

En enero de 1801 fue denunciada una conspiración encabezada por el oficial de Marina don Francisco Antonio Vázquez, pero se la consideró sólo supuesta por no haberse podido comprobar absolutamente nada. En el mismo enero un cacique indígena llamado Mariano, de la sierra de Tepic, promovió una sedición tratando de restablecer la monarquía de Moctezuma y mezclándola con la religión puesto que los sublevados, que eran muchos, tenían como bandera una imagen de la Virgen. Cuando el señor Fernando Abascal, presidente de la Audiencia de Guadalajara, tuvo conocimiento de la sedición, dio órdenes para que el capitán de marina Salvador Hidalgo y el jefe de milicias Leonardo Pintado, marchasen contra los rebeldes, que fueron derrotados. Pacificada la comarca los indios prisioneros fueron enviados a Guadalajara, aunque Mariano logró escapar.

El 9 de septiembre de 1802 se hizo pública la paz con Inglaterra, por lo que el comercio de ultramar se benefició; pero Marquina, disgustado porque habían desaprobado algunas de sus disposiciones, renunció al cargo y habiéndosele aceptado entregó el gobierno el día 4 de enero de 1803 al señor don José de Iturrigaray. Marquina regresó a España, tomó parte en la guerra contra los franceses y murió en Alicante, su ciudad natal, el 30 de octubre de 1826.

Quincuagesimosexto virrey
José de Iturrigaray
Coronel del Ejército Real

1803-1808

AUNQUE DE ORIGEN VIZCAÍNO este virrey era de Cádiz, donde nació en 1742 de una familia de comerciantes adinerados. Sirvió en la milicia e hizo las campañas contra los revolucionarios franceses, distinguiéndose por su valor. Era un tipo ambicioso y tan rapaz como el marqués de Branciforte. Cuando llegó a Veracruz hizo pasar por la aduana un cargamento muy grande, libre de derechos, diciendo que formaba parte de su equipaje particular y era contrabando. Tan pronto como arribó a México hizo un viaje a Guanajuato, con el pretexto de activar la construcción de la Alhóndiga de Granaditas, pero en verdad para recoger un regalo de mil onzas de oro que le hacían los mineros de aquella ciudad. De regreso a México inauguró la estatua ecuestre de Carlos IV que había mandado hacer el marqués de Branciforte.

Como la Corte española no tenía límite en exigir dinero, Iturrigaray dio cumplimiento al mandato de enajenación de bienes de obras pías y de no haberse opuesto los propietarios, tal medida hubiera hundido en la miseria al país. Se recibieron noticias del nuevo estado de guerra existente entre España contra Inglaterra e Iturrigaray ordenó levantar tropas provinciales para ser acantonadas en Jalapa. Poco tiempo después Napoleón invadió a España con el pretexto de la alianza de 1807, engañando al torpe rey Carlos IV y al odiado ministro Godoy. Cuando los franceses estaban ya en las inmediaciones de Madrid la familia real quiso embarcar hacia la Nueva España; pero la idea fue mal recibida por el pueblo, que por oponerse a la salida de los monarcas se amotinó en Aranjuez el 17 de marzo. Godoy fue aprehendido y ultrajado por la muchedumbre, que lo despojó de sus dignidades y estuvo a punto de matarlo. Carlos IV y el príncipe Fernando fueron a Bayona, en donde Napoleón hizo que los dos renunciaran a la Corona de España en favor del propio Napoleón, que a su vez nombró rey a su hermano José.

El 2 de mayo, al llevarse para Francia al infante don Francisco, niño aún, el pueblo de Madrid se levantó en armas arrojándose en masa sobre los franceses. Aquélla fue la señal de guerra y por todas partes se organizaron juntas provisionales que pretendían gobernar a nombre de Fernando VII. En México se supo de estos acontecimientos el 23 de junio y el 19 de julio el Ayuntamiento, formado por criollos, dirigió al virrey una representación que decía que en ausencia del monarca legítimo la soberanía residía en el reino, por lo que mientras en la metrópoli durara aquella situación la Nueva España debía gobernarse por las leyes vigentes, continuando el virrey en su cargo sin entregarlo a nadie, ni aun a la misma España mientras ésta estuviera ocupada por los franceses. La Audiencia desaprobó la representación, porque tendía a establecer una independencia provisional.

A solicitud del Ayuntamiento fue celebrada el 9 de agosto una nueva junta en la que el síndico, licenciado don Primo Francisco de Verdad y Ramos manifestó que en virtud de las circunstancias la soberanía había recaído en el pueblo, por lo que debía constituirse como mejor conviniera mientras que Fernando VII estuviese ausente. Los miembros de la Audiencia declararon que aquella representación era sediciosa y subversiva y el inquisidor don Bernardo Prado y Ovejero la declaró herética y anatematizada. La Junta volvió a reunirse el 31 de agosto, con la presencia del coronel don Manuel de Jáuregui y del capitán de fragata don Juan Gabriel Javat, enviados por la Junta Suprema de Sevilla para que pidieran al gobierno novohispano que la reconociera; pero esa misma noche recibió el virrey unos documentos girados por la Junta de Oviedo, manifestando la misma petición.

Se citó a una nueva sesión para el primero de septiembre, en la que don Jacobo de Villaurrutia propuso que se convocase a una junta general con representantes de todo el reino, lo que fue rechazado. El padre peruano fray Melchor de Talamantes presentó al Ayuntamiento un cuidadoso estudio en el que decía, en términos generales, que se habían roto todos los vínculos con la metrópoli; que habían de formularse leyes regionales, que la Audiencia no podía hablar en nombre del rey, puesto que éste había desaparecido y que en consecuencia la representación nacional correspondía al pueblo. Con todos estos incidentes se puso de manifiesto una abierta pugna entre el partido español representado por la Audiencia y el americano compuesto por los criollos que constituían el Ayuntamiento. Hubo nueva reunión el día 9, la cual resultó tumultuosa. El virrey fingió querer renunciar y el Ayuntamiento le rogó que continuara en su puesto; el alcalde de Corte, el criollo dominicano don Jacobo de Villaurrutia, volvió a proponer que el virrey siguiese en su cargo y que se eligiera en las intendencias a diputados que formasen unas verdaderas cortes que sirvieran de cuerpo consultivo al virrey; que se buscase la manera de sustituir las facultades que tuvo el Real Consejo de Indias, que se negociara con los Estados Unidos y con los ingleses lo concerniente al mantenimiento de la paz y que se enviase un comunicado a Napoleón para hacerle saber que la América no estaba dispuesta, por ningún motivo, a reconocer su mandato.

Los criollos se manifestaron en forma tumultuosa, apoyando la proposición de Villaurrutia; pero los peninsulares atacaron furiosos y declararon que cualquier junta que se hiciera sería del todo ilegal y de desobediencia al rey y a la monarquía. La reunión que terminó en un espantoso desorden fue pospuesta para otra fecha, pero ya no iba a celebrarse por el desarrollo de los acontecimientos. Los oidores, al ver que el virrey favorecía al partido criollo, decidieron de acuerdo con los comerciantes españoles más ricos recurrir a la violencia antes que consentir cierta autonomía a la Nueva España. El virrey, de su parte, obrando por la buena, dictó algunas disposiciones que fueron interpretadas malévolamente por los del partido español en el que había muchos criollos por cierto. Estas disposiciones fueron, entre otras, las órdenes de que se le concedieran cuatrocientos mil pesos al consulado de Veracruz, de tendencias liberales, para que terminase de construir el camino a aquel puerto; el nombramiento de algunos criollos para altos cargos en la administración y la última, que más precipitó las cosas, la orden girada al regimiento de dragones de Aguascalientes, acantonado en Jalapa, que estaba al mando de un íntimo amigo de Iturrigaray, el coronel don Ignacio Obregón. Había que obrar pronto.

Se formó una conspiración para aprehender y destituir al virrey. Encabezaba esta rebelión don Gabriel del Yermo, individuo que no llegaba a los cuarenta años, riquísimo, vizcaíno de origen, que no le tenía afecto a Iturrigaray por algunos negocios turbios, y lo secundaban todos los comerciantes españoles de un centro de compra-venta que estaba en parte de lo que hoy es el Zócalo y al que la gente llamaba El Parián, los oidores Aguirre y Bataller, el arzobispo y los jueces de la Inquisición, quienes resolvieron actuar antes de que llegara la tropa. Se trataba de asaltar el palacio y apoderarse de la persona de Iturrigaray. Se armó a los dependientes y mozos de confianza y se compró a la guardia de palacio.

A las doce de la noche del 15 de septiembre de 1808 se reunieron en grupos aislados los conjurados en los portales cercanos a palacio, siendo unos quinientos o más hombres bien armados que marcharon contra la guardia, descuidada seguramente. El centinela marcó el alto y como no le respondieron hizo fuego. Los hombres de Yermo de dos o tres balazos mataron al soldado e irrumpieron a la carrera en las habitaciones del virrey y su familia, que estaban dormidos. Los aprehendieron sin la menor resistencia y fue conducido el primero a la Inquisición, para hacer creer al populacho que se le detenía por hereje; a la virreina y a sus hijos se les llevó al convento de San Bernardo.

El hecho, además de la muerte del centinela, no dejó de ser muy violento porque algunas puertas de los alojamientos virreinales fueron derribadas a hachazos. La virreina fue soezmente insultada y algunas alhajas que estaban en un mueble desaparecieron. Se levantó un acta para asentar los bienes recogidos, objetos de oro y plata, dinero en efectivo en piezas de oro y documentos que amparaban préstamos a rédito por una cantidad superior al millón de pesos. En fin, lo que se recogió puso de manifiesto que la familia Iturrigaray supo aprovecharse de su situación para enriquecerse.

Quincuagesimoséptimo virrey
Pedro Garibay
Mariscal de campo
1808-1809

NADIE MÁS INAPROPIADO para gobernar al país en momentos tan turbulentos como el mariscal de campo don Pedro Garibay, nacido en Alcalá de Henares en 1729. Hizo la carrera de las armas desde soldado y tomó parte en varias acciones en Portugal, Italia y Marruecos. Pasó a la Nueva España como instructor de tropas provinciales, en 1783 ascendió a coronel y en 1789 a general. Como ya estaba viejo y enfermo, el virrey Azanza lo promovió a mariscal para darle un honorable retiro.

Garibay era de baja estatura, decrépito, tímido, sin prestigio alguno y carente de inteligencia. Ascendido a un puesto que ni remotamente pretendiera, se convirtió en títere movido por los "parianeros", como el populacho llamaba a los revoltosos de Yermo. Garibay firmaba todos los documentos que le llevaran los miembros de la Audiencia, siendo los primeros las órdenes de aprehensión en contra de los licenciados Azcárate, Verdad y Ramos, el abad de la Villa de Guadalupe don José Beye Cisneros, el canónigo Beristáin, el licenciado Cristo que era secretario de Iturrigaray y el padre mercedario fray Melchor de Talamantes. Todos quedaron detenidos en la cárcel del Arzobispado, menos Talamantes que fue enviado a la Inquisición.

Los "parianeros" se creían dueños de la situación, se daban aires de salvadores de la patria y resolvieron organizarse militarmente con el nombre de "Realistas Fieles" o "Patriotas de Fernando VII", adoptando un uniforme de chaqueta azul, como bata de trabajo de tendero, por lo que el pueblo burlista les llamó "los chaquetas". Estos tipos, que iniciaron a México en el uso de los cuartelazos, no solamente influían en el gobierno, sino que cometían abusos y tropelías, aprehendiendo a quien se les antojaba. El virrey se ocupó en activar los procesos de los reos. De todos ellos, quienes en verdad habían tomado parte en los sucesos eran Azcárate, Verdad y Ramos y el padre Talamantes. Este fue enviado a Veracruz, en donde enfermó de fiebre amarilla sin que se le prestara ayuda alguna ni le quitasen las cadenas sino hasta después de muerto. Al licenciado Cristo se le destituyó de la auditoría de guerra, en la que trabajaba; a Azcárate se le tuvo preso hasta 1811 y a los demás prisioneros se les mandó a España o se les puso en libertad después de algún tiempo. En cuanto al licenciado Verdad, tuvo un fin misterioso: murió en la cárcel del Arzobispado, no se sabe si ahorcado o envenenado.

A Iturrigaray le siguieron dos procesos: uno por infidencia, que terminó con la amnistía de 1810, y el de residencia por el que tuvo que pagar una gran cantidad de dinero. Los abusos de los "Voluntarios de Fernando VII" fueron tan graves que Garibay tuvo que alistar un regimiento de dragones para su escolta personal, al mismo tiempo que ordenaba la disolución de los "Voluntarios", enviándolos a su casa. Aunque no se tomó oficialmente la decisión de reconocer como gobierno superior a ninguna junta española, prácticamente Garibay aceptaba como única a la de Sevilla, porque obedecía todas sus disposiciones. Cuando algunos triunfos sobre los franceses permitieron unificar la dirección de los asuntos, la Nueva España reconoció a la única junta directriz que era la de Aranjuez, a la que Garibay envió un donativo de doscientos mil pesos además de novecientos mil remitidos por concepto de recaudaciones de la hacienda pública.

La Junta de Aranjuez dispuso, entre otras cosas, que cada una de las colonias nombrara un diputado que la representara en dicha Junta, pero esta disposición dio resultado contraproducente porque en Nueva España el partido españolista pensó que eso era iniciar la autonomía en el gobierno de cada colonia, mientras que los criollos consideraron mezquino que sólo se concediese un representante, que nunca haría valer su opinión.

Con mucho cuidado se vigilaba a los viajeros procedentes de los Estados Unidos, porque allí se encontraban agentes franceses enviados por José Bonaparte para producir sublevaciones en las posesiones españolas. Un hermano de Fernando VII, monarca reconocido por todos los españoles, estaba internado en Francia casi en calidad de prisionero, por lo que su hermana, la princesa Carlota Joaquina, hacía gestiones para que fuese aceptado por la Junta de Aranjuez su hijo el príncipe don Pedro, como regente de la Nueva España. Como la alianza con Inglaterra permitió un seguro comercio con la metrópoli, se intensificó la construcción de barcos mercantes y de otros muy ligeros para sostener una comunicación constante.

El 19 de julio de 1809 cesó el mando del virrey don Pedro Garibay, quien resolvió marchar a España; pero su condición económica era tan precaria que el opulento don Gabriel de Yermo le asignó una pensión de quinientos pesos mensuales. Más tarde se le premió con la condecoración de Carlos III y una pensión vitalicia de 10,000 pesos al año, con el grado de teniente general. Murió Garibay a los ochenta y seis años, el 7 de julio de 1815.

12

El Virreinato

Virreyes de la Nueva España
durante el gobierno de la
Casa de Borbón con Fernando VII

Quincuagesimoctavo virrey
Francisco Javier de Lizana y Beaumont
Arzobispo de México

1809-1810

ESTE ARZOBISPO LLEGÓ A MÉXICO en el año de 1803, junto con el virrey Iturrigaray. Recibió su cargo eclesiástico e inmediatamente se puso a trabajar en favor de la feligresía con diligencia, honradez y celo. Tuvo mucho que ver en los sucesos de mediados del mes de septiembre de 1808 que derrocaron al virrey Iturrigaray. Fue también de los que propusieron a don Pedro Garibay para que se hiciese cargo interinamente del Virreinato; pero como la Junta de Aranjuez estuvo informada de que Garibay estaba ya anciano y enfermo, así como que sólo era un instrumento de los comerciantes ricos y de la Real Audiencia de México, dispuso que fuera sustituido interinamente por el arzobispo de México don Francisco Javier Lizana y Beaumont. Este tuvo que luchar contra muchos inconvenientes.

Había la noticia del posible desembarco de Carlos IV, según instrucciones de Napoleón; pero aquí sólo se reconocería a Fernando VII; se declaró por bando solemne benemérita de la patria a la ciudad de Zaragoza y a sus heroicos defensores, que combatieron a los franceses; se embargaron al marqués de Branciforte y al duque de Terranova todos sus bienes, por haberse declarado partidarios del "rey" José I, obteniéndose sobre ellos un empréstito de tres millones de pesos en oro; con esa confiscación y préstamos, colaboraciones y adelantos de contribuciones, Lizana pudo remitir a España nueve millones de pesos. Lizana era hombre bondadoso, aunque carente de energía. Dejó por completo el manejo de los asuntos eclesiásticos en manos del inquisidor don Juan Alfaro, para él dedicarse al gobierno virreinal; dejó hacer y deshacer a muchos americanos, causando el disgusto de los españoles.

Toda la Nueva España estaba alterada por las noticias y por el desarrollo de los acontecimientos, circulaban hojas anónimas, pasquines clandestinos y volantes; se llevaban a cabo juntas políticas, para buscar la forma de obtener la independencia; se criticaba a la Audiencia de México por el golpe de estado de los "parianeros", asegurándose que el camino legal había sido cerrado definitivamente por los españoles y que sólo quedaba abierto el de la acción directa. El virrey estaba al tanto de todo y no lo impedía, por lo que los españoles de la Audiencia lo acusaban de ser partidario de los criollos.

Fue entonces cuando se descubrió una conspiración muy formal en Valladolid, de la Intendencia de Michoacán, encabezada por el teniente José Mariano Michelena y el padre fray Vicente de Santa María. Lizana hizo conducir a los recién aprehendidos a México, para tener una entrevista con ellos. El propósito de los conjurados, aseguró Michelena, era formar una Junta que gobernase en nombre de Fernando VII y que tomara todas las providencias para conservar el reino a tan "augusto" soberano. Lizana no encontró delito alguno qué perseguir y puso en libertad a los conjurados, con gran disgusto de los miembros del partido español. La Junta de Aranjuez informada, argumentó la avanzada edad del arzobispo-virrey y que eran muchas las exigencias del gobierno de la Nueva España y dispuso que éste entregara el gobierno a la Audiencia. Dicha entrega ocurrió el 8 de mayo de 1809. Lizana volvió al arzobispado, recibió la Cruz de Carlos III como recompensa a sus servicios y el 6 de mayo de 1811 murió en la Ciudad de México.

Quincuagesimonono virrey
Francisco Javier Venegas
Teniente general del Ejército Real

1810-1813

NACIÓ EN CÓRDOBA, a mediados del siglo XVIII. Inició estudios de la carrera literaria, aunque prefirió servir en el ejército donde ascendió por riguroso escalafón hasta teniente coronel. Tomó parte en la campaña contra la República francesa y ya estaba retirado del servicio cuando se produjo la invasión napoleónica a España. Intervino en la batalla de Bailén y fue nombrado comandante del ejército de Andalucía. Prestó valiosos servicios en la campaña, por lo que fue nombrado gobernador de Cádiz, donde residía el gobierno Central de España y al estar desempeñando esta comisión dicha Junta lo nombró virrey de la Nueva España, por lo que se apresuró a embarcar hacia Veracruz a donde llegó el 25 de agosto de 1810. Recibió el gobierno, de la Audiencia, en la Ciudad de México, el 14 de septiembre.

Una de sus primeras medidas fue poner en ejecución el decreto por el cual se suspendían los tributos a indios y mulatos. Se mostró desde un principio hombre de pocas palabras, activo, sanguinario y calculador. Dos días después de haber tomado posesión del cargo supo de la insurrección del cura del pueblo de Dolores, don Miguel Hidalgo y Costilla. Venegas hizo que el ejército interviniera para sofocar la rebelión, que sabía no era un motín simple; pidió a las autoridades eclesiásticas que predicaran contra la insurgencia; como movió a todas las tropas para combatir a los insurrectos, la ciudad quedó sin guarnición.

Supo de la captura de Guanajuato y Valladolid por los insurgentes, nombre con que el propio Venegas empezó a llamarlos, tal y como franceses llamaban a los insurrectos en España. Hizo llamar apresuradamente al regimiento de las Tres Villas, con tropa levantada en Córdoba, Jalapa y Orizaba, y recibió el contingente de 500 negros libertos de las haciendas de don Gabriel de Yermo. Este núcleo tan poco numeroso fue puesto a las órdenes del teniente coronel don Torcuato Trujillo, quien al saber que los insurgentes marchaban con dirección a la capital del virreinato, de Tepetongo a Toluca, salió para ocupar esta ciudad que tuvo que abandonar para replegarse al cañón conocido como el Monte de las Cruces, donde fueron derrotados los realistas el 29 de octubre del mismo año de 1910, logrando apenas escapar Trujillo, Iturbide y otros jefes.

Venegas, muy alarmado, recurrió a algunos voluntarios armados con los que se formó un batallón, situándolo en el Paseo Nuevo. El cura Hidalgo, por una indecisión hasta ahora no explicada, dispuso la retirada con dirección a Valladolid. Venegas había mandado órdenes al general don Félix María Calleja, quien se encontraba en la hacienda de La Pila, en San Luis Potosí, para que marchara en auxilio de la Ciudad de México. En la marcha de Querétaro a México, la división de Calleja encontró a los insurgentes en las llanos de San Jerónimo Aculco, donde les infligió una aparatosa derrota.

Continuando la campaña, Calleja derrotó a los insurgentes en el Puente de Calderón. Posteriormente, en 1811, los principales jefes rebeldes fueron hechos prisioneros en Acatita de Baján y Venegas creyó terminada la rebelión; pero entonces quedó informado de las actividades de don Ignacio López Rayón y de los triunfos en el sur del cura don José María Morelos. Por otro lado la Junta de Cádiz, que había formulado y puesto en vigor la primera Constitución, giró órdenes para que en todas las posesiones españolas fuese publicada la vigencia de ese importante documento. Venegas, que no era liberal, y en consecuencia partidario del absolutismo, retrasó 24 días la publicación de dicha Constitución.

Como las guerrillas recorrían todo el territorio, cuando Venegas proclamó la Carta Magna de Cádiz ya había declarado en estado de guerra a la Nueva España, por lo que dicha Constitución resultaba inútil. Todo prisionero hecho por las tropas realistas era fusilado inmediatamente, la menor sospecha de colaboración con los insurrectos era motivo para que cualquier persona fuera detenida y enviada a prisión.

La Junta de Cádiz culpó a Venegas de que con sus arbitrariedades impedía la pacificación de la Nueva España, mientras que el partido español y la Audiencia de México lo acusaban de no impulsar la campaña con energía para acabar con los focos de rebelión. Aunque se giraron órdenes para que entregara el virreinato desde septiembre de 1812, hasta el 4 de marzo de 1813 ocurrió el cumplimiento de dicha disposición. Inmediatamente volvió a España, donde le recompensaron sus servicios con los títulos nobiliarios de marqués de la Reunión y de Nueva España. Murió en 1818, siendo capitán general en Galicia.

Sexagésimo virrey
Félix María Calleja del Rey
Conde de Calderón
1813-1816

MILITAR NACIDO EN MEDINA DEL CAMPO el 11 de noviembre de 1753. Acompañó al virrey segundo conde de Revillagigedo y llegó a la Nueva España en 1789, para encargarse del mando de alguna tropa. Recibió el mando de la brigada de infantería de la intendencia de San Luis Potosí. Durante el gobierno del virrey Azanza hizo la campaña contra los indios bárbaros y contra los filibusteros angloamericanos que se infiltraban en el lejano y casi abandonado territorio de Texas; tuvo a sus órdenes al capitán don Ignacio Allende; casó con doña Francisca de la Gándara, criolla muy rica, dueña de la hacienda de Bledos.

Al ocurrir la insurrección de Hidalgo puso sobre las armas a la tropa de su brigada, unos 4,000 hombres, base de lo que se llamó después Ejército del Centro con el que llevó la campaña contra Hidalgo y Rayón e hizo frente a la formidable ofensiva lanzada por Morelos. Retirado Calleja a México después del sitio de Cuautla, en su casa recibía a los descontentos con Venegas, a quien tildaban de incapaz para terminar con la revolución. El 28 de enero de 1813 recibió Calleja el nombramiento de virrey, pero hasta el 4 de marzo siguiente tomó posesión del cargo.

Se ocupó inmediatamente de informarse sobre la situación hacendaria del Virreinato, encontrándose con deudas, desfalcos y las cajas vacías; a las tropas se les debía haberes por muchos millones de pesos, había unidades que no tenían ropa o estaban casi descalzas, el armamento se encontraba en muy mal estado. Con la actividad, energía y capacidad que caracterizaban a Calleja, puso manos a la obra; recogió los bienes de la Inquisición, abolida por la Constitución de 1812; pidió dinero prestado al comercio, hipotecó las alcabalas y con lo reunido, de lo que entregó cuentas completas, levantó un poderoso ejército bien equipado, pagado, armado y disciplinado; reorganizó la hacienda pública, restableció el tráfico mercantil por todo el reino y regularizó el servicio de correos; casi terminó con la revolución.

Era hombre resuelto y sin escrúpulos, cruel y sanguinario, se hacía temer; consecuentó los abusos y robos de sus comandantes, siempre y cuando sirvieran con efectividad a la causa realista. Fue amigo y protector de Iturbide, quien se hizo odioso en El Bajío por las depredaciones que cometió. Calleja, con las medidas brutales que dictó, se hizo también odioso, aun para los mismos realistas que lo acusaban de ser la causa principal por la que seguían en armas algunas partidas de insurgentes después de la muerte de Morelos. Las quejas contra el gobierno dictatorial de Calleja fueron escuchadas en Cádiz, por lo que fue relevado del gobierno virreinal el 20 de septiembre de 1816 y regresó a España, donde se le dio el título de conde de Calderón y las grandes cruces de Isabel la Católica y San Hermenegildo. Recibió el mando militar de Andalucía y fue gobernador de Cádiz, se encargó de organizar un ejército para una expedición a América. Le tocó la rebelión de Rafael Riego, que lo hizo prisionero. En Mallorca tuvo la ciudad por cárcel hasta 1823, en que volvió al servicio como comandante en Valencia hasta su muerte acaecida el 24 de julio de 1828.

Sexagesimoprimer virrey
Juan Ruiz de Apodaca
Oficial de marina, conde de Venadito

1816-1821

NACIÓ EN CÁDIZ EL 3 DE FEBRERO DE 1754. Hijo de familia de comerciantes acomodados, ingresó en la Armada como guardia marina y tomó parte en la campaña contra los piratas argelinos, ascendiendo a alférez de fragata; estuvo en la América del Sur y en Inglaterra. De 1781 a 1790 fue comandante de navíos de línea y después se encargó de las obras de reconstrucción de la dársena de Tarragona. En octubre de 1802 fue nombrado comandante del arsenal de Cartagena, ya como jefe de escuadra, e hizo mejoras de gran importancia. Cuando sobrevino la invasión napoleónica tomó a su cargo la exigua flota española, cuya parte poderosa había sido destruida en la batalla de Trafalgar. Fue embajador plenipotenciario en Inglaterra y ejerció el cargo de capitán general de La Florida y de Cuba, el que desempeñó con tacto y recto criterio. Por sus servicios distinguidos fue agraciado con las cruces militares de San Fernando y San Hermenegildo.

Aunque fue nombrado virrey de la Nueva España desde principios de 1816, hasta el 20 de septiembre del mismo año recibió el mando de manos del conde de Calderón, en los momentos en que el país se encontraba en estado de turbulencia. El nuevo virrey ofreció el indulto a los insurrectos. El carácter de Apodaca, inclinado a la comprensión y a la clemencia, produjo muy buenos resultados. Muchos insurgentes aceptaron el perdón, dio la orden de que por ningún motivo se fusilase a quienes cayeran prisioneros. Prohibió que los muchachos volaran "papalotes", porque eso representaba un serio peligro ya que lo hacían desde las azoteas; revisó las cuentas y encontró que Calleja las había llevado con mucho cuidado; suspendió los empréstitos y sólo se sujetó a la recaudación de aduanas, impuestos y otras cuentas normales de la hacienda.

La sociedad en general sintió simpatía por el virrey y parecía que la revolución iba apagándose por completo cuando se supo en México que el día 17 de abril de 1817 había desembarcado el caudillo liberal español don Xavier Mina, en Soto la Marina, de donde se puso en marcha con 308 voluntarios hacia el interior del país, para unirse a los insurgentes del Fuerte del Sombrero. Apodaca envió contra Mina y sus aliados una fuerte columna al mando del mariscal de campo don Pascual Liñán, quien después de una activísima campaña hizo prisionero a don Xavier Mina en el rancho del Venadito, cerca de Silao. Por esa victoria y siguiendo la costumbre napoleónica tan en boga, el virrey recibió el título de conde del Venadito, del cual muchos se burlaron.

Recibió el flamante conde instrucciones de redoblar la vigilancia de las costas, porque se sabía que los marineros ingleses Cochrane y Wilson alistaban una expedición a la Nueva España; algunos insurrectos mexicanos reunidos en Nueva York y en Matagorda compraron un barco armado, con el que amenazaban el comercio de cabotaje en el Golfo de México, capturaron a una goleta armada por el comercio de Veracruz e hicieron fusilar al capitán. Como los ingleses y franceses, después de las guerras napoleónicas, se ocuparon mucho en ayudar a la independencia de las posesiones españolas, España estableció tres consulados en los Estados Unidos, que se encargaban de sus negocios y también de estar alertas sobre posibles intervenciones en la Nueva España como la de Guillermo Robinson que tenía grandes proyectos para darle nuevo impulso a la revolución, empezando por apoderarse de Altamira y Tampico, donde fue hecho prisionero y remitido a Cádiz, pero logró fugarse con la ayuda de los ingleses, en Gibraltar.

Calleja había dispuesto que el depósito de tabaco de México se convirtiese en una fortaleza a la que el pueblo ha llamado la Ciudadela, donde Apodaca hizo almacenar armas y municiones que fueron poco a poco robadas. Apodaca ordenó que el brigadier don Francisco Novella recibiese el cargo de gobernador de la Ciudadela, pero la Audiencia se opuso. A Novella no le pareció digna de su empleo esa comisión y se enemistó con el virrey, por lo que a la larga a Novella se le encargó destituyera a Apodaca. Este en verdad durante su gobierno tuvo más problemas suscitados por angloamericanos e ingleses que buscaban la independencia de la Nueva España para su particular conveniencia económica y de expansión territorial desde Estados Unidos, que por los grupos de sublevados que se mantenían en algunos fuertes en El Bajío, Veracruz y en el sur, sin que representara ninguno un serio problema.

El 1º de enero de 1820 estalló en un lugar llamado Cabezas de San Juan, en la costa andaluza, la revolución del coronel don Rafael de Riego pidiendo la restauración de la Constitución de 1812 que había sido abolida por el déspota Fernando VII, quien amedrentado volvió a jurarla el 9 de marzo. Se dieron órdenes para que fuese jurada de nuevo la Constitución, en toda España y sus posesiones. En agosto el bergantín "Corza" trajo la disposición a Nueva España y Apodaca, por consejo de la Audiencia, no quería darla a conocer sino hasta que se resolviera lo que se estaba tratando en juntas secretas en la iglesia de La Profesa, las que acordaron declarar la independencia de la Nueva España para ofrecer su trono a Fernando VII y que éste gobernase en forma absoluta, sin Constitución alguna. Empero se necesitaba la acción de un jefe militar de prestigio. Entonces Apodaca propuso a Iturbide, relevándolo del proceso que se le seguía por los desmanes que había cometido en El Bajío. El general don Agustín de Iturbide recibió el mando de las tropas en el sur, al que había renunciado el coronel Armijo. Iturbide, quien tenía sus propias ambiciones, atrajo al jefe insurgente al que iba a combatir, general don Vicente Guerrero y de común acuerdo proclamaron la independencia de México.

En el pueblo de Iguala, en el actual estado de Guerrero, fue formulado el plan que lleva su nombre, el día 2 de marzo de 1821. Se invitaba al virrey Apodaca a que se pusiera al frente del movimiento libertario. Apodaca rechazó el ofrecimiento, declaró traidor al rey a Iturbide y lo puso fuera de la ley enviando tropas a combatirlo; pero en todas partes se sublevaron esas tropas, reconociendo a Iturbide como su jefe y sumándose al movimiento libertario.

Los realistas declararon inepto a Apodaca y el 5 de junio de ese mismo año algunos jefes militares resolvieron destituirlo, quedando el general don Francisco Novella como encargado del mando militar y del gobierno. Apodaca fue enviado a España para que se le instruyese proceso, del cual salió absuelto; se le restituyó en el servicio y murió en Madrid el día 11 de enero de 1835, siendo capitán general de la Armada española.

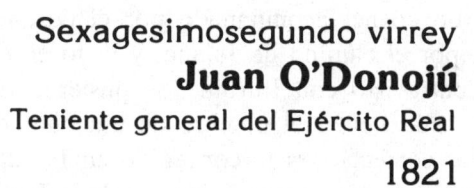

Sexagesimosegundo virrey
Juan O'Donojú
Teniente general del Ejército Real
1821

ESTE PERSONAJE DE ORIGEN IRLANDÉS nació en el puerto de Sevilla a mediados de 1762. Desde muy joven se alistó en el ejército, sirvió en él con distinción y obtuvo los grados por servicios en campaña hasta llegar al empleo de teniente general. Habiéndose distinguido en la guerra de Independencia fue nombrado por la Junta de Cádiz, ministro de la Guerra y al regreso de Fernando VII éste lo hizo su ayudante de campo. Era liberal y amigo de don Rafael de Riego, así que cuando se restableció la Constitución de 1812 se le dio el mando de las provincias andaluzas, donde demostró su gran capacidad para el ejercicio de los cargos militares.

En 1821 el gobierno español lo nombró capitán general de la Nueva España y aunque ya no con el nombramiento propiamente dicho de virrey, sí con todos los privilegios que tenían estos gobernantes. Llegó a Veracruz el 3 de agosto, allí mismo prestó el juramento ceremonial y recibió honores de virrey. Inmediatamente quedó enterado de que casi toda la Nueva España estaba con Iturbide. Sabía que las Cortes habían resuelto dar a las posesiones españolas de ultramar gobiernos un tanto autónomos, tal y como lo proclamaba el Plan de Iguala, aunque sin dejar de pertenecer a la Corona española, sobre todo en los aspectos político y administrativo.

Estando en Veracruz dio una proclama dirigida al pueblo de la Nueva España, en la que manifestaba sus principios liberales que había aprendido en las logias masónicas y en la efervescencia política de la península; dirigió una carta a Iturbide por conducto del teniente coronel don Manuel Gual y del capitán don Pedro Pablo Vélez, invitándolo a una conferencia en el lugar que aquél eligiera. Aceptada la proposición por el general Iturbide, se designó a la ciudad de Córdoba para la reunión. Marchó O'Donojú en un coche, acompañado por el coronel Antonio López de Santa Anna, por el camino de Jalapa, y llegó el 23 a Córdoba; al día siguiente se entrevistó con Iturbide, se pusieron de acuerdo y firmaron los tratados que llevan el nombre de esa ciudad. Fue aceptado con apenas algunas correcciones lo convenido en Iguala, abriendo la posibilidad, muy segura, de que ningún miembro de la familia Borbón aceptase la Corona de Nueva España y ésta recayera en el propio Iturbide.

Los jefes españoles no aceptaron desde luego lo contenido en los Tratados de Córdoba, desconocieron la autoridad de O'Donojú y ocuparon militarmente las plazas de México y Veracruz, la fortaleza de San Carlos de Perote y el castillo de San Diego en Acapulco. Bloqueadas esas plazas se rindieron, menos la de Veracruz. El coronel Santa Anna, con la tropa a sus órdenes, atacó al brigadier García Dávila que con su guarnición se estableció en San Juan de Ulúa, donde iba a durar cuatro años. El general don Francisco Novella se encontraba prácticamente sitiado en la capital por el Ejército de las Tres Garantías al mando de los generales don Vicente Guerrero y don Nicolás Bravo, porque se negaba a reconocer como valederos los Tratados de Córdoba. O'Donojú simplemente le exigía que lo reconociera como autoridad, argumentando que el general Novella no tenía cargo legal alguno puesto que se había hecho del gobierno destituyendo a Apodaca con una rebelión.

El 13 de septiembre se concertó una reunión en la hacienda de La Patera, cercana a la Villa de Guadalupe, entre Iturbide, O'Donojú y

Novella; allí acordaron de inmediato una suspensión de hostilidades; el 15 Novella dio a reconocer a O'Donojú como virrey y capitán general de la Nueva España y éste dispuso que las tropas realistas salieran de la capital. Cuando éstas partieron rumbo a Veracruz, el brigadier don José Joaquín de Herrera ocupó Chapultepec el 23, con la columna de granaderos y al día siguiente el general don Vicente Filisola, con 4,000 hombres, entró en México. Las tropas estacionadas en diferentes rumbos hicieron su entrada en la capital formando una columna al frente de la cual iba don Agustín de Iturbide. Era el jueves 21 de septiembre de 1821.

El Ejército Trigarante estaba formado por 7,616 infantes, 7,755 de caballería y 763 artilleros con 68 cañones. Al día siguiente se instaló la Junta Provisional Gubernativa compuesta por 34 personas, la cual después de decretar el Acta de Independencia del Imperio Mexicano, nombró una regencia compuesta por Iturbide como presidente y O'Donojú, don Manuel de la Bárcena, don José Isidro Yáñez y don Manuel Velázquez de León, quedando así consumada la Independencia de México. O'Donojú, quien tenía 59 años, enfermó de un padecimiento pulmonar y murió el 8 de octubre de ese año, siendo sepultado con los honores de virrey en la Catedral de México.

El Virreinato fue una institución netamente española. El de la Nueva España fue fundado el 17 de abril de 1535. Su capital fue la Ciudad de México y sumó las entidades siguientes: Audiencia de Santo Domingo, con las gobernaciones de la isla Española, Cuba, Puerto Rico, Florida y Venezuela. La Audiencia de México, que comprendía la gobernación de Yucatán. La Audiencia de los Confines, que abarcaba las gobernaciones de Guatemala, Honduras, Nicaragua, Costa Rica y Soconusco. La Audiencia de Guadalajara, con las gobernaciones de la Nueva Galicia, Nueva Vizcaya, el Nuevo Reino de León, Nuevo México y Coahuila. La Audiencia de Manila, que abarcaba la gobernación de las islas Filipinas. Esta organización se mantuvo casi en su integridad hasta la consumación de la independencia.

Los virreyes de la Nueva España durante el gobierno de la Casa de Austria, fueron los siguientes: don Antonio de Mendoza, de 1535 a 1550; don Luis de Velasco, de 1550 a 1564; gobierno de la Audiencia, de 1564 a 1566; don Gastón de Peralta, marqués de Falces, de 1566 a 1568; don Martín Enríquez de Almanza, de 1568 a 1580; don Lorenzo Suárez de Mendoza, conde de La Coruña, de 1580 a 1583; don Pedro de Moya y Contreras, virrey, arzobispo e inquisidor, de 1584 a 1585; don Alvaro Manrique de Zúñiga, marqués de Villamanrique, de 1585 a 1590; don Luis de Velasco, hijo, de 1590 a 1595; don Gaspar Zúñiga y Acevedo, conde de Monterrey, de 1595 a 1603; don Juan de Mendoza y Luna, marqués de Montesclaros, de 1603 a 1607; don Luis de Velasco, hijo, por segunda vez, de 1607 a 1611; fray García Guerra, arzobispo y virrey, de 1611 a 1612; don Diego Fernández de Córdoba, marqués de Guadalcázar, de 1612 a 1621; don Diego Carrillo de Mendoza y Pimentel, marqués de Gálvez y conde de Priego, de 1621 a 1624; don Rodrigo Pacheco y Osorio, marqués de Cerralvo, de 1624 a 1635; don Lope Díaz de Armendáriz, marqués de Cadereyta, de 1635 a 1640; don Diego López Pacheco Cabrera y Bobadilla, marqués de Villena y duque de Escalona, de 1640 a 1642; don Juan Palafox y Mendoza, obispo de Puebla, sólo cinco meses.

Don García Sarmiento Sotomayor, conde de Salvatierra y marqués de Sobroso, de 1642 a 1648; don Marcos de Torres y Rueda, obispo de Yucatán, de 1648 a 1650; don Luis Enríquez de Guzmán, conde de Alba de Liste, de 1650 a 1653; don Francisco Fernández de la Cueva, duque de Alburquerque, de 1653 a 1660; don Juan de Leyva y de la Cerda, conde de Baños y marqués de Leyva y de Ladrada, de 1660 a 1664; don Diego Osorio de Escobar y Llamas, obispo de Puebla, virrey sólo por cinco meses, en 1664; don Antonio Sebastián de Toledo, marqués de Mancera, de 1665 a 1673; don Pedro Nuño Colón de Portugal, duque de Veragua, quien murió a los seis días de haber recibido el gobierno en 1673; fray Payo Enríquez de Rivera, arzobispo-virrey, de 1673 a 1680; don Antonio de la Cerda y Aragón, conde de Paredes y marqués de la Laguna, de 1680 a 1686; don Melchor Portocarrero y Lasso de la Vega, conde de Monclova, de 1686 a 1688; don Gaspar de la Cerda Sandoval Silva y Mendoza, conde de Gálvez, de 1688 a 1696; don Juan de Ortega y Montañés, obispo de Michoacán, por 10 meses en el año de 1696; don José Sarmiento Valladares, conde de Moctezuma y Tula, de 1696 a 1701.

Con la muerte del rey don Carlos II, llamado "El Hechizado", acaecida el día 1º de noviembre de 1700, se extinguió la rama española de la Casa de Austria, quedando como regente su segunda esposa, la reina Mariana de Baviera, mientras el primero de los Borbones ocupaba el trono. Felipe de Anjou, de la casa de Borbón y nieto de Luis XIV de Francia, nombrado sucesor por Carlos II en su postrera voluntad, recibió el trono español con el título de Felipe V y entró en Madrid el 14 de abril de 1701. No fue verdaderamente rey de España sino hasta 12 años más tarde, al ser firmados los tratados de Utrecht con los cuales terminó la guerra de sucesión al trono de España. Felipe V era un príncipe valeroso, enérgico, intrépido, que se hizo respetar y querer por los españoles; fue proclamado en México con muchas fiestas y las costumbres y usos tan adustos de la Casa de Austria empezaron a cambiar para seguir la alegría de la Corte de Versalles.

Los virreyes de la Nueva España durante el gobierno de la Casa de Borbón fueron los siguientes: don Juan Ortega y Montañés, obispo de Michoacán, virrey por segunda vez de 1701 a 1702; don Francisco Fernández de la Cueva Enríquez, duque de Alburquerque, marqués de Cuéllar, de 1702 a 1711; don Fernando de Alencastre Noroña y Silva, duque de Linares y marqués de Valdefuentes, de 1711 a 1716; don Baltasar de Zúñiga Guzmán Sotomayor y Mendoza, marqués de Valero, de 1716 a 1722; don Juan de Acuña, marqués de Casafuerte, de 1722 a 1734; don Juan Antonio de Vizarrón y Eguiarreta, de 1734 a 1740; don Pedro de Castro Figueroa y Salazar, duque de la Conquista y marqués de Gracia Real, de 1740 a 1741; don Pedro Cebrián y Agustín, conde de Fuenclara, de 1741 a 1746; don Juan Francisco de Güemes y Horcasitas, primer conde de Revillagigedo, de 1746 a 1755; don Agustín de Ahumada y Villalón, marqués de las Amarillas, de 1755 a 1758; don Francisco Cajigal de la Vega, de 1758 a 1760; don Joaquín de Montserrat, marqués de Cruillas, de 1760 a 1766; don Carlos Francisco de Croix, marqués de Croix, de 1766 a 1771; don Antonio María de Bucareli, de 1771 a 1779; don Martín de Mayorga, de 1779 a 1783; don Bernardo de Gálvez, de 1783 a 1786; don Antonio Flores, de 1787 a 1789; don Juan Vicente de Güemes Pacheco y Padilla, segundo conde de Revillagigedo, de 1789 a 1794; don Miguel de la Grúa Talamanca y Branciforte, de 1794 a 1798; don José Miguel de Azanza, de

1798 a 1800; don Félix Berenguer de Marquina, de 1800 a 1803; don José de Iturrigaray, de 1803 a 1808; don Pedro Garibay, de 1808 a 1809; don Francisco Javier de Lizana y Beaumont, arzobispo de México, de 1809 a 1810; don Francisco Javier Venegas, de 1810 a 1813; don Félix María Calleja del Rey, de 1813 a 1816; don Juan Ruiz de Apodaca, de 1816 a 1821 y don Juan O'Donojú, hasta el 28 de septiembre de 1821.

Virreyes de México que pasaron al Perú: como este virreinato, llamado de un principio de Nuevo Toledo, estuvo en efervescencia por los dos bandos en pugna mortal, los partidarios de Pizarro y los de Almagro, mandaba la Corona para gobernarlo a virreyes que en la Nueva España habían demostrado su capacidad.

Así fueron al Perú los siguientes: don Antonio de Mendoza, en 1549; don Martín Enríquez de Almanza, en 1580; don Luis de Velasco, hijo, en 1595; don Gaspar de Zúñiga y Acevedo, conde de Monterrey, en 1603; don Juan Mendoza y Luna, en 1606; don Diego Fernández de Córdoba, en 1606; García Sarmiento de Sotomayor, en 1647; don Luis Enríquez de Guzmán, en 1653 y en 1688 don Melchor Portocarrero y Lasso de la Vega. Del Perú a México solamente pasó don Luis de Velasco, hijo, en 1607.

Los virreyes destituidos, fueron los siguientes: don Gastón de Peralta, por creerse que estaba relacionado con los hijos de Hernán Cortés, en 1567; don Alvaro Manrique de Zúñiga, por acusaciones en su contra que hizo la Audiencia de la Nueva Galicia en 1590; don Diego Carrillo de Mendoza, porque quiso imponer su autoridad al arzobispo de México don Juan Pérez de la Serna y provocó un motín, en 1624; don Diego López Pacheco, por creérsele aliado a los rebeldes de Portugal, en 1642; don Juan de Leyva, por acusaciones de tipo hacendario, en 1664. Por causas ajenas a la Corona fueron destituidos dos: don José de Iturrigaray, por el motín encabezado por don Gabriel de Yermo, el 15 de septiembre de 1808, y don Juan Ruiz de Apodaca por los jefes militares que lo acusaron de permitir la rebelión de Iturbide y los independentistas del Plan de Iguala, en 1821.

Los virreyes que murieron durante su mandato fueron los siguientes: don Luis de Velasco, padre, en 1564; don Lorenzo Suárez de Mendoza, en 1583; fray García Guerra, en 1612; don Marcos Torres de Rueda, en 1649; don Pedro Nuño Colón de Portugal, en 1673; don Juan de Acuña, en 1734; don Pedro de Castro y Figueroa, en 1741; don Antonio María de Bucareli y Ursúa, en 1779; don Matías de Gálvez, en 1784 y don Bernardo de Gálvez, en 1786.

13

Primeros gobiernos del México independiente

Del imperio de Iturbide al gobierno del Poder Ejecutivo

Al terminar la dominación española, el 28 de septiembre de 1821, el gobierno virreinal fue sustituido, como hemos dicho, por una junta provisional gubernativa que se ocupó de nombrar la regencia, presidida por el general don Agustín de Iturbide y que funcionó hasta el 21 de mayo de 1822, fecha en que fue designado emperador de México el propio Iturbide, con el nombre de Agustín I. Esto formó lo que se ha llamado el Primer Imperio Mexicano, que terminó el día 20 de marzo de 1823 al abdicar Iturbide y ser proclamada la República formada en principio por un poder ejecutivo que estuvo constituido por don Pedro Celestino Negrete, don Nicolás Bravo y don Guadalupe Victoria. Este poder ejecutivo convocó a un congreso constituyente, que después de una serie de debates proclamó la constitución republicana y federal.

De 1824 a 1835 el país se rigió como República Federal, en la que se sucedieron 16 presidentes. En 1836 se desconoció al sistema federal y fue establecida la primera República Central que tuvo ocho presidentes hasta 1841 en que abolido el sistema, gobernó un poder ejecutivo provisional, de 1841 a 1843, con cuatro presidentes. En 1844 se volvió a establecer el sistema centralista, con ocho gobernantes hasta 1846 en que se instituyó la segunda República Federal hasta 1853, desempeñando el cargo de presidente 12 personas.

En 1853 el general don Antonio López de Santa Anna implantó un régimen personal que gobernó al país hasta 1857. Al triunfo del Plan de Ayutla se estableció la tercera República Federal, de 1857 a 1863, en que se creó el llamado Segundo Imperio que terminó en 1867. La tercera República Federal tuvo ocho gobernantes con cuatro periodos de gobierno. Definitivamente establecidos los supremos poderes de la Unión, quedó también establecida la cuarta República Federal, hasta 1914 en que prácticamente desaparecieron los poderes federales.

La revolución constitucionalista, de 1914 a 1917, hizo volver a la república al régimen federal que existe hasta nuestros días. Debemos aclarar que aunque el gobierno del presidente Juárez estaba en pie durante la época de la intervención y del llamado Segundo Imperio, no tenía casi ningún control sobre el territorio mexicano,

mientras que las autoridades imperiales lo manejaban todo, de 1863
a 1867. Tampoco podemos contar como gobiernos los del señor cura
don Miguel Hidalgo y Costilla, don Ignacio López Rayón, el señor
cura don José María Morelos y otros de menor importancia,
como la Junta de Jaujilla por ejemplo, porque ninguno tuvo influencia
política ni administrativa en el país.

Agustín de Iturbide
General del Ejército Realista, Presidente de la Junta Provisional Gubernativa y de la Regencia y emperador de México

1821-1823

Iturbide nació en Valladolid, hoy Morelia, el día 27 de septiembre de 1773; hijo de una familia acomodada, estudió en el seminario y después trabajó en una hacienda que era de su familia. Siendo todavía muy joven resolvió seguir la carrera de las armas, de acuerdo con su temperamento. Aseguran sus enemigos que tuvo que ver en la conspiración del teniente Michelena y que fue uno de los que la denunciaron, por no haber sido nombrado el jefe; esto no está probado. También se dice que siendo oficial subalterno, al estallar la revolución de independencia recibió el ofrecimiento de Hidalgo para que se uniera al movimiento con el grado de teniente coronel, lo que Iturbide rechazó y sería explicable porque pertenecía a familia de cierto rango y no podía aceptar la manera como los insurgentes hacían la guerra.

Por el contrario, cuando los insurrectos se acercaban a Valladolid él salió para México a presentarse al virrey Venegas, quien lo incorporó a las fuerzas del teniente coronel don Torcuato Trujillo para combatir a los insurgentes que avanzaban de Maravatío a Toluca, con dirección a México. Combatió con energía y valor en la batalla del Monte de las Cruces, el 30 de octubre de 1810. A partir de entonces fue un feroz perseguidor de insurgentes; personalmente hizo prisionero al formidable guerrillero Albino García, derrotó a Matamoros en Puruarán y el virrey Calleja, de quien era muy amigo, lo nombró jefe de operaciones en El Bajío donde cometió muchos abusos, arbitrariedades y robos, con el pretexto de evitar que los insurgentes obtuvieran recursos.

Era de muy buen porte, buen jinete, muy valiente y de modales distinguidos; pero ambicioso, cruel y, según se asegura, sin escrúpulos; odiaba a los insurgentes y nunca lo negó. Estaba suspendido del mando precisamente, radicado en la Ciudad de México por las quejas que muchos importantes realistas de El Bajío elevaron ante la Corona, así es que ni el virrey pudo impedirlo. En 1821, cuando los conspiradores de La Profesa se pusieron de acuerdo para separar a la Nueva España de la metrópoli y ofrecerle el trono al déspota Fernando VII para que gobernase a México en forma absolutista, necesitaban un buen contingente militar a las órdenes de un jefe de prestigio, por lo que el virrey Apodaca propuso a Iturbide, quien fue aceptado con gusto por los conjurados.

Iturbide recibió el mando de tropas de línea escogidas y con ellas marchó al sur, en donde estaba el principal centro de resistencia de los insurgentes al mando de un jefe joven y entusiasta, antiguo lugarteniente de Morelos, el general don Vicente Guerrero, quien tenía fortificado el cerro de Barrabás; pero si los conjurados de La Profesa tenían un plan para independizar a México y entregárselo a Fernando VII, Iturbide tenía el suyo.

Tuvo un pequeño descalabro al iniciar la campaña, porque no conocía el terreno; pero el derrotar a Guerrero, hacerlo prisionero y fusilarlo, no era lo que lo movía; el 10 de enero dirigió una carta afectuosa a don Vicente, que éste contestó con noble arrogancia; los combates seguían y el 4 de febrero envió Iturbide otra carta a Guerrero, invitándolo a tratar la forma de obtener la independencia de México.

El general Guerrero aceptó celebrar una entrevista el 16 de febrero de 1821, en la población de Acatempan, donde los dos jefes se abrazaron con afecto, conversaron y puestos de acuerdo para llevar a cabo la

Independencia el general insurgente, con un desprendimiento que siempre lo honrará, aceptó que Iturbide fuera el jefe y se puso a sus órdenes. Con ese apoyo, y el de sus tropas, con 25,000 pesos remitidos por el obispo Cabañas de Guadalajara, más 525,000 pesos que tomó de una conducta que era enviada a Manila y la influencia de sus amigos de México, proclamó el plan de independencia el 24 de febrero, que se llamó de Iguala por el lugar en que lo hizo. En él se establecía la absoluta independencia del reino con un gobierno monárquico regulado por una constitución, con la religión católica, apostólica, romana, sin tolerancia de otra alguna y se designaba para ocupar el trono mexicano a Fernando VII, a quien en caso de no aceptar debía sustituirse como mejor pareciese.

El 27 de septiembre entró el llamado Ejército Trigarante en México e Iturbide tomó la dirección de los asuntos públicos; la regencia, posteriormente, lo nombró presidente con el tratamiento de Alteza Serenísima. Durante el tiempo en que dirigió a la regencia Iturbide procedió con inteligencia y energía para ejercer el gobierno. Empero había arreglado las cosas; como de España llegaban negativas y hasta se declaró al capitán general y último virrey don Juan O'Donojú traidor a la patria, la noche del 18 de mayo de 1822 un coronel llamado Epitacio Sánchez, con el sargento mayor Pío Marcha, echó a la calle a la tropa gritando vivas a "Agustín I"; no tardó en juntarse una copiosa muchedumbre, que vitoreaba a Iturbide como emperador de México.

Salió Iturbide al balcón de su casa y dijo que se necesitaba saber la resolución del Congreso, que apresuradamente se reunió en la madrugada con asistencia de 94 miembros y promulgó el decreto en que se elegía como emperador a Iturbide, aprobado por 77 votos contra 15 que se declararon sin poderes para hacer esa designación. La elección fue real, porque Iturbide gozaba de una popularidad inmensa. Se asignó al emperador un sueldo de 1,500,000 pesos anuales, del cual cedió la tercera parte para fundar un Banco Minero, pero por falta de recursos nunca se le pagó tan crecido sueldo.

El 20 de julio de 1822 se coronó a don Agustín; pero de inmediato se empezó a notar oposición del Congreso. Iturbide ordenó se aprehendiera a 26 diputados, lo que causó aumento del disgusto del Congreso, por lo que el emperador ordenó disolver la Cámara y formar en su lugar una Junta llamada Instituyente. La rebelión había estallado en Veracruz encabezada por el general don Antonio López de Santa Anna, quien proclamó el Plan de Casa Mata el 1º de febrero de 1823; en él se pedía la reinstalación del Congreso, el reconocimiento de la soberanía de la nación, y prohibía se atentase contra la persona del emperador.

Los rebeldes empezaron a ganar terreno y determinaron la abdicación de Iturbide. la que se efectuó ante el Congreso reinstalado el 19 de marzo. Salió con su familia desde Tacubaya, donde tenía su residencia. Marchó a Veracruz y de allí partió hacia Europa. Llegó a Liorna, Italia y fue a vivir a la Villa Fournier; después pasó a Florencia y de allí a Inglaterra. El Congreso, que le había decretado una pensión, lo declaró traidor y puso fuera de la ley el 28 de abril de 1824, lo que ignoraba el exemperador.

El 4 de mayo salió de Londres para México, instado por algunos de sus partidarios. Desembarcó en Soto la Marina, Tamaulipas, el 14 de julio; unos soldados que habían servido a sus órdenes lo reconocieron y fue aprehendido. El Congreso de Tamaulipas lo sentenció a muerte y fue ejecutado en la población de Padilla, el 19 de julio de 1824. Por decreto firmado por el presidente, general don Anastasio Bustamante, los restos de Iturbide fueron trasladados a México y sepultados en Catedral, en la capilla de San Felipe de Jesús.

Pedro Celestino Negrete
Encargado del Poder Ejecutivo
1823-1824

ESTE MILITAR NACIÓ EN SAN SEBASTIÁN, Guipúzcoa, en 1777. Sirvió en el ejército en España y pasó a la Nueva España para hacer la campaña contra los insurgentes. Fue activo, valiente y muy capaz, por lo que ascendió por riguroso escalafón hasta brigadier. En 1821 se adhirió al Plan de Iguala estando en San Pedro Tlaquepaque, de donde marchó a Guadalajara, ciudad que ocupó sin la menor resistencia. Fue encargado por Iturbide, de quien era muy amigo, para convencer al jefe realista don José de la Cruz de que reconociera el Plan de Iguala; pero éste no aceptó.

Marchó Negrete a la ciudad de Durango, que estaba ocupada por una guarnición al mando del general don Joaquín de Arredondo. Como este jefe había salido de la plaza el cargo lo tenía el general de brigada don Diego García Conde, quien se negó a entrar en tratos con Negrete entablándose un combate en el que salió herido Negrete de un balazo en el maxilar, aunque Durango quedó por la Independencia.

Restablecido de su herida fue nombrado capitán general de la Nueva Galicia, hoy Jalisco, de Zacatecas y de San Luis Potosí. Como Negrete tenía ideas antimonárquicas se adhirió al Plan de Casa Mata contra Iturbide e hizo presión, valido de la amistad que tenían, para que éste abdicara. Se formó entonces un gobierno provisional llamado Poder Ejecutivo, compuesto por tres personas: el general Negrete, el general don Nicolás Bravo y el general don Guadalupe Victoria; pero como Victoria y Bravo estaban ausentes se nombraron en su lugar a don José Mariano Michelena, a don Miguel Domínguez y al general don Vicente Guerrero.

El Poder Ejecutivo presidido por Negrete gobernó hasta el 10 de octubre de 1824 en que entregó el poder al general don Guadalupe Victoria, primer presidente de la República Mexicana. El 9 de enero de 1827 fue descubierta una conspiración en la Ciudad de México, encabezada por el fraile dieguino don Joaquín de Arenas, quien fue fusilado. Tomaron parte en la conjura los generales Negrete y Echávarri, los dos españoles. El general don Manuel Gómez Pedraza, ministro de la Guerra, hizo detenerlos y formarles juicio para fusilarlos, pena que se les conmutó por la de destierro. Don Pedro Celestino Negrete marchó a Francia y murió en la ciudad de Burdeos en 1846.

14

México y sus primeros gobiernos republicanos

Del gobierno del
Poder Ejecutivo de 1824
a la independencia de Texas

Guadalupe Victoria
Primer Presidente de la
República Mexicana
1824-1829

HIJO DE UNA FAMILIA CRIOLLA acomodada nació en la villa de Tamazula de la Intendencia de la Nueva Vizcaya, hoy Durango, en el año de 1786. Su verdadero nombre fue Miguel o Manuel Félix Fernández, que cambió por el de Guadalupe Victoria dedicado a la Virgen de Guadalupe, patrona del movimiento insurgente y en honor a la victoria de la causa. Estudió las primeras letras en su lugar de origen y de allí pasó al seminario de Durango, donde hizo los cursos preparatorios para seguir la carrera de jurisprudencia en el Colegio de San Ildefonso, en la Ciudad de México. En 1811 abandonó los estudios para unirse a los insurgentes que operaban en la Intendencia de Veracruz, donde se incorporó a las fuerzas de don José María Morelos para el ataque a Oaxaca el 25 de noviembre de 1812, acción en la que se comportó con increíble valor.

Después, su teatro de operaciones fue la costa del estado de Veracruz, por el rumbo de Puente del Rey. Derrotado en Palmillas se mantuvo en armas por la zona de Paso de Ovejas desde 1817, al negarse a aceptar la amnistía. Después de la proclamación del Plan de Iguala se presentó ante Iturbide en San Juan del Río con una proposición de enmienda a dicho Plan, para no formar gobierno encabezado por un príncipe; Iturbide no lo tomó en cuenta y sí lo mandó aprehender cuando supo de la conspiración en su contra. Puesto en libertad se unió al Plan de Casa Mata y Santa Anna, para ponerse al frente de la rebelión, le dio el mando superior de Veracruz, cargo en el que inició negociaciones con los españoles que ocupaban Ulúa, sin llegar a un arreglo por lo que la guarnición del islote abrió el fuego contra el puerto.

El general Victoria se valió del comandante de una fragata inglesa para arreglar un armisticio, con advertencia de que todo daño causado a intereses extranjeros en el puerto, y que no eran pocos, serían de la exclusiva responsabilidad de los españoles. Formó parte dos veces del poder ejecutivo por elección y cuando el Congreso votó en su gran mayoría por el sistema republicano y federal, en 1824, fue enviado a Oaxaca para sofocar una rebelión. Se hicieron inmediatamente las elecciones, que fueron favorables para el general Victoria como presidente de la República y para el general don Nicolás Bravo como vicepresidente, tomando posesión de los cargos el 10 de octubre de 1824. Contaba con el apoyo y simpatía de los dos grupos políticos importantes y con algún dinero, puesto que se había conseguido un préstamo en Inglaterra.

Su gobierno fue el primero que empezó a emplear los términos "Ciudadano" y "Dios y Libertad" en todos los documentos oficiales. Obedeciendo el consejo de los ingleses se hicieron estudios en el istmo de Tehuantepec para buscar la manera de hacer posible el tránsito marítimo por ese punto sin que se negociaran ni se hicieran concesiones. Como la independencia de México ya era reconocida por algunas naciones, principalmente Inglaterra, se creyó que los españoles abandonarían Ulúa y se bloqueó esa isla, con lo que aumentó el comercio por el puerto. El general Victoria creyó que podía contar con el apoyo de las sociedades secretas y ayudó en la fundación de logias masónicas yorkinas, a las que se afiliaron muchos personajes importantes de la vida nacional.

España, al ver la dificultad que representaba para su abastecimiento el islote de San Juan de Ulúa, así como la necesidad de entrar en arreglos con México, negoció con el general don Miguel Barragán, comandante de Veracruz, la entrega de la fortaleza y abandonó así el último reducto del dominio español en México. Varios de los actos más importantes del gobierno del general Victoria fueron hacer efectiva la abolición de la esclavitud y la fundación del Museo Nacional y de colegios para el estudio de ciencias físicas y naturales y de centros de enseñanza de primeras letras.

Por otro lado, la conjura del padre Arenas en favor del regreso de la dominación española hizo que el gobierno decretase la expulsión de los españoles el 20 de diciembre de 1827 y el 23 de ese mismo mes se levantó en armas el teniente coronel don Manuel Montaño, en Otumba, exigiendo en su plan la supresión de todas las sociedades secretas, el cambio de ministerio, el retiro inmediato del embajador norteamericano Joel Roberts Poinsett por inmiscuirse en asuntos que competían sólo a los mexicanos y el cumplimiento exacto de la Constitución y de las leyes. El general Bravo, vicepresidente de la República, se puso al frente del movimiento en Tulancingo, dando un pernicioso ejemplo y fue seguido por los generales Miguel Barragán, en Veracruz y Armijo en San Luis, mas el gobierno obró con actividad y envió al general Guerrero a perseguir a los rebeldes, a los que derrotó completamente.

Bravo, Barragán, Armijo, Berdejo y otros jefes, fueron desterrados a Guayaquil. Al aproximarse las elecciones presidenciales se dividió el naciente partido liberal entre los generales don Manuel Gómez Pedraza y don Vicente Guerrero. Hechas las elecciones obtuvo un triunfo completo el general Gómez Pedraza, pero los derrotados apelaron a las armas.

El general Santa Anna se sublevó en Jalapa, asegurando que la elección había sido fraudulenta. Perseguido por tropas del gobierno se refugió en Oaxaca y hubiera sido hecho prisionero, pero en la capital se levantaron en armas en el cuartel de la Acordada el general José María Lobato, don Lorenzo de Zavala y don Lucas Balderas, uniéndose al último el propio general Guerrero. Aprovechó la revuelta el populacho, saqueó el Parián y robó más de un millón de pesos en mercancías. Gómez Pedraza renunció a la presidencia y Guerrero asumió el poder el 1º de abril de 1829, como vicepresidente el general Anastasio Bustamante. Don Guadalupe Victoria se retiró por completo a la vida privada y enfermó de un largo padecimiento que lo llevó a la tumba el 21 de marzo de 1843.

Vicente Guerrero

Segundo Presidente de la República Mexicana, héroe de la Patria del 1º de abril al 19 de diciembre de 1829

EL GENERAL DON VICENTE GUERRERO tenía 46 años cuando asumió la presidencia de la República como resultado de un cuartelazo, pues no lo ganó en las elecciones. Nació en Tixtla, del estado que hoy lleva su nombre, el 10 de agosto de 1783; invitado por los hermanos Galeana ingresó en el ejército insurgente organizado y dirigido por el señor cura don José María Morelos. Guerrero era de familia regularmente acomodada y dedicada al comercio; era cuarterón, es decir, con una cuarta parte de sangre negra, alto, de pelo ensortijado y de buena presencia, valiente y de noble corazón. Fue profundo conocedor del terreno de su amado sur, de su gente y de sus problemas; no era político y más bien las circunstancias y los personajes que lo rodeaban lo lanzaron a la política.

Fue un héroe legendario. Después de la muerte de Morelos decidió continuar en guerra a pesar de las reiteradas invitaciones que el gobierno virreinal, con tentadoras ofertas, le hizo. Su padre fue a tratar con él para que se rindiera y Guerrero contestó que "la Patria era lo primero". Fortificó el cerro llamado de Barrabás en el que, con la ayuda de otros guerrilleros como don Pedro Ascencio Alquiciras, se mantenía sobre el camino a Acapulco. El brigadier Armijo, tan experto en las operaciones en el sur, no logró derrotar definitivamente a los insurgentes. Guerrero nunca tuvo efectivos muy fuertes y más bien con habilidad, valor y abnegación, sostenía la bandera de Morelos.

En 1820 fue enviada contra él una columna de tropas realistas al mando del general don Agustín de Iturbide, quien aseguran se dio cuenta de que jamás lograría vencer a Guerrero, por lo que el 10 de enero de 1821 le envió una carta en la que le proponía una entrevista para tratar sobre la independencia de México. Guerrero aceptó la reunión, que ocurrió en un pequeño pueblo llamado Acatempan y después, de común acuerdo, firmaron un plan que ya llevaba hecho Iturbide, en la población de Iguala; fue declarada la independencia de México, se creó el Ejército Trigarante o de las Tres Garantías, Independencia, Unión, Religión, el que finalmente entró en la Ciudad de México el 28 de septiembre de 1821.

En un principio el general Guerrero colaboró con don Agustín de Iturbide, aunque éste lo veía como de segunda fila; formó parte de la regencia, pero cuando Iturbide se hizo nombrar emperador se separó de él, y al ocurrir el pronunciamiento del Plan de Casa Mata se levantó en armas para derrocarlo; pero Guerrero nunca hubiera votado por el menor castigo para Iturbide y menos por su sentencia de muerte. En una acción de armas contra las tropas del gobierno Guerrero resultó con una ligera herida y cuando fue derrocado el emperador, fue nombrado para formar parte del poder ejecutivo.

Al ser designado presidente de la República, después del cuartelazo que obligó a Gómez Pedraza a presentar la renuncia a su triunfo electoral, don Vicente Guerrero tomó posesión del cargo el 1º de abril de 1829 y organizó el ministerio con el licenciado don José María Bocanegra, en Relaciones Exteriores; don Lorenzo de Zavala, en Hacienda; don José Manuel de Herrera, en Justicia, y el general don Francisco Moctezuma, en Guerra; pero no contaba ya con la voluntad popular porque muchos de sus partidarios, descontentos, se convirtieron en sus más enconados enemigos.

Con muchos trabajos y haciendo economías, el gobierno se ocupaba de un proyecto para colonizar Texas y Coatzacoalcos cuando se supo que una expedición española desembarcó en Tampico el 27 de julio del mismo año, al mando del brigadier don Isidro Barradas, para reconquistar el país, empresa que consideraban muy fácil por la serie de engañosas informaciones de borbonistas residentes en México, que aseguraban que todo el pueblo se levantaría en favor de esa empresa. Barradas fue fácilmente derrotado por los generales Manuel Mier y Terán y Antonio López de Santa Anna, el 11 de septiembre; las banderas prisioneras fueron puestas en el altar de la Virgen de Guadalupe y se levantó el destierro a los generales Bravo y Barragán y a los otros complicados en el Plan de Montaño.

Mier y Terán y Santa Anna fueron premiados con el grado de general de división; se ratificó el estado de guerra con España, pero todo esto no fue suficiente para evitar las rebeliones. El vicepresidente general don Anastasio Bustamante, con las tropas que tenía en Jalapa para rechazar otro posible desembarco de españoles, se sublevó el 4 de diciembre proclamando un plan por el cual asumía el poder ejecutivo y declaraba nula la elección del presidente Guerrero. Este se puso al frente de la tropa que pudo reunir para combatir a los sublevados, encargando el gobierno al licenciado don José María Bocanegra; pero tan pronto partió Guerrero de la capital, la guarnición de la plaza, encabezada por el general Luis Quintanar, se levantó en armas adhiriéndose al Plan de Jalapa. Los rebeldes destituyeron al presidente interino y nombraron en su lugar al licenciado don Pedro Vélez.

El general Guerrero, abandonado por todos, huyó con una pequeña escolta para ir a refugiarse en sus muy conocidas y queridas montañas del sur, mientras el día 1º de enero de 1830 entraba en México el general Bustamante para encargarse de la presidencia. El Congreso que le era incondicional legalizó su procedimiento y declaró a Guerrero imposibilitado para gobernar a la nación.

Se abrió la campaña contra el general Guerrero, pero resultó costosa e inútil. Entonces el ministro de la Guerra, general Antonio Facio, hizo dar la suma de 50,000 pesos en oro al capitán del barco genovés "Colombo", Francisco Picaluga, quien se comprometió a entregar a don Vicente Guerrero. El marinero genovés, aprovechándose de la amistad que tenía con el prócer insurgente, lo invitó a comer a bordo de su buque; levó el ancla en el puerto de Acapulco, lo declaró su prisionero y lo llevó a Huatulco, donde lo entregó al capitán Miguel González que con una fuerte escolta condujo al prisionero a Oaxaca, en donde fue juzgado arbitrariamente por un consejo de guerra que lo sentenció a muerte por rebelión y lo hizo fusilar en Cuilapa el 14 de enero de 1832.

José María Bocanegra
Tercer Presidente de la República Mexicana del 18 al 23 de diciembre de 1829

Nació el 3 de julio de 1787 en la hacienda de La Troje, Aguascalientes; estudió la carrera de leyes y fue un distinguido abogado en la Real Audiencia de Nueva España; se adhirió al Plan de Iguala y fue diputado en el Congreso Constituyente de 1824 y del constitucionalista de 1827; fue ministro de Hacienda y de Relaciones Exteriores y presidente del Supremo Tribunal de Justicia. Cuando el presidente don Vicente Guerrero pidió permiso al congreso para ir a combatir a los sublevados del Plan de Jalapa, por mandato de la ley la presidencia interina recayó en el licenciado Bocanegra como presidente de la Suprema Corte de Justicia; pero tan pronto salieron las tropas de Guerrero la guarnición se sublevó reconociendo el Plan de Jalapa y encabezada por el general Luis Quintanar destituyó al licenciado Bocanegra, que volvió a sus actividades profesionales.

Bocanegra era un hombre honrado, muy competente y digno; no le gustaba la política y sólo azares de las circunstancias lo colocaron en la necesidad de actuar en ese campo. En 1844 el general Santa

Anna lo nombró ministro de Relaciones Exteriores, cargo que desempeñó durante algún tiempo; después se retiró a la vida particular, sin volver a tener cargo, aunque le ofrecieron algún puesto. Se dedicó a ejercer su profesión y a escribir. Publicó un libro muy interesante, aunque poco conocido, con la experiencia de sus intervenciones en la vida oficial, que intituló "Memorias para la Historia del México Independiente". Murió en la Ciudad de México el 23 de julio de 1862.

Pedro Vélez
Cuarto Presidente de la República Mexicana del 23 al 31 de diciembre de 1829

ESTE PERSONAJE NACIÓ en la ciudad de Zacatecas, el 28 de julio de 1787; hijo de una familia acomodada, hizo los estudios de leyes en su ciudad natal y en México, siendo un buen jurista por lo que fue llamado para ser presidente de la Suprema Corte de Justicia, puesto que desempeñaba cuando se le nombró para suceder en la presidencia de la República al licenciado José María Bocanegra; duró en el cargo ocho días. El licenciado Vélez se retiró a la vida privada, al ejercicio de su profesión, sin volver a meterse en política. Murió en la Ciudad de México el 5 de agosto de 1848.

Anastasio Bustamante

Quinto Presidente de
la República Mexicana
del 1º de enero de 1830
al 13 de agosto de 1832

ESTE MILITAR NACIÓ EN JIQUILPAN, de la intendencia de Michoacán, el 17 de julio de 1780. Pertenecía a una familia de comerciantes de pocos recursos, aunque se ocupó en darle una esmerada educación; ingresó en el Seminario de Guadalajara, de donde pasó a la Ciudad de México para seguir la carrera de medicina que terminó con buen éxito, estableciéndose después en la ciudad de San Luis Potosí, donde estuvo adscrito al hospital de San Juan de Dios. Allí hizo amistad con la familia del general don Félix María Calleja, puesto que atendió acertadamente a la señora María Josefa Gándara, esposa de dicho militar.

En 1808, al saberse de la prisión de Fernando VII, se organizó en San Luis un regimiento de caballería llamado del Comercio y en él se alistó Bustamante, sirviendo desde entonces a las órdenes de Calleja, que lo hizo teniente. Asistió a las batallas de Aculco y Calderón y a la recaptura de Guanajuato y se distinguió en ellas por lo que ascendió a capitán. Siguió en campaña, siempre en las filas del ejército realista. Hizo mucha amistad con don Agustín de Iturbide y por eso, al ser proclamado el Plan de Iguala, ya ausente Calleja, Bustamante se adhirió a él y llegó a ser uno de los más eficientes colaboradores de Iturbide, quien siempre lo distinguió.

En 1821, al triunfo de la causa de la Independencia, fue nombrado por Iturbide miembro de la Junta Provisional Gubernativa, antes de la entrada del Ejército Trigarante en México. Como premio a sus servicios, la regencia también presidida por Iturbide lo nombró mariscal de campo y comandante militar de las Provincias Internas de Oriente, por lo que estuvo alejado de todos los hechos que produjeron la abdicación del emperador Agustín I. Bustamante siempre fue iturbidista y podríamos decir que en el fondo de sus actos políticos no había más que una revancha por Iturbide.

Una vez pasada la ingrata sorpresa por la muerte del general Guerrero, se produjo una reacción terrible contra el gobierno autor de crimen tan reprobable. Se supo en México por un correo especial que en Veracruz se había sublevado la guarnición del puerto con los coroneles Pedro Landero y José Andonegui, poniéndose inmediatamente al frente de la rebelión un jefe que iba dándose a conocer como audaz pero ambicioso y carente de convicciones políticas, como era el general don Antonio López de Santa Anna. Una columna de tropas del gobierno al mando del general don Manuel Calderón alcanzó a los sublevados en un lugar llamado Tolome, los derrotó completamente y murieron en la acción los jefes Landero y Andonegui, mientras Santa Anna con algunos soldados que lo seguían se retiró a Veracruz, en donde rápidamente obtuvo recursos para defenderse.

El gobierno no pudo hacer una campaña real contra Santa Anna, ya que ocurrió el levantamiento en Matagorda, Texas, del general Antonio Mejía con presidiales, milicias y hasta colonos y obligó a rendirse y unirse a ellos a las pequeñas guarniciones de Goliad y Nacogdoches que estaban a las órdenes del general don Manuel Mier y Terán. En Tampico se sublevó el general Esteban Moctezuma, quien sorprendió a una columna de tropa del gobierno que mandaba el general Ignacio Otero, en un lugar llamado Pozo de los Carmelitas, el

5 de agosto de 1832. En el departamento de Acapulco se alzó un antiguo insurgente, amigo de don Vicente Guerrero, el cacique don Juan Alvarez, a quien, aunque no tenía tropa a sus órdenes, toda la gente de esa región lo seguía fielmente y poseía armas aunque fueran de modelos viejos y en mal estado, que en sus manos eran muy eficientes.

Ante tal situación el general Bustamante resolvió pedir permiso al Congreso para ir personalmente a combatir a los sublevados y fue designado para sustituirlo el general don Melchor Múzquiz. El general Bustamante, con tres mil hombres, derrotó a siete mil que mandaba el general Moctezuma, en un lugar llamado El Gallinero, cerca de San Miguel de Allende; pero a pesar de ese notable triunfo la rebelión seguía en pie por muchos rumbos y ciudades importantes; la opinión pública estaba en su contra y no hubiera tenido recursos para continuar una guerra larga. Los generales Valencia e Inclán se pasaron con sus tropas a los rebeldes y ocuparon Toluca; San Luis Potosí quedó en manos del general Moctezuma y Guadalajara y Zacatecas se levantaron en armas en favor del general Gómez Pedraza; Azcárate y Santa Anna derrotaron a Facio en Veracruz y avanzaron hacia Puebla, venciendo al mismo Bustamante en un lugar llamado La Posada, por lo que éste resolvió entrar en negociaciones con los vencedores y firmó los convenios de Zavaleta en una hacienda de este nombre del estado de Puebla, el 23 de diciembre de 1832.

Dichos convenios reconocían como presidente de la República al general don Manuel Gómez Pedraza, disponían la reunión del Congreso para que diese su opinión sobre lo ocurrido y el ejército se comprometía a sostener el sistema federal. El general Bustamante, acompañado de su familia, embarcó para Europa; vivió en Inglaterra, Francia y España, hasta fines de 1836 en que regresó al país.

Melchor Múzquiz

Sexto Presidente de la República Mexicana del 14 de agosto al 26 de diciembre de 1832

EL GENERAL MÚZQUIZ NACIÓ en el presidio de Santa Rosa (hoy en su honor Ciudad Melchor Múzquiz), Coahuila, a mediados de 1790. Estudiaba en el Colegio de San Ildefonso cuando estalló la guerra de independencia y se alistó con el general don Ignacio López Rayón; tomó parte en muchas acciones de armas, en las que se comportó con valor. Era muy joven cuando se adhirió al Plan de Iguala y en 1822, siendo diputado al Congreso, se opuso en forma respetuosa aunque muy firme a las disposiciones arbitrarias de Iturbide y a su nombramiento como emperador. Republicano convencido, no podía aceptar ideas monárquicas y menos absolutistas; pidió que se revisara el Plan de Iguala para enmendarlo en forma legal, que impidiese los provechos personales y adujo que correspondía al pueblo soberano elegir su propio camino.

Durante la rebelión contra el imperio de Iturbide apoyó al Plan de Casa Mata, pero no mereció la confianza de los gobiernos porque lo consideraban radical. En Puebla, como jefe de las armas, se levantó al mando de la guarnición y de acuerdo con el general Filisola, desconoció al gobierno de Guerrero, el día 10 de diciembre de 1828. Los rebeldes contaban con el apoyo de los estados de Jalisco, Guanajuato, San Luis Potosí, Veracruz y Yucatán. Aunque en un principio fue derrotado y hasta hecho prisionero, la revolución triunfó con el Plan de Jalapa encabezado por el general Bustamante y a Múzquiz le tocó ser de las personas que ofrecieron el gobierno a Bustamante; estaba este gobierno en gestión cuando se produjo la rebelión provocada por la muerte de Guerrero.

Bustamante, con la autorización del Congreso, se puso al frente de las tropas para salir a combatir a los sublevados y el mismo congreso designó al general Múzquiz como presidente interino, del 14 de agosto al 26 de diciembre del mismo año de 1832. Por disposición del Congreso, don Melchor Múzquiz entregó el poder al general don Manuel Gómez Pedraza. Después de la guerra de Texas, en mayo de 1837, fue nombrado diputado al Supremo Poder Conservador o Congreso Constituyente, del que después fue presidente.

Fue designado candidato a la Presidencia de la República, pero el general Santa Anna, quien había vuelto a la actividad política después de la primera guerra con Francia, a la que se le llamó "Guerra de los Pasteles", ganó la elección de modo contundente el día 2 de enero de 1844. Múzquiz murió el 14 de diciembre de ese año en la más completa pobreza, ya que fue notable por su escrupulosa honradez en el manejo de los fondos públicos, que de por sí estaban exhaustos.

Manuel Gómez Pedraza

Séptimo Presidente de la
República Mexicana
del 27 de diciembre de 1832
al 1° de abril de 1833

EL GENERAL DON MANUEL GÓMEZ PEDRAZA fue oriundo de la ciudad de Querétaro, aunque algunos autores dicen que originario del estado de Tamaulipas. Era estudiante en Querétaro cuando se produjo la rebelión del padre Hidalgo, por lo que marchó a San Luis para presentarse con Calleja, quien lo hizo teniente en el regimiento de Fieles de Potosí; con él tomó parte en toda la campaña contra los insurgentes y en la captura de don José María Morelos. Estaba en San Luis Potosí y siendo teniente coronel se adhirió con sus tropas al Plan de Iguala; fue iturbidista y amigo de Iturbide, quien lo nombró coronel y general, así como comandante de la Huasteca y jefe de la guarnición de México, plaza que entregó a los triunfadores del Plan de Casa Mata al salir Iturbide al destierro.

En 1824 se le nombró comandante militar de Puebla, de donde fue removido por orden del presidente Victoria para nombrarlo ministro de Guerra en sustitución del general don Manuel Mier y Terán. Se asegura que Gómez Pedraza aprovechó su estancia en el ministerio de Guerra para prepararse la candidatura a la presidencia, de suerte que cuando hubo elecciones el Congreso lo declaró candidato triunfante con amplia mayoría; pero el grupo masónico yorquino no aceptó el resultado: López de Santa Anna se pronunció en Jalapa el 16 de septiembre de 1828, don Lorenzo de Zavala, gobernador del estado de México, sigilosamente y de acuerdo con algunos jefes militares se apoderó del cuartel de la Acordada, donde había abundancia de municiones y armas, en la noche del 29 de noviembre.

Al día siguiente se puso al frente de la rebelión el general José María Lobato, que con cualquier pretexto bombardeó el palacio. Los yorquinos, verdaderos autores de este pronunciamiento, azuzaron al populacho para saquear el Parián, muy importante centro comercial que albergaba casi todos los negocios de importación de la ciudad. La rapidez de la rebelión sorprendió a Gómez Pedraza quien, a pesar de contar con recursos, presentó su renuncia y salió del país el 3 de diciembre. Gómez Pedraza no quiso ser la causa de derramamiento de sangre. Vivió en Francia dos años, en destierro voluntario y regresó al país en octubre de 1830; pero al llegar a Veracruz no se le permitió que desembarcara, por lo que tomó pasaje en una goleta que lo llevó a Nueva Orleáns, donde publicó un manifiesto que era una crítica al gobierno de Bustamante. Cuando éste fue destituido por los Convenios de Zavaleta se invitó a Gómez Pedraza a que ocupase la presidencia para terminar el periodo legal, pero no aceptó hasta que Santa Anna, el Ayuntamiento de Veracruz y otras autoridades le hicieron saber que era necesaria su presencia para evitar que el país cayera en el caos de una guerra civil.

Gómez Pedraza, movido por su patriotismo, resolvió regresar a México y al llegar a Veracruz escribió a todos los jefes de los partidos políticos pidiéndoles su entendimiento y cooperación para el bienestar del país. En Puebla asumió prácticamente el gobierno de la República, el día 24 de diciembre. Al recibir a las autoridades que lo felicitaban se refirió a Santa Anna llamándolo héroe y soldado. Allí mismo formó su gabinete con el licenciado José González Angulo en Relaciones; don Miguel Ramos Arizpe, en Justicia; Parrés, en Guerra, y don Valentín Gómez Farías, en Hacienda. Entró en México el 3 de enero de 1833, acompañado por el general López de Santa Anna y fue recibido con entusiasmo y alegría. Una de sus primeras medidas fue poner en vigor un decreto dado el 22 de febrero de 1832 sobre la expulsión de extranjeros perniciosos, específicamente españoles que hubieran colaborado en alguna forma con el gobierno bustamantista.

Se hizo una larga lista de peninsulares que debían ser expulsados, pero eso no tuvo mucho alcance porque para febrero de 1833 hubo elecciones y resultaron presidente el general don Antonio López de Santa Anna y vicepresidente el doctor don Valentín Gómez Farías. Por razones de la política tramposa de Santa Anna, Gómez Farías fue quien recibió el gobierno, el 1º de abril de 1833. Don Manuel Gómez Pedraza fue nombrado por sus amigos y compañeros director de un grupo político de filiación liberal federalista y pasado el tiempo, cuando se produjo el triunfo de la sublevación de Tacubaya encabezada por el general don Gabriel Valencia contra la segunda gestión presidencial del general don Anastasio Bustamante, el 10 de octubre de 1841, Gómez Pedraza fue llamado para ocupar el ministerio de Relaciones; después tomó parte activa en contra de Santa Anna. Siendo diputado al Congreso Constituyente fue detenido, cuando dicho Congreso fue disuelto por la fuerza de las armas el 11 de noviembre.

En 1844 el general Santa Anna era presidente y Gómez Pedraza senador y éste con su formidable oratoria parlamentaria, pidió que desapareciera el gobierno dictatorial. En 1845 formó parte del gran jurado para juzgar a Santa Anna, quien se encontraba preso en la fortaleza de Perote por rebelión, imponiéndole la pena de destierro. Fue uno de los senadores que mucho insistieron en resolver definitivamente la cuestión texana y propuso que se abriera de nuevo la campaña para sujetar a los colonos rebeldes. A fines de 1845 don Manuel Gómez Pedraza presentó su candidatura para la presidencia, pero fue derrotado en los comicios por el general don José Joaquín de Herrera.

Gómez Pedraza, hombre de sólida cultura, muy buen orador, fue político e intervino activamente, hasta con violencia, en la vida del país. Estuvo preso y desterrado, aunque siempre actuó de buena fe. Don Ignacio Cumplido, publicista muy ameritado y dueño del periódico "El Siglo XIX", a fines de 1850 propuso al general Gómez Pedraza de nuevo como candidato a la Presidencia de la República; pero Gómez Pedraza cansado, decepcionado, pobre y enfermo, no aceptó. De pronto cayó en cama, se agravó y su familia llamó a un sacerdote para que se confesara y comulgara, negándose a hacerlo. Murió el 14 de mayo de 1851 y tuvo que ser sepultado en una cripta que el ayuntamiento y el congreso mandaron construir, porque el clero no quiso que lo enterraran en sagrado.

Valentín Gómez Farías

Presidente interino de la
República Mexicana
del 1º de abril al 18 de
junio de 1833

EL OCTAVO PRESIDENTE DE LA REPÚBLICA de hecho, fue don Valentín Gómez Farías, doctor en medicina. Nació en Guadalajara, Jalisco, el 14 de febrero de 1781; ejerció su profesión en la ciudad de Aguascalientes, de la que fue elegido diputado a Cortes en 1812, cargo que rechazó por ser adicto a la independencia de su país. En 1821 se adhirió al Plan de Iguala y fue uno de los que firmaron la propuesta para la elección de Iturbide como emperador, aunque después fue partidario del Plan de Casa Mata para derrocarlo; propuso la elección de don Guadalupe Victoria y fue partidario de Gómez Pedraza, a lo que éste correspondió proponiéndolo para la vicepresidencia en la primera gestión que iba a llevar a cabo el general don Antonio López de Santa Anna, quien mañosamente y pretextando estar enfermo hizo que la desempeñara Gómez Farías del 1º de abril al 18 de junio de 1833 y después en otras ocasiones.

Gómez Farías era persona de talento, instruido y de carácter audaz y progresista; quiso que las revoluciones fueran cambios sin derramamiento de sangre y nunca abrigó ambiciones personales; fue el patriarca de la larga revolución liberal y guiándose por el pensamiento del doctor don José María Luis Mora, su maestro, inició las leyes de Reforma que iban a enfrentarse en una lucha muy prolongada contra los conservadores.

Parece increíble ver que en el corto período como encargado del poder ejecutivo Gómez Farías haya hecho tanto; conservó la Constitución intacta, intentó conservar íntegro el territorio nacional, tratando de arreglar la cuestión texana; abolió, aunque sin muchos resultados, la pena de muerte por asuntos políticos; trató de frenar la autoridad que la Santa Sede tenía en México; solicitó de Roma la disminución de los días festivos religiosos y pidió cesaran los diezmos, las primicias, los fueros y las exenciones. Propuso al congreso no interrumpir sus sesiones ni durante la Semana Santa.

Hubo conatos de resistencia en toda la República, pero la legislatura de Veracruz y las de otras entidades libraron órdenes legales para incautar bienes del clero. Gómez Farías suprimió la coacción civil para el cumplimiento de votos monásticos, excluyó al clero de la enseñanza pública por la ley del 19 de octubre y por la del 24 suprimió la Universidad para crear la Dirección de Instrucción Pública; fundó la Biblioteca Nacional y dispuso se hicieran honras fúnebres a Iturbide, dándose la disposición necesaria para que su familia pudiera regresar al país. Todas las medidas tomadas por Gómez Farías provocaron un pronunciamiento con el Plan de Religión y Fueros en la ciudad de Morelia, el 26 de mayo de 1833, proclamado por el coronel don Ignacio Escalada secundado en Chalco por el general Durán y el coronel Unda. Santa Anna salió a combatirlos y fue hecho prisionero, en apariencia, puesto que todo era valor entendido.

Mientras tanto en México las tropas se sublevaron contra Gómez Farías y lo atacaron en el palacio, aunque poniéndose al frente de los cívicos derrotó a los rebeldes e hizo prisioneros a sus jefes. Tras un simulacro de fuga Santa Anna llegó a México y el 18 de junio el doctor Gómez Farías le entregó la presidencia. En 1835 fue destituido Gómez Farías por el llamado Plan de Cuernavaca y se le desterró a

Nueva Orleáns, de donde regresó en 1838. Cuando llegó a México fue recibido con entusiasmo. Como era objeto de estricta vigilancia se presentó al presidente Bustamante para pedir garantías y declaró que si su presencia provocaba intranquilidad volvería a salir de la patria. Siguió luchando por el sistema federal, hasta que fue detenido. Puesto en libertad, continuó sus actividades por el federalismo y encabezó una revuelta, con ayuda del general Urrea, hasta que fueron obligados a rendirse y salió desterrado otra vez a Nueva Orleáns, desde donde regresó hasta 1845.

Antonio López de Santa Anna

Presidente de la República Mexicana del 18 de junio de 1833 al 28 de enero de 1835

EL GENERAL ANTONIO LÓPEZ DE SANTA ANNA nació en Jalapa, de la Intendencia de Veracruz, el 21 de febrero de 1795. Su familia pensó dedicarlo al comercio, pero él resolvió seguir la carrera de las armas y sentó plaza en el Fijo de Infantería de Veracruz, como cadete, el día 14 de mayo de 1812. Al poco tiempo era subteniente, capitán graduado en 1820 y coronel en 1821, ascendió por el virrey don Juan Ruiz de Apodaca, haciéndolo efectivo el general don Agustín de Iturbide. Tomó parte en varias campañas y era un buen oficial, distinguido y valiente.

Cuando surgió el Plan de Iguala se declaró por él, pero Santa Anna era un tipo sin convicciones, sin ideas políticas firmes. Soldado ambicioso y afortunado, que en muchas ocasiones se libró de ser fusilado, especialmente por los texanos que lo odiaban. Santa Anna fue quien encabezó la rebelión contra Iturbide, de quien había sido protegido. Encabezando el Plan de Casa Mata proclamó la República cuando era gobernador y comandante militar de Veracruz. Ante la elección de Gómez Pedraza, Santa Anna se sublevó en Jalapa en favor de don Vicente Guerrero. Aunque derrotado marchó a Oaxaca, donde estuvo a punto de caer prisionero y lo salvó el triunfo de la rebelión de la Acordada que llevó a Guerrero a la presidencia.

En una entrevista que tuvo con don Vicente en Tehuacán, el general Santa Anna fue nombrado directamente gobernador de Veracruz, puesto que desempeñaba cuando se produjo la invasión española del brigadier don Isidro Barradas con 3,000 hombres. Santa Anna concentró sus efectivos y desplegando la actividad que siempre le fue característica marchó contra los invasores que se habían apoderado de Tampico. Los soldados de Garza y de Mier y Terán los bloquearon hasta que llegó Santa Anna, quien lanzó un ataque contra los españoles y los obligó a capitular. El triunfo de Santa Anna en Tampico tuvo repercusiones en toda la República. El vencedor fue recibido apoteóticamente en Veracruz. Fue siempre fiel a Guerrero y le pidió que se deshiciera de don Lorenzo de Zavala, lo que no logró. Santa Anna se retiró a su hacienda llamada Manga de Clavo, cercana a Jalapa, desde donde dirigía los asuntos de una política de doble juego ya que mientras aparecía como mediador en la rebelión contra Bustamante, en verdad fue quien la encabezó con el llamado Plan de Jalapa que hizo triunfar a Gómez Pedraza.

En las nuevas elecciones se presentó como candidato y salió triunfante, para tomar posesión del cargo el día 24 de febrero de 1834. Entregó el gobierno a Gómez Farías y se retiró de hecho, para observar cómo reaccionaba la opinión pública ante las medidas reformistas que iba a poner en práctica Gómez Farías, lo que produjo la rebelión del partido reaccionario con el lema Religión, Fueros y Santa Anna y la proclamación del Plan de Cuernavaca, el 23 de mayo, que entregaba el país íntegro a la dictadura del general Santa Anna que de liberal se había convertido en conservador y de federalista en rabioso centralista. Disolvió las Cámaras de la Unión y los Congresos de los estados y cambió a la mayoría de las autoridades para sustituirlas con relevantes reaccionarios.

El descontento hacia la reacción se hizo sentir en muchos lugares, especialmente en Zacatecas donde dominaban los liberales que se prepararon para defender el sistema federal levantándose en armas con milicias de cívicos que fueron puestas al mando de don Francisco García Salinas. Santa Anna alistó tropas para combatir a los zacatecanos, abandonó el gobierno el 28 de enero de 1835 y nombró presidente interino al general don Miguel Barragán. El ejército zacatecano fue completamente derrotado en la población de Guadalupe, el 11 de mayo. A Zacatecas, además de quitársele armamento y municiones, se le recogió 1,700,000 pesos en moneda acuñada y se le cercenó el territorio de Aguascalientes para formar una nueva entidad.

Después de algunos días de estancia en Guadalajara Santa Anna regresó a México, donde se encargó de hacer cambiar todo el sistema de gobierno. El Congreso se declaró constituyente y formuló una Constitución centralista que fue promulgada el 23 de octubre de 1835. Los gobernantes estarían sujetos al gobierno central; se suprimían a las legislaturas de los estados, que quedaban convertidos en departamentos.

El cambio operado en la forma de gobierno fue pretexto para el levantamiento de Texas. Disgustados los colonos se alzaron en armas y se declararon separados de México, erigiéndose en República de Texas; fue nombrado presidente Samuel Houston y vicepresidente Lorenzo de Zavala, quien de esa suerte traicionó a su patria. Cuando supieron en México tales acontecimientos trataron de enviar tropas para someter a los rebeldes, pero la situación económica era muy crítica. A pesar de todo Santa Anna consiguió un préstamo de 400,000 pesos y con esos fondos pudo mover tropas que concentró en San Luis Potosí, con un efectivo de unos 6,000 hombres. Cuando se iba a abrir la campaña murió en la capital el presidente interino general don Miguel Barragán y fue sustituido por el licenciado don José Justo Corro, persona muy correcta pero que carecía de energía para gobernar en tan crítica situación.

Santa Anna, después de una serie de graves errores en la dirección de la marcha, entró en el territorio texano; ocupó Béjar, capturó el fuerte de El Alamo y se apoderó de las pequeñas poblaciones de González, Refugio y Victoria; la caballería de Durango, al mando del coronel José Urrea, derrotó a un fuerte grupo de texanos en un lugar llamado El Perdido. Santa Anna se mostró inepto en todo y trató el serio problema con un rigor que multiplicó su peligrosidad: destruyó poblaciones, hizo fusilar a cientos de prisioneros, quemó sembradíos de trigo y de cebada, mató ganado, de manera que los colonos cada día se vieron en la necesidad, de vida o muerte, de seguir combatiendo hasta lo último.

Replegados los colonos a la frontera con Estados Unidos de donde recibían armas, municiones, dinero, provisiones y refuerzos, esperaron la oportunidad para actuar con un plan preciso contra "El Napoleón del Oeste" como le llamaban a Santa Anna, que carecía de todo objetivo e iba sin rumbo y sin precaución ya que creía que el enemigo, aterrorizado, había huido. El día 21 de abril, en número de 800 hombres al mando de Samuel Houston, los texanos sorprendieron a Santa Anna y a sus 1,300 soldados, que plácidamente descansaban en un lugar llamado San Jacinto; los derrotaron por completo, hicieron prisioneros a la mayoría, les causaron muchos muertos y heridos y capturaron a Santa Anna.

Este desastre hubiera sido un incidente de la campaña, sin mayor importancia, pero Santa Anna, atemorizado porque los texanos querían fusilarlo como venganza, fue conducido a la población de Velasco en donde firmó, a nombre de la nación mexicana, los tratados que llevan ese nombre por los cuales Santa Anna se comprometía a reconocer la independencia de Texas, a no agredirla ni permitir que se le hiciera y a ordenar que todas las tropas mexicanas salieran del territorio texano.

El general Filisola, quien estaba al mando del ejército mexicano, en posesión de casi todo el territorio de la Dependencia de Texas, cometió el gravísimo error de obedecer las órdenes de un jefe prisionero. Santa Anna se comportó en forma vil y cobarde; escribió al presidente Jackson ofreciéndole trabajar por la paz. Houston lo envió a Washington, en donde después de una serie de actos humillantes logró al fin que se le pusiera en libertad y que el presidente de Estados Unidos le proporcionase una corbeta de guerra para hacer el viaje a Veracruz, en donde desembarcó sin que se le sujetase al proceso que correspondía.

Miguel Barragán

Presidente interino de la República Mexicana del 28 de enero de 1835 al 1º de marzo de 1836

NACIÓ EL 8 DE MARZO DE 1789 en Valle del Maíz, San Luis Potosí. Tomó parte en la guerra de independencia y ascendió hasta llegar a ser general brigadier, cuando se sumó al Plan de Iguala. Entró en México formando parte del Ejército de las Tres Garantías, aunque fue antipartidario de Iturbide al ser éste nombrado emperador, por lo que estuvo preso y sólo recobró su libertad al ser proclamada la República. El 20 de junio de 1824 fue nombrado comandante militar de Veracruz, cargo muy difícil porque los españoles estaban en posesión de la fortaleza de Ulúa y tenían en zozobra al puerto. Barragán, militar audaz y de pronta decisión, se hizo el propósito de apoderarse de la fortaleza cortando la comunicación con tierra, y obligó así a la guarnición a capitular el día 5 de noviembre de 1825. Cuando el coronel Montaño se levantó en armas exigiendo se expulsara al ministro de Estados Unidos, Poinsett y que fuesen abolidas las sociedades secretas, el general Barragán se unió a esta rebelión, por lo que fue hecho prisionero y juzgado, aunque los generales Guadalupe Victoria y Vicente Guerrero intervinieron para que sólo se le aplicara un destierro temporal, que cumplió en el Ecuador. Regresó a México y fue invitado por el presidente interino don Valentín Gómez Farías para que tomara el cargo de ministro de la Guerra. Como el estado de Jalisco se opuso a la dictadura de Santa Anna, Barragán y Quintanar fueron designados para someter a los sublevados.

En enero de 1835 fue nombrado presidente interino y se ocupó en ayudar a viudas y gente pobre, aun de su propio bolsillo. Barragán fue partidario de la creación de una república centralista; logró la paz, aunque tuvo que sofocar un levantamiento contra Santa Anna en el hoy estado de Guerrero. Fue un eficiente colaborador de Santa Anna. Cuando murió el 1o. de marzo de 1836, su cadáver estuvo en diferentes partes de la República: la Catedral de México, Valle del Maíz, Guadalajara y la Colegiata de Guadalupe.

José Justo Corro

presidente interino de la República Mexicana del 2 de marzo de 1836 al 18 de abril de 1837

NACIÓ EN GUADALAJARA, JALISCO, el año de 1786. En su ciudad natal estudió la carrera de leyes, que ejerció en la Ciudad de México y obtuvo algún prestigio. En 1836 fue nombrado secretario de Justicia y Negocios Eclesiásticos, en el gabinete del presidente interino general don Miguel Barragán. Cuando éste enfermó de gravedad, el Congreso lo nombró para sustituir al primer magistrado, quien pronto murió.

Al tomar posesión del cargo, el licenciado Corro tuvo la noticia de la prisión de Santa Anna en Texas y trató de organizar nuevos elementos para liberar al jefe prisionero, continuar la guerra y someter a la colonia sublevada, pero sus esfuerzos no dieron resultado y más bien sirvieron para agitar a la opinión pública. En verdad don José Justo Corro no era el hombre que necesitaba el país en esos críticos momentos: era poco enérgico y tímido, la marcha de su política fue vacilante y carecía de un plan fijo y de iniciativa. El Congreso estableció las leyes que estructuraban un gobierno centralista, en el exterior había que luchar contra las reclamaciones de Francia y con el problema de los texanos apoyados por Estados Unidos. En junio de 1836 tuvo que hacer un empréstito y a mediados de marzo de 1837 recibió la noticia de que la fragata de guerra francesa "Didon" estaba en aguas de Cuba al mando del almirante Brotounier, quien traía serias reclamaciones que de no ser atendidas darían lugar al rompimiento de relaciones. Negoció y obtuvo que la Santa Sede reconociese la independencia de México; la situación del erario era crítica, se le debía mucho dinero a la tropa y en todas las esferas había desorden y desconfianza; el clero volvió a tener gran influencia. Se acentuó la crisis porque Corro, para hacer economías, redujo el valor de la moneda de cobre a la mitad. Finalmente entregó el poder al general don Anastasio Bustamante, el 19 de abril de 1837. Nunca se supo dónde ni cuándo murió.

15

Los gobiernos mexicanos de 1837 a 1845

De la independencia de Texas a la declaración de guerra con Estados Unidos

Anastasio Bustamante

Presidente de
la República Mexicana
del 19 de abril de 1837
al 20 de marzo de 1839

Después de un viaje de tres años por Europa, regresó el general don Anastasio Bustamante y electo por el Congreso se hizo cargo de la Presidencia de la República en momentos muy anómalos y graves. Declaró Bustamante que había aceptado el cargo sólo por el bien del país, que no hizo la campaña de Texas por la total carencia de elementos y que estaba resuelto a dedicarse al servicio de la patria y a observar estrictamente el cumplimiento de las leyes. Pero el país no quería a Bustamante y tan pronto como tomó el poder empezaron las sublevaciones, por lo que el gobierno tuvo que imponer nuevos préstamos para levantar tropas y sofocarlas.

A principio de 1838 los franceses hicieron una representación ante el gobierno mexicano, alegando la falta de cumplimiento a los convenios establecidos. El ministro francés, al no ser escuchado, salió de Veracruz el 16 de enero de 1838 y encontró a la salida a un bergantín que traía nuevos comunicados para el gobierno mexicano. El navío ancló en la isla de Sacrificios y desde allí el ministro envió un ultimátum a México, mientras llegaba toda una flota de guerra. La petición principal de los franceses era que les pagaran 600,000 pesos en el término de 15 días, como indemnización por daños y perjuicios causados a sus nacionales.

El ministro mexicano de Relaciones Exteriores don Luis G. Cuevas, se negó a entrar en tratos mientras permaneciese la escuadra francesa en aguas mexicanas. El almirante Bazoche declaró que habían cesado las relaciones entre Francia y México y que se hallaban bloqueados todos los puertos de la República. Poco después llegó el contralmirante Carlos Baudin, nombrado ministro plenipotenciario por el rey Luis Felipe, quien se entrevistó con Cuevas en Jalapa, el 14 de noviembre. Como no dio resultado la conferencia, la escuadra abrió el fuego contra San Juan de Ulúa el 27 de noviembre. Cuando una granada estalló sobre el repuesto de pólvora, haciendo volar al Caballero Alto, el general Antonio Gaona de acuerdo con el general Manuel Rincón, comandante de Veracruz, se rindió. El gobierno no aprobó la rendición y continuó el combate. El general Santa Anna, que había permanecido en su hacienda, ofreció sus servicios al gobierno y recibió el mando de las tropas de Veracruz. Los franceses, cuando supieron esto, trataron de apoderarse de la persona de Santa Anna y desembarcaron en el puerto a su marinería. Entonces el general Santa Anna, con algunos soldados dispersos, formó una columna para atacar a unos 80 marineros que estaban en los muelles, los que dispararon un pequeño cañón que le llevó una pierna a Santa Anna. Este, herido, se reivindicó ante los ojos de los mexicanos.

Ocuparon los franceses Veracruz, que había quedado abandonado y como a México tal parece que le interesaba más el cambio de sistema, más se ocupó en las discordias civiles. Fue celebrado con Francia un tratado, el 9 de marzo, por el cual México se obligó a pagar 600,000 pesos. Dentro de la liquidación que pidieron los franceses estaba la cuenta de un pastelero galo de Tacubaya, de dinero y mercancía que le habían tomado algunos oficiales santanistas, por lo que el pueblo llamó a esta injusta agresión la "Guerra de los Pasteles".

La revuelta continuaba, por lo que el general Bustamante se vio obligado a combatirla, salió hacia Tampico y dejó la presidencia interinamente al general Antonio López de Santa Anna, el 18 de marzo de 1839.

GOBERNANTES DE MEXICO

Antonio López de Santa Anna
Presidente interino de la República Mexicana del 8 de marzo al 10 de agosto de 1839

SANTA ANNA, QUIEN HABÍA PERDIDO mucho de su prestigio de la guerra de Texas, se reivindicó ante la opinión pública al ser herido por los marineros franceses en la pierna y mano izquierdas y muerto el caballo que montaba. Fue conducido a un lugar llamado Los Pocitos. Con la teatralidad que lo caracterizaba escribió una despedida para sus conciudadanos, exagerando la importancia de la herida "que será la última, decía, que haya recibido por salvar a la patria". "Pido al gobierno, añadió, que en estos médanos sea sepultado mi cuerpo para que sepan mis compañeros de armas cuál es la línea de batalla que les dejo marcada. Que de hoy en adelante no osen pisar nuestro territorio con su inmunda planta, los más indignos enemigos de los mexicanos; exijo también de mis compatriotas que no manchen nuestra victoria atacando a los franceses indefensos que bajo la garantía de nuestras leyes residen entre nosotros, para que siempre nos presentemos ante el mundo magnánimos y justos, así como valientes al defender nuestros sacrosantos derechos. Los mexicanos todos, olvidando mis errores políticos, no me negarán el único título que quiero legar a mis hijos: el de buen mexicano."

Este hecho devolvió a Santa Anna su popularidad y le dio de nuevo la presidencia. El cura párroco de Veracruz sepultó la pierna en la hacienda del general, Manga de Clavo, siendo trasladada más tarde al cementerio de Santa Paula en México y depositada en un monumento, hasta que el 6 de diciembre de 1844 los revolucionarios desenterraron el "zancarrón" que fue motivo de burlas y escarnio.

El primer acto del gobierno interino de Santa Anna fue la aprobación de los convenios con Francia, por los cuales México se comprometía a liquidar los 600,000 pesos en tres pagos. Ulúa fue devuelto por los marineros franceses, quienes se llevaron como trofeos 61 cañones de los cuales dos, regalo de Felipe V, están a la entrada del Museo de Armas en los Inválidos de París. Santa Anna, aún en cama porque la amputación no estaba bien cicatrizada, dio una disposición contra los rebeldes al gobierno centralista, ordenando que se persiguiese y arrestara a todo individuo que perturbase el orden público. Como la rebelión estaba en pie, Santa Anna ordenó la supresión de varios periódicos; dejó el mando al general Valencia sin pedir permiso al Congreso, se hizo conducir hacia Puebla donde habían sido derrotados los federalistas y llegando ordenó el fusilamiento del general Mejía que había caído prisionero. Regresó a México y fue recibido como héroe; el Congreso lo condecoró con una placa de oro y una cruz de pedrería. Por esos días llegó un ministro plenipotenciario de los Estados Unidos para tratar el asunto de reconocimiento de la independencia de Texas, lo que ya oficialmente habían hecho Inglaterra y Francia; Santa Anna no lo recibió y dio órdenes para que lo reembarcaran. Se puso mal de la herida de la pierna amputada, por lo que renunció al gobierno interino y como el general Bustamante se encontraba aún en campaña y era presidente titular, llamó al general don Nicolás Bravo que era presidente del Consejo, lo hizo prestar juramento y le entregó el mando interino de la República.

Nicolás Bravo
Presidente interino de la República Mexicana del 10 al 19 de julio de 1839

NACIÓ ESTE HÉROE NACIONAL el 10 de septiembre de 1786 en la población de Chilpancingo, capital del hoy estado de Guerrero. Hijo de una familia de ricos agricultores y comerciantes, desde muy joven se alistó en el ejército insurgente con su padre don Leonardo y sus tíos don Miguel y don Víctor Bravo. Sirvió a las órdenes de Morelos y directamente a las del distinguido jefe don Hermenegildo Galeana; tomó parte en muchas acciones de armas y en el sitio de Cuautla, en el que al ser roto cayó prisionero de los realistas su padre don Leonardo. El virrey Venegas ofreció perdonarle la vida al cautivo si los Bravo se rendían, pero eso era una trampa para capturarlos a todos.

Don Leonardo fue ejecutado en México y Morelos puso a disposición de don Nicolás a 300 prisioneros, muchos de ellos españoles, que habían sido capturados en las acciones libradas en San Agustín del Palmar y en Puente del Rey. Bravo, con una magnanimidad que dice mucho de su noble corazón, en vez de mandarlos ejecutar los puso libres. Muerto don José María Morelos, don Nicolás Bravo siguió en armas y finalmente cayó prisionero; el virrey Apodaca había ordenado que por ningún motivo los jefes realistas hicieran ajusticiar a los vencidos. Bravo estuvo preso un tiempo y fue puesto en libertad sin que volviera a tomar parte en acciones de armas.

Cuando Iturbide y Guerrero proclamaron el Plan de Iguala don Nicolás Bravo se adhirió a él y consumada la independencia el Congreso Constituyente lo nombró consejero de Estado e individuo de la regencia, hasta que Iturbide se coronó decepcionando a muchos de sus antiguos amigos, compañeros de armas y sobre todo antiguos insurgentes, entre ellos Bravo y Guerrero, quienes se levantaron en armas pero fueron derrotados y hechos prisioneros en Almolonga por el general don Gabriel de Armijo, especialista en las campañas contra los insurgentes en el sur. Cuando se produjo la abdicación de Iturbide el general Bravo fue nombrado miembro del Poder Ejecutivo, con don Guadalupe Victoria y el general Negrete. Bravo se unió al partido centralista, al que pertenecían los antiguos realistas y el alto clero y fue nombrado jefe del grupo masónico escocés.

Siendo vicepresidente de la República en el gobierno de Victoria en 1827 tomó parte en el Plan de Montaño, pero fue derrotado en Tulancingo por el general Guerrero. Se le sujetó a proceso y posiblemente hubiera sido fusilado si no es por la intervención del presidente Victoria que obtuvo del Congreso se le conmutara la sentencia por destierro. Don Nicolás Bravo embarcó en Acapulco y estuvo en Lima y en Guayaquil hasta que en 1829 regresó a la patria y el general López de Santa Anna le dio mando de tropas con las que en 1831 derrotó a los sublevados en favor de don Vicente Guerrero en los campos de Chilpancingo, entregándosele como distinción un sable de honor.

En 1839 fue designado por el Congreso miembro del Consejo, de donde fue nombrado presidente interino de la República. En los pocos días que estuvo en tan alto cargo el general Bravo logró poner en orden muchos asuntos del gobierno, ya que era persona trabajadora, honrada y capaz. Cuando regresó el general Bustamante a hacerse cargo del poder, don Nicolás Bravo se retiró a la vida privada.

Anastasio Bustamante
Presidente de
la República Mexicana
del 19 de julio de 1839
al 22 de septiembre de 1841

EL 19 DE JULIO DE 1839 regresó a México el general don Anastasio Bustamante, presidente de la República. Se ocupó de inmediato en restablecer las fuerzas de seguridad pública y aprestarse a las negociaciones con el Consejo de Gobierno, puesto que mientras el ejecutivo que él representaba quería que se hicieran enmiendas parciales al código centralista, el Consejo pedía que se derogase y estructurara uno nuevo. Finalmente fue aprobado lo propuesto por el Ejecutivo. Los asuntos andaban muy mal, había focos múltiples de rebelión, hambre y epidemias y se propagaba la idea de independizarse en algunos estados, siguiendo el ejemplo de Texas.

Durante este gobierno dictatorial de Bustamante fueron arregladas las cuestiones con España, la que reconoció la independencia de México y mandó como embajador a don Angel Calderón de la Barca quien llegó con su esposa, la señora Frances Erskine Inglis, anglonorteamericana la cual escribió una serie de cartas a su familia que han dado lugar a un magnífico libro sobre el México de esa época. En 1840 el presidente Bustamante tomó la resolución de emprender la campaña contra los texanos, pero no fue posible por el estado crónico de pobreza del erario y las constantes revoluciones. Yucatán se sublevó y su rebelión se propagó a los territorios limítrofes.

El 15 de julio de 1840 el general José Urrea, quien estaba preso por rebelión, logró escapar y promover otro movimiento armado contra el centralismo, invitando a Gómez Farías y a otras personas. A las cuatro de la mañana se le hizo saber a Bustamante que estaba prisionero; Bustamante, que era valiente en lo personal, trató de defenderse; pero 50 soldados que había en el recinto, amenazaron con hacer fuego. Un correo le llegó al general Gabriel Valencia que estaba con un batallón en Tacubaya, e inmediatamente se puso en marcha hacia la Ciudadela en poder de los fieles a Bustamante. Los rebeldes pusieron en libertad a Bustamante, quien escoltado por un pelotón de dragones marchó a unirse a sus partidarios. Gómez Farías era uno de los principales promotores del cuartelazo, e intentó obtener la renuncia de Bustamante.

El general Santa Anna que estaba en Jalapa se puso en marcha con una columna de tropas hacia la capital, en apoyo de Bustamante y cuando llegó a Perote supo que el motín de México había concluido. Tabasco y Yucatán se encontraban en armas. Los yucatecos habían reconocido la independencia de Texas y un joven político peninsular llamado don José María Gutiérrez de Estrada publicó un folleto asegurando que la única forma de salvar a México sería la creación de la monarquía con un príncipe extranjero. Bustamante llamó traidor a Gutiérrez de Estrada y a sus opiniones, delirios de locura.

Entre tanto el general López de Santa Anna, ambicioso de poder y ya restablecido de la amputación de la pierna, hasta acostumbrándose a una de madera que mucho le sirvió, se alistaba para la rebelión. Preparó el castillo de San Juan de Ulúa, Jalapa y Orizaba. El pronunciamiento fue hecho cuando se levantó en armas el general **Mariano Paredes y Arrillaga** en Guadalajara dando una proclama para que se reuniese un Congreso a formular nueva Constitución. Todo el mundo tomó partido en favor de Paredes. El general don Gabriel Valencia, hasta entonces leal a Bustamante, se levantó en armas en México el 31 de agosto.

Bustamante declaró a la ciudad en estado de sitio y trató de combatir a los rebeldes, pero alarmado por la forma como cundía la revolución negoció una entrevista con los generales Paredes y Arrillaga y López de Santa Anna, habiéndose acordado antes en Tacubaya una suspensión de armas y en ese lugar todos los jefes de tropas, que en su generalidad eran santanistas, redactaron un plan que llevó el nombre de esa población, firmado el 28 de septiembre de 1841, por el que quedaban anulados los poderes y se nombraba una junta de notables para que designase presidente y que éste, en dos meses, convocara a un Congreso Constituyente. Estas bases fueron aprobadas por Bustamante en un convenio firmado en la presa de La Estanzuela. Bustamante entregó la presidencia y embarcó en Veracruz hacia Europa, el 22 de octubre.

Francisco Javier Echeverría

Presidente interino de la República Mexicana del 22 de septiembre al 10 de octubre de 1841

EL SEÑOR ECHEVERRÍA NACIÓ EN JALAPA, Veracruz, el 2 de julio de 1797 y se dedicó al comercio hasta 1829 en que fue nombrado miembro de la Comisión de Hacienda y después ministro de la misma dependencia en 1834. Como era de espíritu conservador y centralista, más que por convicción política por no querer colaborar con los federalistas renunció al cargo y bien le valió porque su ministerio fue más que mediocre y mucho contribuyó para que el Congreso diera un poderoso golpe al librecambismo. Echeverría no dejó de sacar partido de las circunstancias, ya que mezclaba sus asuntos personales con el manejo del tesoro público. Todavía cuando salió del Ministerio exigió que se le pagara una fuerte cantidad que aseguró se le debía. Después de entregar la presidencia, en la que no era posible que hiciese algo por el corto tiempo que desempeñó el cargo, fue administrador de prisiones y de la Academia de San Carlos, la que mejoró en todos sentidos. El señor Echeverría murió en la Ciudad de México el 17 de septiembre de 1852.

Antonio López de Santa Anna
Presidente de la República Mexicana del 10 de octubre de 1841 al 6 de octubre de 1842

REUNIDA LA JUNTA DE NOTABLES, de acuerdo con el Plan de Tacubaya que era una verdadera farsa, designó presidente al general Santa Anna, quien apenas había tomado posesión de su cargo el 11 de octubre de 1841, comenzó a gobernar en forma personal y dispuesto a sostenerse por la fuerza de las armas. Su primera medida fue aumentar los efectivos del ejército, recurriendo al oprobioso sistema de leva. Ordenó que antes que nada se cubriesen los gastos de las tropas, para beneficio de los jefes militares. También dispuso que se amortizara la moneda de cobre, por haber mucha falsificación en circulación y ordenó se castigase con rigor a quienes cometían ese delito.

Por fin, el 10 de diciembre, se convocó a la elección de diputados a un Congreso Constituyente, pero a pesar de las presiones y de las tendencias reaccionarias del gobierno se eligió a una gran mayoría de diputados liberales moderados, que se reunieron por primera vez el 10 de junio de 1842. El Congreso formuló un proyecto de Constitución de franca tendencia liberal, que no fue del parecer del dictador. Bajo cuerda y acatando instrucciones de Santa Anna, el general Tornel, quien era ministro de Guerra, se pronunció con la guarnición de Huejotzingo pidiendo la disolución del Congreso y que fuera sustituido por una junta de notables. Este pronunciamiento fue secundado en varios lugares. Entonces Santa Anna, con el pretexto de no frenar a la opinión pública disolvió el poder legislativo.

A partir de ese momento el general presidente inauguró un régimen dictatorial y tiránico imponiendo préstamos forzosos, celebró negocios fraudulentos y recargó al pueblo con impuestos y contribuciones arbitrarias para pagar a verdaderos bandidos que formaban una especie de corte que despilfarraba el dinero en los palenques, en las jugadas de baraja y en francachelas por demás abominables, mientras se perseguía sin tregua a la gente honorable que criticaba a aquel gobierno de oprobio.

Santa Anna, para congraciarse con el populacho mandó construir el mercado del Volador, casi en su honor y el gran teatro Nacional o teatro de Santa Anna. La tropa de su guardia andaba lujosamente uniformada, mientras que los soldados que estaban en los presidios del norte combatiendo a diario contra los apaches y comanches, contrabandistas y ladrones de ganado, no tenían ni para comer. Santa Anna gobernó en esta ocasión hasta el 6 de octubre de 1842, en que entregó el gobierno interino al general don Nicolás Bravo. Se retiró nuevamente a su hacienda Manga de Clavo.

Nicolás Bravo
Presidente interino de la
República Mexicana
del 6 de octubre de 1842
al 5 de mayo de 1843

EL GENERAL DON NICOLÁS BRAVO, héroe de la Independencia, fue nombrado presidente interino por el general Santa Anna con la autorización del Consejo de Representantes. Prestó juramento y quiso anular algunas de las disposiciones dictadas por Santa Anna, lo que no fue posible de inmediato; declaró sin embargo que aceptaría y sancionaría la Constitución, lo que produjo alarma en el ejército y en el clero. Bajo la amenaza de sublevaciones dio el decreto que disolvía el Congreso el 19 de diciembre, pero los diputados se reunieron en la casa del presidente de la Cámara, don Francisco Eloriaga y preguntaron si podían continuar sus sesiones. Bravo les contestó: "Toda la guarnición se ha rebelado contra el Congreso, menos su comandante y yo", por lo que los diputados se quejaron en un manifiesto de que la fuerza armada les impedía desempeñar su alta misión.

Disgustado Bravo por estar sujeto a muchas presiones que le impedían cumplir con su deber, presentó su renuncia y regresó al servicio en el ejército. Sofocó una rebelión de indígenas en Chilapa y después se le nombró jefe de las tropas de los supremos poderes, con las que cooperó en la derrota de la dictadura de Santa Anna.

Antonio López de Santa Anna
Presidente de la República Mexicana del 5 de mayo al 4 de octubre de 1843

LA JUNTA DE NOTABLES PARTIDARIOS de Santa Anna que de acuerdo con sus indicaciones debía constituir de nuevo al país, se reunió el 6 de enero de 1843 y el 12 de julio expidió la nueva Constitución, con el nombre de Bases Orgánicas, que establecía el régimen centralista. Se hicieron elecciones conforme a la nueva ley y resultó electo otra vez el general Santa Anna, quien fue recibido en México con el aplauso de sus partidarios.

Empezó su gobierno suprimiendo el Colegio de Santa María de Todos los Santos, para apoderarse de los bienes de esa fundación; impuso al comercio un seis por ciento sobre la exportación del palo de tinte que salía de Tabasco y Campeche, aumentó los derechos de importación y decretó un préstamo por dos millones de pesos, de los cuales doscientos sesenta mil eran con cargo al clero y el resto a propietarios, con un plazo de cuatro días para ser entregados.

De acuerdo con las leyes unos comerciantes pidieron al gobierno diese explicación sobre los gastos de la hacienda pública, a lo que contestó Santa Anna poniéndoles en prisión y declarando que él estaba por encima de las leyes.

Desde la época de la presidencia de Bustamante en 1837, se había establecido un arancel de aduanas que perjudicaba mucho al comercio de Yucatán. Las contribuciones para la guerra de Texas, la leva y el estanco de tabaco tenían exasperados a los peninsulares. La nueva legislatura de ese estado declaró el 4 de marzo de 1840 que mientras no se restableciese la Constitución Federal, Yucatán asumía su autonomía. El gobierno central tomó medidas violentas cerrando los puertos de Campeche y Sisal, lo que produjo graves perjuicios por lo que la Cámara de Diputados local declaró el primero de octubre de 1841 que Yucatán era una República independiente.

Santa Anna mandó al licenciado don Andrés Quintana Roo a buscar un arreglo pero no lo consiguió, por lo que declaró el estado de guerra enviando una escuadrilla al mando del capitán de marina don Tomás Marín, que desembarcó tropas al mando del general Juan Morales y se apoderó de la isla del Carmen. Nuevos contingentes fueron enviados al mando del general don Vicente Miñón, quien se limitó a sitiar Campeche, por lo que fue relevado del mando que entregó al general Matías Peña y Barragán, quien atacó por el norte de la península, derrotó a los separatistas y avanzó sobre Mérida pero capituló cuando le llegaron noticias de que miles de indígenas iban a atacarlo. El general don Pedro Ampudia, que llegó a tomar el mando negoció un convenio con los rebeldes, por el cual las tropas del gobierno evacuarían aquel estado a cambio del compromiso del gobierno yucateco de enviar a México representantes para llegar a un arreglo, cosa que se obtuvo finalmente por una serie de concesiones muy justas. El convenio fue firmado el 21 de diciembre de 1843.

El general-presidente, para distraer la atención de la opinión pública que tanto lo criticaba por su inmoral conducta, declaró que iba a reiniciar la campaña contra los rebeldes texanos, lo que hizo que el ministro norteamericano en México, Mr. Shannon, manifestara oficialmente que estaba tratándose en el Congreso el asunto de la incorporación de Texas a Estados Unidos y protestaba ante toda agresión que se llevara a cabo contra aquel territorio.

Con motivo del santo del dictador se acuñaron monedas para regalarlas al pueblo, al mismo tiempo que era publicado el bando con la sanción de la Constitución centralista de 1843, que el pueblo recibió con indiferencia. Los partidarios del general Santa Anna publicaban noticias sobre hechos imaginarios en que se ponía de manifesto el valor y el patriotismo de su héroe, diciendo que la administración había sido arreglada gracias a la dirección santanista. Esta propaganda dio por resultado que para la elección de miembros de la nueva Cámara la mayoría fuera de santanistas.

Como periódicamente las iglesias vendían a particulares piezas de orfebrería y joyería que eran obsequios de particulares a dichas iglesias, el gobierno de Santa Anna prohibió esas ventas porque le tenía puesto el ojo a las joyas para apoderarse de ellas. Los obispos protestaron e hicieron que se retirara la orden. Santa Anna, como siempre alegando mal estado de salud aunque en verdad escapaba cuando la crítica le era adversa, sin tomar en cuenta a ninguna autoridad encargó el gobierno al general Valentín Canalizo y se retiró a su hacienda de Jalapa.

Valentín Canalizo
Presidente interino de la
República Mexicana
del 4 de octubre de 1843
al 4 de junio de 1844

EL GENERAL DON VALENTÍN CANALIZO era originario de la ciudad de Monterrey, donde nació el 14 de enero de 1794. En 1811 sentó plaza como cadete en el regimiento de infantería de Celaya. Le tocó hacer la campaña contra los insurgentes y especialmente contra el guerrillero Albino García; conoció bien a Iturbide y le tuvo mucho respeto y admiración. Se adhirió al Plan de Iguala, ya con el grado de teniente coronel. Siguió a Santa Anna en su vida aventurera, sobre todo en los cuartelazos y rebeliones, siendo hombre de su confianza. Canalizo fue uno de los que más contribuyeron en la dictadura de Santa Anna, quien lo hizo general; carecía de cultura aunque era muy valiente y leal con las personas, no con las instituciones.

Fue comandante y gobernador militar del departamento de Oaxaca, prefecto militar de Cuernavaca y gobernador del departamento de México. Cuando el general-presidente se sintió con deseos de descansar llamó al general Canalizo y sin ningún trámite le encargó la Presidencia interinamente, el 4 de octubre de 1843. Este hecho fue aprobado por el Congreso. Durante su corta gestión Canalizo mandó trasladar la escuela de medicina al Colegio de San Ildefonso, disminuyó las contribuciones y arregló un local para Cámara de Diputados porque las lluvias habían arruinado el lugar donde normalmente se reunían. El senador don Manuel Gómez Pedraza, quien no simpatizaba con Canalizo aunque los dos habían sido oficiales realistas, declaró que Valentín estaba en la Presidencia en forma indebida porque no había sido consultado el Congreso para su designación.

Santa Anna, con su carácter brutal de dictador, declaró que el Congreso ya lo había aprobado y que si tal no fuera él lo ordenaba. El centralismo tenía una institución que se llamaba Consejo de Gobierno, que le era de mucha importancia. Para contar con el apoyo pleno del Consejo de Gobierno, Canalizo nombró al general don José Joaquín de Herrera presidente de dicha institución. Avisó Santa Anna que volvía a tomar el poder por encontrarse ya bueno y sano, sin tomar el parecer de nadie, y Canalizo se lo entregó el 4 de junio de 1844.

Antonio López de Santa Anna
Presidente de la República Mexicana del 4 de junio al 12 de septiembre de 1844

EN LA TARDE DEL 3 DE JUNIO de 1844 entró en México el presidente titular de la República, general Antonio López de Santa Anna escoltado por vistosas tropas y aclamado por el populacho. Llegó a Palacio, donde recibió el gobierno y fue uno de sus primeros actos ordenar al general Adrián Woll, un belga que había venido con la expedición del general Mina y se quedó en el país, alistase todo para abrir definitivamente la campaña contra los texanos a los que trataba de rebeldes y dispuso que se organizaran tropas en San Luis Potosí, al mando del general Canalizo.

Con ese pretexto pidió un préstamo de cuatro millones de pesos al comercio, y al Congreso facultades extraordinarias para decretar nuevas contribuciones para los gastos de guerra; pero el Congreso, que veía lo peligroso de los pasos que daba el imprudente Santa Anna, se negó a dar la autorización por lo que Santa Anna lo trató de traidor diciendo que la pérdida de Texas sería responsabilidad de ellos. Desde ese momento quedaron frente a frente los dos poderes.

El general López de Santa Anna, que había quedado viudo de la señora María Inés de la Paz García, viendo para él inexplicable oposición del Congreso pidió permiso para dejar temporalmente el gobierno, pretextando que estaba enfermo, cansado y con el hondo pesar que le causó la muerte de su esposa, cosa del todo falsa porque al poco tiempo se casó con la señorita María Dolores Tosta, hermosa joven y rica heredera. El Congreso dispuso que recibiera el gobierno interino el general Canalizo y mientras éste llegaba de San Luis Potosí lo recibió el general don José Joaquín de Herrera.

No bien había llegado a Manga de Clavo el general Santa Anna cuando supo que en Guadalajara, de acuerdo con la Junta Departamental, se había sublevado el general Mariano Paredes y Arrillaga exigiendo fuesen revisados los actos del presidente y se le separase del poder. Inmediatamente se puso en campaña, recogió algunas tropas y salió hacia Querétaro sin pedir autorización del Congreso, que ya verdaderamente furioso por tantos abusos del dictador resolvió desconocerlo como presidente, quitarle el mando de las tropas e instruirle proceso. En México estalló una enorme rebelión con la tropa de la guarnición y el populacho. Canalizo, que había recibido el poder interinamente por disposición del Congreso, se lo entregó al general Herrera y quedó en calidad de prisionero.

Santa Anna había regresado hacia México, se encontraba en Texcoco con 12,000 hombres y marchó sobre Puebla, que no pudo tomar. Viéndose perdido, porque muchos soldados se pasaron al gobierno, abandonó el mando y huyó hacia Veracruz disfrazado de carbonero, pero reconocido cerca de Xico fue aprehendido y llevado preso a la fortaleza de Perote, donde estuvo hasta el día 27 de enero de 1845, en que salió desterrado por disposición del Congreso.

José Joaquín de Herrera

Presidente interino de la República Mexicana del 12 al 24 de septiembre de 1844

EL GENERAL HERRERA NACIÓ EN JALAPA, Veracruz, en el año de 1792. Vivió su niñez en Perote, donde su padre era administrador de correos. A los 17 años causó alta en el ejército realista, como cadete aspirante a oficial en el Regimiento de Infantería de la Corona. Tomó parte en muchas importantes acciones de armas contra los insurgentes y por su buen comportamiento ascendió por escalafón a teniente coronel, adscrito a las tropas de Armijo, quien lo nombró comandante de la guarnición de Tecpan y después de Acapulco, en 1817.

Terminada la revolución pidió su retiro, abrió una botica en Perote y entró en relación con algunos jefes insurgentes, entre ellos don Guadalupe Victoria, que se mantenían sobre las armas por ese rumbo. Recién proclamado el Plan de Iguala un contingente de infantería que venía de Veracruz a Puebla se pronunció en favor de Iturbide y sus oficiales ofrecieron el mando al teniente coronel Herrera, quien además incorporó a la guarnición de la fortaleza de San Carlos y marchó a

Orizaba, que estaba en poder de los realistas al mando del teniente coronel Antonio López de Santa Anna, los que se sumaron al movimiento. Entró en la Ciudad de México con el Ejército Trigarante, con el grado de general brigadier, pero se distanció de Iturbide cuando éste se hizo nombrar emperador, por lo que fue puesto en prisión como conspirador.

Ya en libertad, votó por que se aceptase la abdicación a Iturbide; los nuevos poderes lo nombraron comandante de la guarnición de México y después jefe político y comandante militar de Jalisco, de donde fue llamado para ocupar el Ministerio de Guerra, de 1823 a 1824. Se ocupó en hacer arreglar el armamento de la infantería y reglamentó un nuevo modelo de silla de montar. Desempeñó muchos cargos militares con ejemplar eficiencia y honradez, siempre leal a las instituciones legales y contrario absolutamente a las arbitrariedades y violencias del régimen de Santa Anna, de quien nunca fue amigo. En 1844, siendo presidente del Consejo del Estado fue nombrado presidente interino por algunos días para los festejos de la Independencia.

Valentín Canalizo
Presidente interino de la República Mexicana del 24 de septiembre al 6 de diciembre de 1844

EL GENERAL CANALIZO, QUE NO FUE MAS que un obediente servidor del dictador López de Santa Anna, procedente de San Luis Potosí, donde había estado organizando lo que iba a ser el Ejército del Norte para la campaña de Texas, llegó a México el 21 de septiembre y recibió el gobierno interino de manos del general Herrera, en los momentos en que se sublevaba el departamento de Jalisco con Paredes y Arrillaga.

Recibió instrucciones verbales de Santa Anna para disolver el Congreso, pero como los diputados no concurrieron a la Cámara el ejecutivo dio un decreto que suspendió al Congreso en sus funciones y prohibió se reunieran los diputados y senadores. De pronto, el día 4 de diciembre la estatua de Santa Anna que estaba en El Volador apareció con una capucha blanca y una soga al cuello, como si se tratase de un ahorcado, y el día 6 se sublevó un batallón que estaba acuartelado en la Acordada, al que se unieron otras tropas y el populacho, que derribaron la estatua del dictador e hicieron preso a Canalizo. Este, bien escoltado, fue embarcado el 25 de octubre de 1845 hacia Cádiz.

Regresó al país pronto y cuando Gómez Farías era presidente interino, en 1847, fue nombrado comandante del Ejército de Oriente con Cuartel General en Jalapa y más tarde, al tener noticia del desembarco de los norteamericanos en Veracruz, avanzó hasta Puente Nacional y Cerro Gordo, posiciones que consideró inconvenientes para hacerle frente al enemigo. Tuvo que entregar el mando en jefe a Santa Anna, quien a base de torpezas y terribles errores no fue derrotado sino destrozado con sus tropas por los invasores. No tomó parte ya en la defensa de México, porque criticó a Santa Anna por sus desaciertos y con ello perdió su confianza. Separado de toda actividad militar y política falleció en la capital el 20 de febrero de 1850.

José Joaquín de Herrera
Presidente interino de la República Mexicana del 6 al 30 de diciembre de 1844

CUANDO FUE DESTITUIDO EL GENERAL CANALIZO el Congreso dispuso que se encargara de la Presidencia de la República el general don José Joaquín de Herrera, quien llamó como colaboradores a los generales Juan Alvarez y Nicolás Bravo, asignándole a éste el mando de las tropas de la guarnición de México, ciudad que todavía se encontraba en estado de sitio. Las Cámaras de diputados y senadores se reunieron a sesionar, para buscar la estabilidad del país. Herrera era patriota y gente honrada. Don Mariano Riva Palacio, que fue su Secretario de Justicia, nos dice en sus memorias que el presidente Herrera vivía en la mayor sencillez, teniendo que empeñar algunas pertenencias para cubrir los gastos de su familia.

Indultó a los presos por delitos menores que habían trabajado en las obras de fortificación de la plaza. El Congreso no le era completamente adicto y él se encontraba ante el problema de escoger entre el federalismo y el centralismo, por lo que para tratar de unificar a los partidos puso en la Cámara a don Valentín Gómez Farías y al señor

Trigueros, representantes notables de los dos grupos. Con la caída de Santa Anna se estableció la paz. La cuestión de Texas estaba "resuelta" puesto que los Estados Unidos declararon nuevo Estado de la Unión a ese territorio el primero de marzo de 1845 y el Congreso mexicano dio por rotas las relaciones con aquella República, autorizando al Poder Ejecutivo a levantar tropas y alistar los elementos necesarios para una próxima guerra. El presidente Herrera, hombre sensato y de criterio amplio, no era partidario de la lucha armada y propuso que se entrara en negociaciones pacíficas con la poderosa nación vecina.

Los partidarios de Santa Anna encabezados por el general Rangel, se amotinaron el 7 de julio de 1845. La guardia y el batallón Supremos Poderes se sublevaron gritando "¡Federación y Santa Anna!" e hicieron prisioneros al presidente y a tres de sus ministros; aunque sin perder la serenidad el general Herrera se impuso a la tropa y la rebelión fue sofocada. Como la presidencia de Herrera era provisional y cesaba esa situación al huir Santa Anna, el 14 de septiembre y por mayoría de votos el Congreso declaró al general don José Joaquín de Herrera Presidente Constitucional, dándole inmediatamente posesión de su cargo.

Herrera, ya presidente titular, continuó su política para evitar la guerra por medios honorables para la República. No contentos los yanquis con la incorporación de Texas, las cámaras norteamericanas aceptaron sin aclaración alguna lo que los texanos declararon que tenía su territorio de extensión, haciéndolo llegar hasta el río Bravo, y enviaron tropa a cubrir lo que ellos decían ser la nueva frontera, faltando así al derecho internacional. Cuando México se vio invadido sus soldados rechazaron e hicieron prisionero a un escuadrón enemigo, declarando por esto Estados Unidos que había sido agredido y que existía un estado de guerra con México.

Todavía Estados Unidos simuló querer la paz y nombró ministro plenipotenciario en México a Mr. John Slidell; pero como se habían roto las relaciones y no se le quiso recibir como representante legal, Estados Unidos declaró que México no deseaba la paz.

GOBERNANTES DE MEXICO

El presidente Herrera, con muchos trabajos y dificultades económicas puesto que no había dinero ni para pagar a los empleados, logró reunir un cuerpo de tropa de unos seis mil hombres que puso al mando del general Mariano Paredes y Arrillaga, para marchar al norte a combatir al enemigo. En San Luis Potosí el general en jefe Paredes, poniendo de manifiesto sus ambiciones, se sublevó el 14 de diciembre de 1845 y en vez de marchar contra los invasores volvió sobre la capital contra el gobierno del presidente Herrera, tomando como pretexto que éste había querido evitar la guerra. A un tiro de cañón disparado en la Ciudadela se sublevó la guarnición de la Ciudad de México y don José Joaquín de Herrera abandonado por todos se retiró a su casa, entró Paredes en la capital el 2 de enero de 1846 y se declaró presidente.

though
16

Los gobiernos mexicanos de 1846 a 1848

De la declaración de guerra con Estados Unidos a la paz de Guadalupe Hidalgo

Mariano Paredes y Arrillaga
Presidente de la República Mexicana del 2 de enero al 27 de julio de 1846

EL GENERAL DON MARIANO PAREDES Y ARRILLAGA nació en la Ciudad de México en 1797; sentó plaza como cadete en el Regimiento de Infantería Fijo de México, en 1816 era subteniente y pasó después como comandante de una compañía de granaderos. Continuó en campaña hasta la proclamación del Plan de Iguala, al que se adhirió inmediatamente y formó parte del Ejército Trigarante que entró en México. Iturbide lo ascendió y para 1821 tenía el grado de teniente coronel. En un principio fue santanista y en 1835 tomó parte en contra de los federalistas, ascendiendo a general. En 1841 fue de los que proclamaron el llamado Plan de Tacubaya, pero no fue recompensado en la forma que él esperaba por lo que se le separó a Santa Anna. Tuvo varios mandos militares, principalmente en Jalisco y la administración del general Herrera lo nombró comandante del Ejército del Norte para combatir a los norteamericanos y entonces se sublevó en contra del gobierno.

Al tomar posesión del gobierno pidió que se convocara a una asamblea general, asegurando no tener ambiciones personales. No tenía recursos y acudió al clero solicitando un préstamo de dos millones y medio, pero el clero se negó por completo. Hubo levas para levantar nuevas tropas y hasta se envió a presidiarios al ejército. Desde un principio se declaró partidario del clero y de una monarquía, asegurando que la nación no estaba madura para ser república. El país estaba en pleno desorden, mientras que los norteamericanos avanzaban hasta el río Bravo. El general José Urrea pretendía formar una república independiente y en Chihuahua se había producido un motín en contra del gobernador.

La nación estaba por la guerra y los dirigentes políticos culpaban a Paredes de negligencia en la organización de nuevas tropas para reforzar la guarnición de Matamoros. El día primero de enero de ese año el estado de Yucatán volvió a separarse de la República, porque el gobierno no cumplió con los arreglos hechos dos años antes. Los separatistas se declararon neutrales en la guerra con Estados Unidos; se organizó en México un partido monárquico en favor del príncipe Enrique de Borbón, hermano de la reina de España. Un ejército al mando del general don Pedro Ampudia fue enviado a Matamoros y el 5 de marzo de 1846 los norteamericanos al mando del general Zacarías Taylor lo derrotaron en un lugar llamado Frontón de Santa Isabel. Ampudia fue relevado del mando que entregó al general don Mariano Arista, quien fue derrotado a su vez por la gran superioridad en material de guerra y abastecimiento sin límite que tuvieron en toda la campaña los norteamericanos en la acción de Palo Alto. Arista con su mermada tropa se retiró a Matamoros, plaza que consideró indefendible y aún se retiró a Monterrey, el día 18. A Arista se le sometió a juicio, por lo que entregó el mando, de nuevo al general Ampudia. Mientras tanto, el 21 de mayo se pronunció en Guadalajara el general José María Yáñez desconociendo a Paredes por querer éste traer a un príncipe extranjero como monarca de México. Paredes, que veía más por sus ambiciones que por la patria en peligro, salió de México a combatir a los pronunciados de Guadalajara y dejó encargado del gobierno al general don Nicolás Bravo; pero apenas salido Paredes y Arrillaga se sublevó la guarnición de México al mando del general José Mariano Salas, el 4 de agosto, y proclamó el restablecimiento del general don Antonio López de Santa Anna y la convocatoria a un Congreso que constituyera de nuevo a la nación.

A consecuencia de estos sucesos en los que tomó parte muy activa don Valentín Gómez Farías, Paredes tuvo que huir; fue aprehendido y enviado al destierro, de donde volvió cuando el país estaba ocupado por los norteamericanos. Posteriormente se opuso a los tratados de paz, pero derrotado en Guanajuato, de donde escapó para permanecer oculto hasta la amnistía de abril de 1849, aunque dado de baja quedó libre de todo cargo. Murió en la Ciudad de México en septiembre de ese mismo año.

Nicolás Bravo
Presidente interino de la
República Mexicana
del 28 de julio al
4 de agosto de 1846

ERA COMANDANTE DE LA GUARNICIÓN DE VERACRUZ cuando fue llamado a la capital para encargarse del poder ejecutivo por ausencia del presidente Paredes. Pronunciado el general Salas en la Ciudadela, hizo saber a Bravo que debía abandonar el cargo, a lo que éste se negó hasta que sus tropas se unieron con los soldados de Salas. Posteriormente el general Bravo fue nombrado comandante militar de Puebla y después recibió el mando de las tropas que defendían Chapultepec, donde cayó prisionero de los norteamericanos el 13 de septiembre. En el parte de guerra firmado por Santa Anna se le tildó hasta de cobardía, pero en el informe de Bravo éste acusaba a Santa Anna de traidor por no haberle prestado auxilio a tiempo.

Terminada la guerra Bravo se retiró a Chilpancingo, en donde murió a fines de abril de 1854.

Mariano Salas

Presidente interino de
la República Mexicana
del 6 de agosto al
24 de diciembre de 1846

EL GENERAL SALAS NACIÓ EN LA CIUDAD de México en el año de 1797. Fue cadete en un regimiento realista de infantería, en 1813; tomó parte en la campaña contra la insurgencia y en 1821 se adhirió al Plan de Igual en Puente Nacional, Veracruz. Iturbide premió sus servicios ascendiéndolo a capitán. En 1823 combatió a los sublevados del Plan de Montaño y después defendió al gobierno de Bustamante; asistió a la campaña de Texas y en el gobierno de Santa Anna fue jefe de una brigada de operaciones en San Luis Potosí. En 1844 fue desterrado por su fidelidad a Santa Anna; en 1846 asumió interinamente la presidencia, cuando Santa Anna había arribado a Veracruz para ser nombrado presidente titular y cuando éste llegó el general Salas le informó de sus medidas administrativas; dictó algunos acuerdos de utilidad pública.

Estados Unidos había hecho proposiciones de paz teniendo como base la anexión de Texas, pero esto casi nadie lo aceptaba. Un Congreso que se reunió el 6 de diciembre de 1846 nombró presidente a don Antonio López de Santa Anna, quien desde el 12 de septiembre había desembarcado en Veracruz, permitiendo su entrada en el país a los buques norteamericanos que bloqueaban el puerto. Salas había pedido a todos los mexicanos se alistaran en la milicia para combatir al enemigo, calculando que cada estado aportase treinta mil hombres; se hizo acopio de pertrechos, se fundió artillería y la gente de dinero de México al fin dio un millón de pesos, cuando los norteamericanos ya estaban frente a Monterrey.

Santa Anna dejó la pesada carga del gobierno a Salas y él fue a San Luis a hacerse cargo del mando del ejército. El ministro de Hacienda, Gómez Farías, se ocupó mucho en obtener dinero; el 24 de septiembre cayó la plaza de Monterrey en poder de los norteamericanos. Salas empezó a organizar los batallones de la guardia nacional a los que el pueblo llamó los "polkos". Salas atendía a todo y hasta intentó poner el alumbrado público de gas; el ministro Lafragua quiso crear una academia de idiomas y de historia, pero no había dinero ni para gastos inferiores. El general Salas recurrió a tomar dinero del clero, para poder reunir dos millones de pesos.

El 5 de diciembre de 1846 se abrieron las Cámaras y Salas dio un informe sobre la situación de la guerra, alentando grandes esperanzas porque Santa Anna había logrado conjuntar en San Luis Potosí un ejército de ventidós mil hombres. El Congreso resolvió legalizar la presidencia del general Santa Anna y a Gómez Farías como vicepresidente. Salas entregó el gobierno a Gómez Farías y fue nombrado jefe del Ejército del Norte. Cayó prisionero en Padierna el 20 de agosto y después del tratado de paz se le nombró comandante y gobernador de Querétaro.

Valentín Gómez Farías
Presidente interino de la República Mexicana del 24 de diciembre de 1846 al 21 de marzo de 1847

DESDE UN PRINCIPIO OBTUVO la autorización para reunir quince millones de pesos para los gastos de la guerra, pudiendo hipotecar o vender los bienes de manos muertas. El Ministerio de Hacienda no quería ser tomado por la grave crisis que entrañaría el problema de disponer de los bienes de manos muertas, pero al fin el licenciado Antonio Horta quiso ayudar a Gómez Farías. El clero descargó su ira en defensa de sus intereses, desde los púlpitos, y empezó a trabajar para lograr el cambio de gobierno. El régimen procedió con energía y el 17 de enero dio el decreto de confiscación de bienes. El cura de San Antonio Tomatlán hizo que el vecindario se amotinara. En Puebla y en otras poblaciones en las que se imponía el clero, hubo rebeliones. La gente de dinero se negaba a negociar con los bienes del clero, por lo que el Congreso autorizó a Gómez Farías para emplear cualquier medio con objeto de proporcionar cuando menos cinco millones.

Los norteamericanos escarmentados en el norte iban a desarrollar la campaña por el oriente y amenazaban Veracruz. De Michoacán,

Guanajuato y San Luis se les remitían tropas y elementos para la guerra. Oaxaca y Durango no aceptaron el decreto de manos muertas y Zacatecas y otros estados lo aprobaron. El batallón Independencia de guardia nacional ("polkos"), que recibió la orden para salir con otras unidades al oriente, se negó declarándose en rebelión contra Gómez Farías, contra el Congreso y contra Santa Anna. Los otros batallones de guardia nacional también se sublevaron, seguidos por la población; el clero los había convencido para levantarse en armas, mientras se recibían noticias de la batalla de La Angostura y del repliegue del ejército hacia San Luis.

Santa Anna había recibido información de la revuelta en contra de Gómez Farías y seguramente fue ésa una de las causas por las que ordenó retirarse hacia el sur, habiendo obtenido de hecho el triunfo los abnegados soldados mexicanos en la hacienda de Buena Vista como le llaman los norteamericanos a la acción de La Angostura. La rebelión cundía en México y los norteamericanos habían desembarcado en Veracruz; Santa Anna llegó a México el 21 de marzo, cuando ya había habido un arreglo entre Gómez Farías y los sublevados. Gómez Farías siguió en la vicepresidencia hasta la huida de Santa Anna.

Antonio López de Santa Anna
Presidente de la República Mexicana del 21 de marzo al 2 de abril de 1847

SALIÓ DE MÉXICO SANTA ANNA el 3 de abril, para cerrarle el paso a los norteamericanos que habían desembarcado en Veracruz después de que se rindió esa plaza, acto que Santa Anna calificó de cobardía. Cuando llegó Santa Anna a Jalapa, tras dejar encargada la presidencia al general don Pedro María Anaya, resolvió hacerles frente en Cerro Gordo, donde fue derrotado fácilmente por su torpeza. Logró escapar, en Orizaba organizó rápidamente otras tropas y giró órdenes a Anaya para que no aceptase negociación alguna con el enemigo. En Ayotla dio un manifiesto a la nación, diciendo que era preciso resistir en la capital y que en caso contrario presentaría su renuncia, lo que no era posible aceptar por las circunstancias, aunque ya había un núcleo muy grande de la población que se inclinaba por negociar la paz.

Santa Anna, investido de plenos poderes el 20 de mayo, tuvo que sujetar a los ministros que deseaban abandonar sus puestos; prohibió la publicación de periódicos que ofrecieran información sobre el desarrollo de las operaciones y dictó una ley sobre desertores condenándolos a muerte y un llamado a las armas a todo mexicano útil. El 9 de agosto sonó un cañonazo para avisar que el enemigo estaba a las puertas de México. Santa Anna desplegó una actividad vertiginosa al reunir elementos para la defensa. El enemigo atacó por el sur y derrotó por una imprudencia cometida al general Valencia, a quien pudo haber salvado Santa Anna, pero por un acto de soberbia no quiso ayudarlo. Los norteamericanos que estaban en Coyoacán propusieron un armisticio para negociar la paz; pero las condiciones que propusieron eran inadmisibles ya que pedían una enorme extensión que abarcaba hasta los estados de Tamaulipas, Coahuila, Nuevo León, Chihuahua y Sonora.

Los yanquis se apoderaron de Churubusco y avanzaron por la calzada de San Antonio Abad. Llegaron a Tacubaya y atacaron el 8 de septiembre el Molino del Rey, que fue enérgica y heroicamente defendido por los mexicanos sin que Santa Anna tomara parte en la acción. El día 13 los invasores atacaron el castillo de Chapultepec defendido por los alumnos del Colegio Militar y algunos soldados y ese mismo día llegaron a la garita de La Tlaxpana. Para el 15 de septiembre de 1847 la bandera de Estados Unidos estaba en el asta del antiguo Palacio de los Virreyes.

Santa Anna salió hacia Puebla, donde trató de organizar una guerra de guerrillas; pero nadie lo siguió. Desconocido por todo el pueblo mexicano, que lo señalaba como culpable de los errores cometidos durante la guerra, entregó el mando del ejército al general Isidro Reyes y a principios de 1848 obtuvo pasaporte y salvoconducto del comandante en jefe de las tropas norteamericanas y huyó a Jamaica.

Pedro María Anaya
Presidente interino de la
República Mexicana
del 2 de abril al
20 de mayo de 1847

ERA ORIGINARIO DE HUICHAPAN, del actual estado de Hidalgo, donde nació en noviembre de 1795. Fue insurgente desde 1811 y se adhirió al Plan de Iguala en 1821, ascendiendo a teniente coronel, coronel y general de brigada, en acciones de armas. Soldado leal y valiente, fue ministro de la Guerra en el gobierno del general José Joaquín de Herrera; era amigo de Santa Anna y fue uno de los que firmaron el decreto sobre el asunto de manos muertas. Santa Anna lo designó presidente interino, con la anuencia del Congreso.

Se esforzó por reunir fondos para los gastos de guerra y cuando se supo de la derrota de Cerro Gordo declaró a la capital en estado de sitio, convocando a una junta que resolviera sobre si se debería defender a la capital ante el avance enemigo. El 20 de mayo de 1847 entregó la presidencia a Santa Anna, mientras él fue a hacerse cargo de la defensa del convento de Churubusco, donde sufrió gran quemadura en la cara al estallar un paquete de pólvora con el que se cargaba un cañón. Dio muestras de valor tranquilo y temerario, reconocido por los mismos invasores, puesto que siguió resistiendo durante tres horas el ataque.

Es muy conocida su heroica frase cuando el jefe enemigo le preguntó dónde estaba el parque, a lo que contestó: "Si hubiera parque no estaría usted aquí". Cuando las tropas norteamericanas ocuparon México el gobierno nacional se trasladó a Querétaro, teniendo como presidente interino al general Santa Anna, del 20 de mayo al 16 de septiembre en que fue destituido y huyó al extranjero.

Manuel de la Peña y Peña

Presidente interino de la República Mexicana del 16 de septiembre de 1847 al 13 de mayo de 1848

NACIÓ EN LA VILLA DE TACUBA, Distrito Federal, en 1789. Estudió la carrera de leyes en el seminario y fue síndico del ayuntamiento de México, siendo trasladado a la Audiencia de Quito por disposición del rey.

En 1822 lo nombró el emperador Iturbide embajador en Colombia, cargo que no desempeñó por el derrocamiento del imperio y proclamación de la república.

Fue miembro durante mucho tiempo de la Suprema Corte de Justicia e individuo del Supremo Poder Conservador en 1839, ocupando puestos importantes en el senado y en el gabinete. En 1847, cuando los norteamericanos ocuparon la capital y era presidente de la Suprema Corte, salió con el gobierno para establecerse en Querétaro, donde el general Santa Anna renunció a la Presidencia de la República y a él se le dio el cargo, tan delicado y en momentos tan difíciles, de presidente interino.

La situación era desesperada: algunos estados querían separarse de la Unión, otros desobedecían al gobierno, nadie quería ayudar ni aportar algún recurso. Michoacán asumía soberanía, Yucatán continuaba separado y en otras entidades había revolución. El general Scott y el plenipotenciario Mr. Trist ofrecieron llegar a una paz lo más pronto posible, por temor a que el país cayera en completa anarquía. El gobierno nombró plenipotenciarios a los licenciados don José Bernardo Couto, don Luis G. Cuevas y don Miguel Atristáin, quienes comenzaron las negociaciones el 2 de enero de 1848 hasta llegar a un arreglo definitivo el 2 de febrero en que fueron firmados los tratados de paz entre México y Estados Unidos en la Villa de Guadalupe Hidalgo, por los que entregaba nuestro país no sólo Texas sino también Nuevo México y la Alta California. México recibió en cambio la cantidad de quince millones de pesos.

Estos tratados tuvieron mucha oposición en el seno del Congreso reunido en Querétaro; pero ante la situación del país y no contando con recursos para continuar la guerra, fueron aprobados el 13 de mayo. Una vez terminado este asunto el señor De la Peña y Peña renunció a la presidencia de la República para regresar a la Suprema Corte y eligió el Congreso como presidente al general don José Joaquín de Herrera.

17

Los gobiernos mexicanos de 1848 a 1855

De la paz de Guadalupe Hidalgo al Plan del Hospicio

José Joaquín de Herrera
Presidente de
la República Mexicana
del 3 de junio de 1848
al 15 de enero de 1851

EL GENERAL HERRERA QUISO RENUNCIAR al cargo de presidente de la República que le dio el Congreso, pero no le fue aceptada su renuncia y tomó posesión el 3 de junio de 1848, trasladándose a Mixcoac donde estableció su gobierno mientras que las tropas norteamericanas salían de México, en donde por fin entró el presidente el día 12. Formó gabinete con los señores Mariano Otero, Mariano Riva Palacio, José María Jiménez y el general Mariano Arista. El país se encontraba en una miseria absoluta y el bandidaje reinaba en los caminos. Aún no salía de la capital el último regimiento norteamericano, cuando se supo que se había levantado en armas en Aguascalientes el exgeneral Mariano Paredes y Arrillaga, oponiéndose a los tratados de paz de Guadalupe Hidalgo y llamando traidores a quienes los habían negociado.

Se hizo fuerte Paredes en Guanajuato, donde fue alcanzado por las tropas al mando del general Anastasio Bustamante que lo derrotó en el mes de julio y tomó prisionero al padre Domeco Celedonio Jarauta, español muy valiente que había prestado excelentes servicios a la causa de México, como jefe de una guerrilla que no cesó de ser el azote de los convoyes norteamericanos de Veracruz a Puebla. El padre Jarauta fue héroe de la patria, "a pesar de llevar aún frescas las honrosas heridas que había recibido combatiendo a los invasores". Al poco tiempo se rebelaron los indios de Xichú y después se sublevó en la Sierra Gorda, en febrero de 1849, el comandante don Leonardo Márquez, en favor de Santa Anna, asegurando que su renuncia no era válida por no estar el Congreso reunido.

El general Herrera redujo los efectivos del ejército, dio concesiones para la construcción de un ferrocarril de México a Veracruz y otorgó privilegio al señor Juan de la Granja para que estableciese el servicio telegráfico en México, inaugurado en octubre de 1851 con la línea de México a Puebla. Yucatán era teatro de una sangrienta guerra de castas, porque los indios armados por los ingleses se lanzaron contra la población blanca. El cacique maya Cecilio Chi se apoderó de un pueblo e hizo fusilar a todos los blancos, sin excepción. Después de una serie de hechos sangrientos se apoderaron de la ciudad de Valladolid y amenazaban extender su poderío. El gobierno yucateco, incapaz de sofocar la guerra y sujetar a los indios, determinó ofrecer el dominio de Yucatán a cualquier nación extranjera que se comprometiese a salvar a ese territorio del salvajismo de los indios. Afortunadamente ninguno de los tres países a los que se ofreció Yucatán tuvo el menor interés en quedarse como dueño de la península.

Terminada la guerra con Estados Unidos, México se ocupó de que Yucatán volviese al seno de la Unión y se llevó a cabo una serie de tratados por los cuales se les daban concesiones a los indios y se nombraba gobernador vitalicio del estado a don Miguel Barbachano. Del dinero que los Estados Unidos dieron a México se puso a disposición del gobierno de Yucatán 150,000 mil pesos, para ayudar a la terminación de la guerra de castas y por decreto del 17 de agosto de 1848 volvió aquel estado a incorporarse a la República.

Concluido el período del general Herrera éste se retiró a la vida privada y fue nombrado por el presidente Arista director del Monte de Piedad, cargo que ocupó hasta junio de 1853 en que por enfermedad se apartó de toda actividad. Murió en su casa de Tacubaya, en una gran pobreza.

Mariano Arista
Presidente de la
República Mexicana
del 15 de enero de 1851
al 6 de enero de 1853

EL GENERAL ARISTA NACIÓ EN SAN LUIS POTOSÍ, en el año de 1802. A los 15 años sentó plaza como cadete en el Regimiento de Infantería Provincial de Puebla y en junio de 1821, con el grado de teniente coronel, se incorporó a Iturbide. En el año de 1833, como general de brigada, fue desterrado a Estados Unidos por intervenir en un pronunciamiento. Regresó del destierro al triunfo del Plan de Cuernavaca, que hacía presidente a Santa Anna.

Desempeñó con eficiencia varias comisiones militares, fue comandante general de Tamaulipas y en 1846 se le dio el mando del Ejército del Norte.

Libró la batalla de Palo Alto en la que fue derrotado por los norteamericanos y entregó el mando al general Francisco Mejía. Fue ministro de Guerra y Marina para después ser designado presidente de la República, tomando posesión el día 15 de enero de 1851. Desde un principio halló muchas dificultades, por lo exaltado de los partidos que en la Cámara desechaban todo lo que se les proponía. Tuvo necesidad de aceptar las reclamaciones inglesas por dinero que se les debía a tenedores de bonos mexicanos, los que por haber sido vendidos por los primeros se convirtieron en deuda externa.

Estados Unidos hizo una reclamación, porque el gobierno de Arista declaró vencido un plazo que se había concedido para la construcción de un ferrocarril en Tehuantepec y muy pronto empezaron las sublevaciones con diferentes y ruines pretextos. Los generales Canales y Carvajal se levantaron en Ciudad Camargo, Tamaulipas, proclamando la autonomía de lo que llamaron "República de Sierra Gorda", aunque fueron derrotados. El presidente Arista trató de reducir los efectivos del ejército y moralizarlo. Era necesario que la fuerza armada no absorbiera el poco dinero con que contaba el erario y que esa fuerza armada no fuese una plaga y origen de cuartelazos.

Entre tanto, el 26 de julio de 1852 se sublevó en Guadalajara un cuerpo de la guardia nacional de Jalisco, contra el gobernador que era el licenciado don Jesús López Portillo, quien formó una policía y ordenó la disolución de la guardia nacional, a lo que se opuso el coronel de milicias don José María Blancarte, hombre valiente y de mucho dinero que había hecho manejando el comercio de sombrerería. La rebelión de Blancarte no tenía otro motivo que negarse a que fuera disuelta y desarmada la guardia. Por esos días se levantó en armas el coronel Francisco Bahamonde en La Piedad, Michoacán.

Los reaccionarios que querían traer a Santa Anna al poder se aprovecharon de las circunstancias, abanderando los movimientos locales sin mayor importancia y formaron un plan el 13 de septiembre, que proponía destituir a Arista, sostener la Constitución Federal, desconocer los poderes públicos existentes y llamar a Santa Anna. El gobierno envió tropas al mando del general José López Uraga, pero éste se pasó a los revolucionarios que se reunieron en el hospicio Cabañas de Guadalajara e hicieron suyo el plan del 13 de septiembre agregándole que se convocaría a un Congreso general extraordinario.

El general Vicente Miñón, enviado con tropas contra los sublevados del Plan del Hospicio, se retiró después de haber simulado un bombardeo a Guadalajara. La rebelión cundía. Durango y Veracruz se levantaron en favor del Plan del Hospicio. El presidente Arista pidió al Congreso facultades extraordinarias para combatir a los rebeldes, pero como le fueron negadas, no queriendo violar la decisión de la representación nacional ni ensangrentar al país renunció a la presidencia constitucional de la República el 6 de enero de 1853, salió para embarcarse hacia España y residió allá. Muy enfermo tomó pasaje en un vapor que iba a Marsella y murió a bordo estando el barco en Lisboa, donde fue enterrado en el cementerio de San Juan de dicha capital. El gobierno del general Comonfort lo declaró Benemérito de la Patria y en 1880 el general Porfirio Díaz hizo traer los restos, que descansan en la Rotonda de los Hombres Ilustres de la Ciudad de México.

Juan Bautista Ceballos
Presidente interino de la República Mexicana del 6 de enero al 8 de febrero de 1853

FUE ORIGINARIO DE DURANGO, donde nació el 14 de marzo de 1811. Hizo la carrera de abogado en el colegio de San Nicolás Obispo en Morelia, Michoacán, donde tuvo amistad con don Melchor Ocampo y con don Santos Degollado. Era un abogado enérgico y liberal. Fue miembro del Congreso, secretario general del gobierno y diputado. Cuando renunció el general Arista a la Presidencia era presidente de la Suprema Corte, por lo que le correspondió la presidencia interina.

Fue investido con facultades extraordinarias pero el Congreso rechazó sistemáticamente muchos de sus actos, por lo que el 19 de enero pidió se convocase a una convención nacional para que se reformara la Constitución. Como fue rechazada esa iniciativa, mandó al general Marín con un batallón para que disolviera la Asamblea. Reunidos los diputados en una casa particular nombraron presidente interino al gobernador de Puebla don Juan Mújica y Osorio, quien no aceptó. El licenciado Ceballos no tenía elementos para sofocar la naciente revolución, cuando se sublevó la guarnición de la plaza comandada por el general Manuel Robles Pezuela, proclamando el Plan del Hospicio. Ceballos se negó a reconocer dicho plan y entregó la presidencia interina al general don Manuel María Lombardi. El licenciado Ceballos fue diputado constituyente representando a Michoacán y a Colima. Marchó después a Europa y murió en París, a mediados de junio de 1859.

Manuel María Lombardini
Presidente interino de la República Mexicana del 8 de febrero al 20 de abril de 1853

El general Lombardini nació en México, el día 23 de julio de 1802. A los doce años se alistó en la Compañía de Patriotas de Tacubaya, más tarde pasó a un escuadrón de caballería de las tropas que mandaba Iturbide y después de la Independencia se retiró del servicio. Reingresó al ejército y en 1832 el coronel Valencia lo ascendió a capitán.

Estuvo en la campaña de Texas, donde ascendió a comandante y a teniente coronel. En 1840 fue ascendido a coronel y en 1853 era general de brigada y comandante de la guarnición de México, que se sublevó para adherirse a la rebelión de Guadalajara. Fue nombrado por los generales, jefes y oficiales de la guarnición de México para que se hiciera cargo de la presidencia interina, que recibió del licenciado don Juan Bautista Ceballos.

Durante su administración hubo algunas mejoras, se arreglaron los caminos a Veracruz y a Acapulco y se reguló la navegación en el lago de Chalco; se creó, adjunta a la Academia de San Carlos, la Escuela de

Ingenieros. Empero la situación en el país era demasiado difícil. El general don Juan Alvarez, en el sur, no reconocía al gobierno; el señor Ocampo, gobernador de Michoacán, dimitió del cargo; en Oaxaca y Puebla fueron disueltas las legislaturas y se cambió a los gobernadores; se convocó a elecciones y éstas favorecieron al general don Antonio López de Santa Anna para presidente de la República, quien tomó posesión de su cargo el 20 de abril de 1853. Lombardini fue nombrado comandante de la guarnición de México y falleció a los pocos meses.

Antonio López de Santa Anna

Presidente de la República Mexicana del 20 de abril de 1853 al 9 de agosto de 1855

ERA LA NOVENA VEZ que desempeñaba el cargo. Nombró ministro de Relaciones Exteriores a don Lucas Alamán; de Justicia, al licenciado don Teodosio Lares; de Hacienda, a don Antonio Haro y Tamariz y de Guerra, al general don José María Tornel. Santa Anna inició su gobierno en forma conservadora y dictatorial. El 25 de abril suprimió la libertad de imprenta; el 27, sin motivo, desterró al general don Mariano Arista, expresidente de la República, quien vivía retirado de toda actividad política y militar en su hacienda de El Encero. Inició tratos para establecer un protectorado extranjero en México, comisionando a don José María Gutiérrez de Estrada para que ofreciese el trono a las cortes europeas. Trató de alistar una "Guardia Suiza" para su servicio, pagada por sus partidarios y por el erario nacional. Creó una policía secreta para perseguir a todos aquellos que fuesen sospechosos de tener ideas liberales o fueran contrarios a su gobierno. Restableció la orden nobiliaria de Guadalupe creada por Iturbide, concediéndola a personas de su amistad o a sus colaboradores; aumentó los efectivos del ejército por medio de la leva, pero para mantener a esas numerosas tropas con su equipo, armamento y sustento se necesitaba mucho dinero, que Santa Anna tomaba de las cajas del tesoro, por lo que no tardó en producirse una bancarrota completa que trató de remediar por medio de onerosas contribuciones sobre la propiedad, la industria y el comercio. Se llegó a establecer un impuesto especial sobre puertas y ventanas a la calle y sobre algunos animales domésticos.

Cuando se vencía el plazo para convocar a elecciones, el 17 de noviembre de 1853 la legislatura de Jalisco levantó un acta mediante la cual se prorrogaba el gobierno de Santa Anna por tiempo indefinido, y como esta decisión fue apoyada en todas las grandes poblaciones, en México se expidió un decreto por bando solemne, en virtud del cual se le daban facultades absolutas al dictador, con derecho a nombrar sucesor y se le daba el trato de Alteza Serenísima.

Las empresas norteamericanas que construían el ferrocarril de San Francisco a Nueva York, encontraron más práctico comprarle a México el territorio al sur de las Montañas Rocallosas que llevar a cabo la perforación de éstas. Un señor Lane, gobernador de Nuevo México, ocupó por sí el territorio llamado La Mesilla, entre Sonora y Chihuahua. México hizo reclamaciones pero entonces Mr. Gadsden, embajador de Estados Unidos, dijo a Santa Anna que tendría que vender a Estados Unidos ese territorio porque les era indispensable, mientras que a los mexicanos para nada les servía; que lo ocuparían a como diera lugar, pagándolo o por la fuerza de las armas. México no estaba en las menores condiciones para una nueva guerra y Santa Anna, teniendo el derecho a recurrir al arbitraje internacional no lo hizo, porque el 13 de diciembre de 1853 recibió diez millones de pesos que sirvieron sólo para enriquecerlo a él y a sus favoritos.

El 11 de septiembre, al celebrarse el aniversario del triunfo de Tampico, fue estrenado el Himno Nacional compuesto por don Francisco González Bocanegra y por el maestro don Jaime Nunó, autor de la música.

El 1o. de marzo de 1854 el coronel de milicias don Florencio Villarreal proclamó en Ayutla, del actual estado de Guerrero, un plan revolucionario que sólo contenía tres puntos: se desconocía a Santa Anna como presidente de la República, se pedía formar una junta para que nombrara a un presidente interino, y que éste convocase a un Congreso Constituyente. El coronel don Ignacio Comonfort, quien era jefe de la aduana de Acapulco, se adhirió al Plan de Ayutla haciéndole algunas reformas. Se reconocía como jefe de la revolución al general don Juan Alvarez. La rebelión pronto empezó a extenderse, por lo que el propio Santa Anna salió a combatir a los rebeldes al frente de 6,000 hombres y los derrotó en El Peregrino, teniendo que retirarse don Juan Alvarez, con sus hombres, a Acapulco.

Finalmente Santa Anna dejó el mando al coronel Alvarez y regresó a la capital. La resistencia de Comonfort en el castillo de San Diego alentó a los grupos rebeldes, principalmente en Michoacán, encabezados por don Epitacio Huerta y don Manuel García Pueblita. En Tamaulipas se levantó en armas don Juan José de la Garza; don Luis Ghilardi, antiguo jefe garibaldino italiano, se unió a la rebelión liberal en Aguascalientes y en Morelia don Santos Degollado. Se supo que el 1o. de julio desembarcó en el puerto de Guaymas un fuerte grupo de filibusteros franceses procedentes de California, encabezados por el conde Rousset de Boulbon, con la intención de apoderarse de Sonora para segregarla de la República. Boulbon, con un buen número de aventureros, fue derrotado por 300 mexicanos al mando del coronel don José María Yáñez. Rousset, hecho prisionero, fue fusilado de acuerdo con la ley, el 12 de agosto.

El general Félix Zuloaga fue enviado con una brigada de infantería a combatir a Comonfort y a Juan Alvarez, en Guerrero, pero terminó por ser abandonado por sus tropas que se pasaron a los revolucionarios.

Comonfort marchó a Estados Unidos a comprar pertrechos para los sublevados; desembarcó en Zihuatanejo con muchas armas y municiones y 300 hombres. Estableció su cuartel en Ario y de allí invadió Jalisco. Se produjeron pronunciamientos por el Plan de Ayutla en San Luis Potosí, con don Vicente de la Vega; en Lampazos, con don Santiago Vidaurri; en Orizaba, con don Ignacio de la Llave; en Sonora, con Morales y Pesqueira. El gobierno, viéndose en peligro, ofreció una nueva ley constitutiva y someterse al voto popular, aunque nadie creía en sus ofrecimientos por lo que Santa Anna resolvió acabar con la revolución por medio del terror, fusilando a sus partidarios; pero esta medida aumentó más el odio y la rebelión se multiplicó.

Cuando Comonfort se apoderó de Colima y de Zapotlán y avanzó sobre Guadalajara, sin encontrar ya resistencia, Santa Anna trató de salvarse y salió de la capital en la noche del 9 de agosto de 1855, para Veracruz, haciendo publicar un decreto por el cual nombraba un triunvirato compuesto por el licenciado Pavón y los generales Salas y Martín Carrera, para que se encargase del gobierno. En Perote publicó un manifiesto autoalabándose y tratando de ingrato al pueblo mexicano; se despidió del país y embarcó para La Habana en el barco "Iturbide"; después pasó a Colombia, donde tenía propiedades y amigos.

La manera de ser tan inquieta de este personaje lo hizo pensar que podría aprovecharse de la intervención francesa para volver a ser importante en el país, por lo que tomó pasaje en el buque inglés "Conway" y llegó a Veracruz a fines de febrero de 1864. Cuando el mando francés supo de su llegada, no permitió que desembarcara sino hasta que firmase un acta de adhesión al imperio, vigilándolo para que no hiciera alguna manifestación política, verbal o escrita. Sin titubear Santa Anna firmó el compromiso, pero cuando estuvo pronta una carta para el general Almonte ofreciéndole sus servicios (Almonte era amigo de Santa Anna y su compañero de infortunios en la campaña de Texas), escribió e hizo publicar un llamamiento a sus amigos y partidarios, en el periódico "El Indicador Veracruzano", por lo que el comandante francés lo hizo aprehender y embarcar en la corbeta "Colbert" que lo llevó a La Habana, a mediados de marzo.

Estuvo algunos días en Cuba y volvió a pasar a Turbaco, Colombia, donde el secretario de Estado norteamericano, Mr. Seward, hizo viaje especial para entrevistarse con él al parecer para interesarlo como tercero entre Juárez y Maximiliano. Habiendo salido los franceses, terminado el imperio y muerto Maximiliano, llegó tranquilamente a Veracruz en el vapor norteamericano "Virginia". Probablemente, si hubiera permanecido tranquilo, nadie se habría metido con él; pero se le ocurrió publicar una proclama ofreciéndose como mediador entre el gobierno de Juárez y los liberales moderados, asegurando además que contaba con el apoyo de Estados Unidos.

El cónsul norteamericano en Veracruz desmintió con hechos lo que aseguraba Santa Anna y pidió a las autoridades mexicanas que fuera puesto a bordo del barco de guerra de Estados Unidos "Tacony", aunque después fue trasladado al "Virginia", que se hizo a la mar. Pidió desembarcar en Sisal, Yucatán, donde el jefe de la guarnición lo aprehendió y remitió a Veracruz en calidad de prisionero, el 30 de julio de 1867. Fue llevado ante un consejo de guerra que lo sentenció a muerte, pena que le fue conmutada por los supremos poderes por ocho años de destierro.

En noviembre de ese año salió hacia La Habana y después pasó a las Bahamas. Cuando ocurrió la muerte del señor Juárez el presidente de la República, don Sebastián Lerdo de Tejada, le permitió regresar al país, en 1874. Vivió los dos últimos años de su vida en una casa, alquilada en la calle de Bolívar, en la Ciudad de México, donde murió el 21 de junio de 1876.

18

Los gobiernos mexicanos de 1855 a 1857

Del Plan del Hospicio al golpe de Estado de Comonfort

Martín Carrera
Presidente interino de la República Mexicana del 15 de agosto al 12 de septiembre de 1855

EL GENERAL DON MARTÍN CARRERA nació en Puebla por el año de 1806. Era hijo de un coronel de artillería, y a temprana edad fue admitido como cadete en un regimiento de tropas expedicionarias y pasó después como oficial subalterno a un regimiento de infantería provincial, con el que se afilió al Ejército de las Tres Garantías; formó parte de la guarnición que defendía a Veracruz de los españoles que estaban posesionados de Ulúa y en 1823, ya capitán, fue encargado de los talleres de Maestranza en la capital.

Tomó parte en la sublevación de la Acordada y el general Guerrero lo ascendió a teniente coronel facultativo. En 1831 fue comandante de la guarnición de la Ciudadela y estuvo en todas las acciones de armas hasta la captura de Guanajuato, ascendiendo a coronel. Cuando la rebelión de 1840, defendió al supremo gobierno y ascendió a general de brigada. Ocupó varios cargos en la Junta Nacional Legislativa y fue senador en 1845. En la guerra contra los Estados Unidos combatió en el norte con mucho valor y tomó parte en toda la campaña del valle de México. El presidente Lombardini lo nombró comandante de la Guardia Nacional de México y en 1835 Santa Anna lo ascendió a general de división.

El 5 de agosto de 1855 la Junta de Representantes lo nombró presidente interino de la República, cargo que no quería aceptar por la grave responsabilidad que representaba. Algunos departamentos importantes reconocieron al presidente Carrera, quien se ocupó en garantizar los derechos individuales, en la reorganización del ejército y en arreglar la hacienda pública. Don Ignacio de la Llave hizo proclamar en Veracruz el Plan de Ayutla y confiscó los bienes de Santa Anna. Nuevo León reasumió su autonomía, hasta la convocatoria de un nuevo congreso; Guanajuato pidió concesiones para el partido conservador, Zacatecas reconoció al gobierno de Carrera, lo mismo que Michoacán y Durango. Las medidas de Carrera fueron benéficas y liberales, pero encontró mucha oposición. Comonfort y el sur no reconocían a otro jefe supremo que al general Juan Alvarez.

El general Carrera, ante la situación del país, renunció a la presidencia el 11 de septiembre dejando en el cargo al general Rómulo Díaz de la Vega. El general Martín Carrera no tomó parte en la Guerra de Reforma y ofreció sus servicios al presidente Juárez para combatir contra la intervención francesa, pero nunca se le llamó al servicio. Murió en la Ciudad de México el 22 de abril de 1871.

Rómulo Díaz de la Vega

Presidente interino de la República Mexicana del 12 de septiembre al 3 de octubre de 1855

EL GENERAL RÓMULO DÍAZ DE LA VEGA nació en la Ciudad de México en el mes de marzo de 1804. Sentó plaza como cadete en 1822 y en 1825 era subteniente de ingenieros. En 1829 tomó parte en la batalla de Posadas, combatiendo a Santa Anna al mando de una compañía de zapadores de las fuerzas del gobierno. Marchó con el ejército expedicionario a hacer la campaña de Texas y se distinguió por su arrojo en la captura del fuerte de El Alamo; se le dio una medalla de honor y el ascenso a teniente coronel. Intervino en la primera guerra con Francia y estuvo en el Ejército del Norte en la guerra contra los Estados Unidos, en las acciones de Palo Alto y de la Resaca de Guerrero, donde su conducta fue muy valiente.

Cayó prisionero cuando trataba de salvar una pieza de artillería y fue enviado a Nueva Orleáns para después ser remitido a Veracruz en un canje de prisioneros. Su actuación fue heroica y se le concedió la Cruz de Honor. Puebla lo nombró Benemérito del Estado y la representación nacional declaró oficialmente "que merecía el bien de la Patria". En 1855 fue enviado a Yucatán a la campaña contra los mayas sublevados y al poco tiempo llamado al Distrito Federal como gobernador. También fue gobernador de Tamaulipas y más tarde, al triunfar el Plan de Ayutla y quedar Martín Carrera como presidente interino, fue comandante de la guarnición de México.

Carrera renunció al interinato y Díaz de la Vega asumió la máxima responsabilidad. En el poco tiempo en que gobernó expidió decretos que afectaron intereses de los conservadores, mantuvo la plena libertad de imprenta, derogó los impuestos sobre puertas, ventanas y animales domésticos y otros. Entregó la Presidencia a don Juan Alvarez y poco después se sublevó y pasó definitivamente al bando conservador, en el que también tuvo algunas dificultades y marchó desterrado a Estados Unidos, en 1859. Fue llamado por el general Miramón para que desempeñara el cargo de gobernador del valle de México y después el mando del segundo cuerpo de ejército, en 1860. En 1863 fue nombrado por la regencia miembro de la Junta que eligió a Fernando Maximiliano de Habsburgo emperador de México. En 1864 se le nombró prefecto del Imperio en Jalisco. Al triunfo de la República estuvo prisionero algún tiempo y puesto en libertad absoluta se retiró a la vida civil en Puebla, donde murió en octubre de 1877.

Juan Alvarez Benítez

Presidente de
la República Mexicana
del 4 de octubre al
11 de diciembre de 1855

EL GENERAL DON JUAN ALVAREZ nació en el pueblo de Santa María de la Concepción, Atoyac, del actual estado de Guerrero, a mediados del año de 1790. Hizo sus estudios de primaria en la Ciudad de México, en el colegio de don Ignacio Avilés y cuando murieron sus padres regresó a su pueblo natal. Era de familia de buena posición económica y social, aunque tuvo que trabajar como vaquero y en el campo porque su tutor, un español de apellido García, lo maltrataba y tenía casi carente de todo, por lo que muy joven se unió a las tropas insurgentes de Morelos. Fue herido en campaña dos veces y derrotado por el brigadier Armijo, aunque se mantuvo en armas durante cuatro años en una región que conocía como las palmas de sus manos.

En 1821 se adhirió al Plan de Iguala y después pensó en retirarse, su renuncia no le fue aceptada y se le nombró comandante de la guarnición de Acapulco, convirtiéndose desde ese momento en un personaje de importancia en la vida del país, no porque él lo pretendiera sino porque la gente del sur lo quería. Siempre fue republicano, federalista y liberal; partidario y amigo de Santa Anna contra Bustamante, en 1838 ofreció sus servicios para combatir a los franceses en la "Guerra de los Pasteles". En 1845, ya general de división, fue encargado del mando militar en la costa de Oaxaca y del Departamento de Acapulco, ocupándose mucho en ver el problema de devolución de tierras de ejidos a las congregaciones indígenas, para tenerlas tranquilas y produciendo.

Su mando o gobierno fue un cacicazgo, aunque paternalista, protector, y por ello siempre contó con la ayuda incondicional de la gente de la costa para poner sobre las armas, fácilmente, a una división a caballo; así la alistó para tomar parte en la campaña contra los norteamericanos en el valle de México, en 1847. Terminada la guerra y al ser creado el estado de Guerrero, fue gobernador constitucional del mismo hasta 1853. Cuando el coronel Florencio Villarreal proclamó el Plan de Ayutla, el general Alvarez se puso al frente del ejército que se llamó "Restaurador de la Libertad".

Al triunfo de la revolución don Juan Alvarez, por disposición del mismo plan, fue nombrado presidente provisional de la República en Cuernavaca, el 4 de octubre, e inmediatamente formó gabinete con los señores don Melchor Ocampo, en Relaciones; don Benito Juárez, en Justicia; don Guillermo Prieto, en Hacienda y don Ignacio Comonfort, en Guerra. No quiso entrar en México y estableció su gobierno en Tlalpan, habiendo durado en el cargo muy poco tiempo porque renunció en diciembre del mismo año para evitar fricciones con los liberales moderados don Ignacio Comonfort y don Manuel Doblado. Sin embargo, durante el corto tiempo de su gobierno convocó al Congreso que había de promulgar la Constitución de 1857 y emitió la Ley Juárez que suprimía los tribunales especiales y modificaba el sistema de fueros.

Durante la Guerra de Reforma el general Alvarez encabezó en su estado la lucha por el constitucionalismo y tomó parte en muchas acciones de armas que le valieron ser nombrado Benemérito de la Patria por el Congreso Nacional, en 1861. Cuando se produjo la intervención francesa volvió a tomar las armas para defender a la patria y a las instituciones republicanas, aunque su hijo Diego fue alto representante del imperio en el llamado Departamento de Acapulco. El presidente Juárez ordenó a los jefes militares de oriente, sur y sureste que en caso de no poder comunicarse con el gobierno recibiesen instrucciones del general Alvarez para coordinar las operaciones de la campaña. Terminada la guerra y restablecidos los supremos poderes de la unión en la capital, el anciano general don Juan Alvarez, enfermo y cansado, volvió a su hacienda de La Providencia, en Atoyac, en su amado sur, donde murió el 27 de agosto de 1867.

Ignacio Comonfort

Presidente de
la República Mexicana
del 11 de diciembre de 1855
al 30 de noviembre de 1857

EL GENERAL DON IGNACIO COMONFORT nació en la ciudad de Puebla en 1812. Estudió en el Colegio Carolino de su ciudad natal, el que tuvo que dejar para ponerse al frente de su familia por la muerte de su padre. En 1832 se alistó en el ejército para luchar contra el gobierno dictatorial de Bustamante. Terminada la campaña se le nombró comandante de la guarnición de la plaza de Izúcar de Matamoros, pero por haberse unido a una rebelión fue dado de baja y se dedicó al comercio. Vuelto a llamar al servicio fue nombrado comandante militar de Tlapa, en el actual estado de Guerrero, donde arregló muy bien la administración, con verdadera eficiencia.

En 1842 se le eligió diputado al Congreso de la Unión, pero Santa Anna disolvió la Cámara y regresó a Tlapa, de donde volvió a la representación para ser de nuevo disuelta la Cámara por el general Paredes y Arrillaga, en 1846. Combatió en el valle de México en la guerra contra los Estados Unidos, en 1847. Fue otra vez diputado al Congreso en 1848 y senador hasta 1851. En 1853 fue nombrado administrador de la aduana de Acapulco, cargo del que fue cesado por orden del general López de Santa Anna, aunque don Juan Alvarez, gobernador y comandante del departamento de Guerrero, lo hizo jefe de la guarnición de Acapulco y cuando el coronel Villarreal proclamó el Plan de Ayutla el 1o. de marzo de 1854, fue secundado el día 11 por el coronel Comonfort, quien hizo algunas reformas al Plan, entre ellas la de que sólo se reconocería como jefe de la revolución al general don Juan Alvarez.

Santa Anna salió con cinco mil hombres bien armados a combatir a los rebeldes; llegó a Chilpancingo el 30 de marzo y para el 20 de abril atacó el fuerte de San Diego en Acapulco, pero fue rechazado por Comonfort. La entrada de las lluvias, el clima y la carencia de víveres, obligaron a Santa Anna a abandonar la zona de operaciones. Todo el camino de retirada fue un campo de batalla constante contra los guerrilleros, hasta que Santa Anna llegó a la capital haciendo aparecer a su campaña como todo un triunfo. El coronel Comonfort, comisionado por don Juan Alvarez, embarcó para los Estados Unidos a efecto de allegarse recursos. En San Francisco no encontró quien le ayudara y marchó a Nueva York.

Un negociante llamado Gregorio Ajuria le prestó 60,000 pesos, con la condición de que al triunfo de la revolución se le darían 250,000 pesos en oro. Compradas armas, municiones y algún equipo, el coronel Comonfort fletó un barco norteamericano que lo trajo a Zihuatanejo, a donde llegó el 7 de diciembre; estableció su cuartel general en Huetamo, Michoacán y desde allí empezó las operaciones. Pasó a Jalisco y se apoderó de Zapotlán; de allí pasó a Colima y de aquí regresó a Sayula y amenazó a Guadalajara. Santa Anna, al ver lo incontenible de la revolución y que ésta se extendía por todas partes, abandonó el país el 9 de agosto de 1955 y el general Juan Alvarez asumió la presidencia nombrando al general Comonfort ministro de Guerra, cargo que desempeñó del 10 de octubre al 10 de diciembre de 1855. Como Alvarez renunció a la presidencia quedó el general Comonfort como presidente sustituto, del 11 de diciembre de 1855 al 30 de noviembre de 1857.

Los jefes conservadores, de acuerdo con el clero, levantaron en armas a las poblaciones indígenas de Zacapoaxtla, en Puebla, acaudillados por un antiguo amigo y compañero de Comonfort, don Antonio Haro y Tamariz. Para combatirlos el gobierno mandó tropas a las órdenes del general Ignacio de la Llave, las que se sublevaron y pasaron al enemigo. De la Llave estuvo en peligro de ser fusilado por sus oficiales y regresó a México con unos cuantos de los suyos. Una segunda columna de tropas fue enviada contra los rebeldes. Estaba al mando del general Severo del Castillo, militar conservador que hizo causa común con los rebeldes. Comonfort, con la autorización del Congreso, se puso al frente de un tercer contingente, con el que recobró la plaza de Puebla el 23 de marzo, después de haber derrotado a los conservadores en la batalla de Ocotlán, Tlaxcala.

Haro y Tamariz logró escapar y a los demás jefes se les castigó haciéndolos servir como soldados rasos en el ejército; también se castigó al clero de aquella diócesis, disponiendo que fuesen intervenidos sus bienes para cubrir los gastos de la campaña y ayudar a las viudas y huérfanos de soldados muertos en la misma. El obispo de Puebla, don Antonio Pelagio de Labastida y Dávalos, fue acusado de sedicioso y se le desterró del país, aumentando con esto el disgusto de los enemigos del gobierno.

La ley del 25 de junio de 1856 sobre la desamortización de bienes de manos muertas (Ley Lerdo), provocó una conspiración en el convento de San Francisco, en México, por lo que el presidente emitió un decreto el 17 de septiembre, suprimiendo la orden de San Francisco, nacionalizó sus bienes, expulsó a los comprometidos, derribó parte del enorme convento y mandó abrir las calles de 16 de Septiembre y Gante. La rebelión estaba en pie; los coroneles Miguel Miramón y Francisco Orihuela se apoderaron de Puebla, don Tomás Mejía de Querétaro, Gutiérrez de Pachuca, don Santiago Vidaurri controlaba por completo los estados de Coahuila y Nuevo León y el general Luis G. Osollo se levantó en armas en San Luis Potosí.

Mientras esos acontecimientos ocurrían y el gobierno se encargaba de combatirlos o arreglarlos, el Congreso Constituyente convocado desde la época de la gestión del general Alvarez terminó sus labores y el día 5 de febrero de 1857 fue promulgada la nueva Constitución. Se hicieron elecciones y eligiéndose presidente de la República al general Comonfort, el 1o. de diciembre de 1857, y presidente de la Suprema Corte de Justicia al licenciado don Benito Juárez. El 17 de diciembre el general Félix Zuloaga proclamó el Plan de Tacubaya, por el cual cesaba de regir la Constitución. Comonfort, desconociendo las bases legales en las que estaba asentado su gobierno, aceptó tal estado de cosas; hizo aprehender al licenciado Juárez y a don Isidoro Olvera, así como a varios legisladores que se oponían a ese golpe de Estado.

El 11 de enero de 1858 se levantó en armas una brigada de infantería estacionada en Tacubaya, desconociendo como presidente de la República al general Ignacio Comonfort y nombrando para sustituirlo a su jefe, el general Félix Zuloaga. Quiso Comonfort volver a la legalidad, pero ya no contaba con el apoyo ni de sus amigos, por lo que abandonó la capital no sin antes poner en libertad a Juárez y a los legisladores detenidos desde hacía 15 días. Marchó Comonfort a Veracruz y de allí a Estados Unidos.

El licenciado don Benito Juárez, presidente de la Suprema Corte de Justicia, de acuerdo con la Constitución de 1857 asumía el cargo de presidente interino de la República Mexicana. Después de algún tiempo Comonfort regresó al país y estuvo en Monterrey; el gobierno libró orden de aprehensión en su contra, pero don Santiago Vidaurri no la acató en lo mínimo. Cuando se produjo la intervención francesa Comonfort ofreció sus servicios al gobierno y le fueron aceptados nombrándosele comandante del llamado Ejército del Centro, para llevar municiones de boca y de guerra al general Jesús González Ortega, sitiado con sus tropas en Puebla. Las fuerzas de Comonfort, alcanzadas por los franceses en la hacienda de San Lorenzo, fueron completamente derrotadas el 18 de mayo.

Cuando los franceses avanzaron hacia México el gobierno republicano presidido por el señor Juárez se trasladó a San Luis Potosí, donde se presentó Comonfort para recibir la orden de encargarse del mando del ejército que se iba a crear para hacerle frente a los invasores.

Los soldados que habían logrado escapar de Puebla y las pequeñas guarniciones de México y Toluca, carentes de víveres y con muchas deserciones, poco a poco fueron reuniéndose en Querétaro, plaza a la que llegó Comonfort para hacerse cargo del mando.

Al hacer un recorrido, muy confiado y solamente con una escolta de cien soldados, yendo del Molino de Soria a Celaya el día 13 de noviembre de 1863, fue atacado por una numerosa partida de bandidos al mando de un tal Sebastián Aguirre que se decía conservador, y herido de muerte de una lanzada que según aseguraron le dio el propio Aguirre, cuando Comonfort se defendía con valor, el general, trasladado a Celaya rápidamente, expiró en el camino.

19

Los gobiernos liberales y republicanos mexicanos de enero de 1858 a julio de 1872

Desde el golpe de Estado de Comonfort hasta la muerte del presidente Juárez

Benito Juárez
Presidente interino de la República Mexicana del 16 de enero de 1858 al 1º de marzo de 1861

NACIÓ EL LICENCIADO DON BENITO JUÁREZ GARCÍA en el poblado de San Pablo Guelatao, del municipio de Santo Tomás Ixtlán, estado de Oaxaca, el 21 de marzo de 1806, hijo de los campesinos indígenas Marcelino Juárez y Brígida García, quienes murieron cuando Benito tenía tres años, por lo que con sus hermanas Josefa y Rosa se fue a vivir con los abuelos paternos, Pedro Juárez y Justa López, de edad avanzada, y no pasó mucho tiempo para que murieran. Sus hermanas se fueron a la ciudad de Oaxaca a trabajar como sirvientas; mientras el niño Juárez se quedó en la casa de su tío Bernardino López, quien lo empleaba como pastor, empezó a enseñarle a hablar castellano y le hacía asistir a la escuela parroquial del lugar. Cuando unos arrieros le robaron una oveja no quiso esperar la reprimenda y escapó a la ciudad de Oaxaca, en donde lo recibió su hermana Josefa que trabajaba en la casa del italiano Antonio Maza; era el año de 1818.

Estuvo en casa de Maza (así lo escribiremos en adelante) 15 días y pasó a la del padre Antonio Salanueva que lo empleó como doméstico y le enseñó a encuadernar libros, gramática y aritmética, tratando de dedicarlo a la carrera eclesiástica por lo que, ya con alguna preparación, se le inscribió en el Seminario Conciliar de Oaxaca, en donde cursó latín, filosofía y teología; pero carente de vocación para el sacerdocio, en 1829 pasó al Instituto de Ciencias y Artes del Estado, recién establecido, para seguir la carrera de Derecho; fue profesor siendo pasante y el 13 de enero de 1834 recibió el título de abogado.

Desde 1831, cuando todavía estudiaba, lo nombraron regidor en el Ayuntamiento de Oaxaca, con lo que se inició en la carrera política; en 1834 fue electo diputado a la legislatura local, pero con motivo del asesinato del general don Vicente Guerrero, Juárez hizo algunas declaraciones enérgicas contra el gobierno bustamantista, por lo que se le puso en prisión al acusársele de formar parte de una conspiración contra el régimen, siendo desterrado a Tehuacán de donde regresó a fines de 1834 al ser nombrado magistrado del Supremo Tribunal de Justicia, cargo que desempeñó hasta 1841 en que fue nombrado juez civil y de hacienda.

El 31 de julio de 1843 se unió en matrimonio con la señorita Margarita Maza, hija de la familia que lo acogió al escapar de San Pablo Guelatao. En 1846 fue secretario de gobierno cuando el general Antonio León era gobernador, pero renunció por negarse a imponer multas por razones religiosas. Fiscal del Supremo Tribunal de Justicia, hasta que en 1846 formuló parte de un triunvirato que gobernó al estado; fue diputado federal en 1847, en plena guerra contra los Estados Unidos. Dejó el Congreso por haber sido nombrado gobernador interino de Oaxaca, del 2 de octubre de 1847 al 12 de agosto de 1849. Ordenó que no se le permitiera a Santa Anna, quien iba huyendo, entrar en el territorio del Estado.

Juárez fue electo gobernador constitucional, cargo en el que se desempeñó con mucha efectividad e inmaculada honradez; entregó el gobierno el 12 de agosto de 1852, dedicándose entonces a la rectoría del Instituto y al ejercicio de su profesión. El 25 de mayo de 1853, habiendo asumido el general López de Santa Anna la presidencia de la República, Juárez fue hecho prisionero y enviado al castillo de San Juan de Ulúa, de donde se le desterró a La Habana para pasar después a Nueva Orleáns. Aquí entró en relación con otros liberales notables como don Melchor Ocampo, don José María Mata y don Ponciano Arriaga, quienes trabajaban en diferentes oficios manuales. Juárez laboró en una imprenta y torciendo tabaco para hacer cigarros puros.

Al triunfo del Plan de Ayutla fue llamado por Comonfort y desempeñó el cargo de secretario del general don Juan Alvarez, quien al formar su gabinete lo hizo ministro de Justicia e Instrucción Pública y el 23 de noviembre de 1855 expidió la Ley Sobre Administración de Justicia y Orgánica de los Tribunales de la Nación o "Ley Juárez", que suprimió los fueros eclesiásticos y militares.

Juárez regresó a Oaxaca como gobernador del estado, del 10 de enero de 1856 al 25 de octubre de 1857, cargo en que desarrolló una gran labor. En la capital de la República se había reunido el Congreso Constituyente, que formuló y promulgó la nueva Constitución. El presidente Comonfort, desempeñando el cargo interinamente en lugar del general Alvarez, nombró a Juárez ministro de Gobernación y cuando Comonfort fue electo presidente Constitucional, el licenciado Juárez fue nombrado presidente de la Suprema Corte de Justicia lo que, de acuerdo con la ley, le daba el carácter de vicepresidente de la nación.

El 17 de diciembre el general Félix Zuloaga, de acuerdo con el propio Comonfort, proclamó el Plan de Tacubaya que pedía la anulación de la Constitución de 1857 y la convocatoria a un Congreso que elaborara una nueva ley suprema. Como Juárez se opuso a ese golpe de Estado fue aprehendido y puesto en prisión; Comonfort fue desconocido por todos, abandonó la presidencia, puso en libertad a Juárez y marchó a los Estados Unidos. En tales circunstancias Juárez lanzó un manifiesto a la nación declarando que asumía el Poder Ejecutivo conforme a la Constitución, por falta de presidente. Empero, como los reaccionarios se habían apoderado de la capital se trasladó a Guanajuato, donde estableció su gobierno el día 16 de enero de 1858, bajo la protección del gobernador del estado, don Manuel Doblado.

Lo apoyaba una alianza de estados federales: Aguascalientes, Colima, Guanajuato, Jalisco, Michoacán, Oaxaca, Veracruz y Zacatecas, pero la ofensiva fulminante lanzada por los conservadores lo obligó a retirarse a Guadalajara. Allí, el 13 de marzo, después de la derrota del general Anastasio Parrodi, en Salamanca el 11 de febrero, estuvo a punto de ser fusilado con sus ministros por un batallón sublevado, salvándose gracias a la energía y al valor de don Guillermo Prieto y a la lealtad de la Guardia Nacional de Jalisco. El día 20, con una escolta de 80 hombres, Juárez y sus ministros salieron hacia Colima y encontraron en Santa Ana Acatlán al coronel Antonio Landa con un batallón, que quiso aprehenderlo. Se entró en negociaciones y Landa les permitió salir para la costa. En Colima, Juárez nombró ministro de Guerra y Gobernación al general don Santos Degollado, dejándole la responsabilidad de continuar las operaciones contra la reacción. Con la compañía de los señores Melchor Ocampo, Guillermo Prieto, León Guzmán y Manuel Ruiz, Juárez embarcó en Manzanillo rumbo a Panamá, para seguir el viaje hasta Veracruz, en donde estableció su gobierno.

Al morir el general Luis G. Osollo en San Luis Potosí en junio de 1858, el ejército conservador quedó al mando del general don Miguel Miramón; pero no tardó en surgir la división entre los jefes reaccionarios. El general Echegaray proclamó en Ayotla, estado de México, el plan llamado de Navidad, por el cual se desconoció a Zuloaga como presidente nombrando en su lugar al general Miguel Miramón, el 24 de diciembre de 1858. Miramón recibió la presidencia por el bando conservador el día 2 de febrero de 1859 y resolvió atacar Veracruz, donde se encontraban los supremos poderes constitucionales con la protección del gobernador del estado, don Manuel Gutiérrez Zamora; pero el ataque fracasó y Miramón tuvo que retirarse en mayo de ese año. El general Degollado, aprovechando la ausencia de los principales jefes conservadores, intentó apoderarse de la Ciudad de México; pero fue derrotado en Tacubaya el 11 de abril por el general Leonardo Márquez, quien hizo fusilar no sólo a los jefes prisioneros sino hasta a los practicantes de medicina que se ocupaban de curar a los heridos de uno y otro bandos. Este episodio sanguinario le valió el título terrible de "Tigre de Tacubaya".

En Veracruz expidió el presidente Juárez las llamadas Leyes de Reforma: la primera fue la de nacionalización de los bienes eclesiásticos, después la de separación de la Iglesia y el Estado, la de supresión de las comunidades religiosas y prohibición de establecer nuevos conventos. La segunda ley fijaba las bases a que debería ajustarse la ocupación de los bienes eclesiásticos nacionalizados.

A las anteriores siguieron otras leyes, éstas de carácter social: la del matrimonio civil, la del registro civil, la de secularización de los cementerios, la de libertad de cultos y la de reducción de festividades religiosas.

Uno y otro partidos se encontraban carentes de dinero, por lo que buscaron la ayuda del extranjero: los conservadores en Europa y los liberales en Estados Unidos, que habiendo reconocido al gobierno de Juárez enviaron como ministro a Mr. McLane, tipo exigente que pronto negoció tratados con el ministro Ocampo, por lo que se concedía a los Estados Unidos la facultad de hacer pasar tropas y ocupar territorio mexicano indefinidamente, para dar garantías a sus intereses. Estos tratados no fueron aprobados por el senado norteamericano. Se les conoce como los Tratados McLane-Ocampo.

Miramón intentó por segunda vez capturar Veracruz, compró en La Habana dos pequeños barcos para atacar por mar, pero la escuadra norteamericana fondeada en la isla de Sacrificios los detuvo en Antón Lizardo, acusándolos de piratería. Este suceso destruyó las intenciones de Miramón, quien se vio obligado a retirarse a México el 21 de mayo de 1859.

La guerra continuaba: el general Degollado, al verificar los terribles males y peligros que producía la lucha fratricida, propuso entrar en arreglos con los conservadores, por lo que fue dado de baja del ejército y procesado por órdenes del presidente Juárez. Finalmente los jefes liberales don Jesús González Ortega y don Ignacio Zaragoza derrotaron a Miramón en la batalla de Calpulalpan, el 22 de diciembre de 1860; hicieron su entrada triunfal el día 1o. de enero de 1861 y el 11 llegó el presidente Juárez, organizó un nuevo gabinete y dispuso fueran expulsados del país el ministro de España, el delegado apostólico y el ministro de Guatemala, por inmiscuirse en asuntos de la nación mexicana y haber ayudado a los conservadores.

A pesar del triunfo de Calpulalpan, las grandes partidas de los conservadores estaban en pie; un guerrillero de las fuerzas de Leonardo Márquez hizo prisionero a don Melchor Ocampo en la hacienda de Pomoca, que era de su propiedad y en donde se encontraba retirado de toda actividad política; fue conducido a Tepeji del Río y fusilado sin juicio alguno el día 3 de junio. Sucesivamente los generales Degollado, que había vuelto al servicio, y Leandro Valle, quien salió a perseguir a los asesinos de Ocampo, fueron derrotados y fusilados en las cercanías de México.

Por necesidades económicas insuperables el Congreso se vio obligado a decretar el 17 de julio la suspensión temporal de pagos, inclusive la deuda extranjera, y estando por concluir el periodo gubernamental de 1857-1861 que desempeñó interina y legalmente el licenciado don Benito Juárez, hubo elecciones y resultaron electos el mismo licenciado Juárez para presidente de la República y el general Jesús González Ortega como presidente de la Suprema Corte de Justicia de la Nación. Tomaron posesión de sus cargos el día 1o. de marzo de 1861.

Benito Juárez
Presidente de
la República Mexicana
del 1º de marzo de 1861
al 8 de noviembre de 1865

MUCHOS MEXICANOS PERTENECIENTES al grupo reaccionario-clerical derrotado en Calpulalpan, estaban en Europa y hacían gestiones para lograr que España o Francia intervinieran en el país. Despertaron ambiciones sobre todo en el emperador Napoleón III, quien con Inglaterra y España firmó un tratado negociado en la ciudad de Londres el día 31 de octubre de 1861, para hacer reclamaciones a México. Llegó la armada tripartita entre el 8 de diciembre de 1861 y el 8 de enero de 1862 y desembarcó en Veracruz sin encontrar oposición, porque el gobierno mexicano prudentemente quería evitar un conflicto. Los jefes aliados enviaron un ultimátum, en el que pedían al gobierno presidido por el señor Juárez el pago de las deudas; contestó el presidente mexicano expresando sus deseos de llegar a un arreglo amistoso e invitó a los representantes a una conferencia con el licenciado don Manuel Doblado, ministro de Relaciones Exteriores de México, al mismo tiempo que derogaba la ley de suspensión de pagos y declaraba traidores a la patria a los mexicanos que secundaran la intervención, por decreto del 25 de enero de 1862.

Los aliados aceptaron la propuesta de Juárez y se reunieron con el licenciado Doblado en la población de La Soledad. Se obtuvo que reconocieran como único al gobierno presidido por el señor Juárez y que respetasen la integridad e independencia nacionales. Se permitiría que las tropas aliadas ocuparan las poblaciones de Córdoba, Orizaba y Tehuacán, para escapar al clima nocivo del puerto de Veracruz, aunque en caso de declararse rotas las relaciones volverían a dicho puerto.

Sorpresivamente arribó a Veracruz el 2 de marzo el general Carlos Fernando de Latrille, conde de Lorencez, al mando de una brigada de tropas francesas con la que venían los jefes conservadores mexicanos que sólo llegaban a perturbar la paz, por lo que Juárez pidió que se les reembarcase, a lo que se negó el señor Saligny, ministro francés en México. Cuando ingleses y españoles se dieron cuenta de que Napoleón III tenía miras más ambiciosas declararon rota la alianza, arreglaron sus asuntos con el gobierno mexicano y reembarcaron a sus hombres. Sin respetar lo convenido en La Soledad los franceses avanzaron hacia Puebla, en donde fueron vencidos el 5 de mayo de 1862 por las fuerzas mexicanas al mando del general don Ignacio Zaragoza.

Ante la derrota Napoleón III aumentó el número de sus tropas en México hasta 31,000 hombres, que puso al mando del general Elías Forey. El general Zaragoza había muerto y el gobierno mexicano dio el mando al general don Jesús González Ortega, quien se hizo fuerte en Puebla con 20,000 soldados. Los franceses sitiaron la plaza, defendida con increíble heroísmo. Un intento para introducir víveres a los sitiados, del ejército llamado del Centro, al mando del general don Ignacio Comonfort, fracasó al ser derrotado por los galos el 8 de mayo de 1863 en la hacienda de San Lorenzo. Perdida toda esperanza el valiente general don Jesús González Ortega, careciendo de víveres y de municiones, rindió la plaza el 17 del mismo mes.

Como el gobierno carecía de elementos para resistir en México, el presidente Juárez decidió trasladar las instituciones republicanas a San Luis Potosí, el 31 de mayo de 1863.

Dueños de la capital los franceses, su jefe, el mariscal Forey, publicó un manifiesto en el que atacaba al gobierno de Juárez aunque prometía mantener las Leyes de Reforma, lo que disgustó mucho a los conservadores. Forey nombró una Junta Superior de Gobierno compuesta por 35 personas, quienes eligieron a los encargados del poder ejecutivo: generales Juan N. Almonte y Mariano Salas y al arzobispo Pelagio Antonio de Labastida y Dávalos. Declararon inmediatamente éstos que la nación mexicana adoptaba la monarquía como forma de gobierno y que la Corona le sería ofrecida al archiduque Fernando Maximiliano de Habsburgo, hermano del emperador de Austria-Hungría.

El ejército francés y sus colaboradores mexicanos fueron ocupando las ciudades importantes del interior del país, por lo que Juárez y su gobierno se retiraron a Chihuahua y después a Paso del Norte, a donde llegaron el 15 de agosto. El 1o. de diciembre de 1865 terminaba el periodo del presidente don Benito Juárez, quien de una manera inesperada y con fecha 8 de noviembre emitió un decreto por el cual declaraba prorrogadas sus funciones y las del presidente de la Suprema Corte. Este decreto provocó la protesta del grupo liberal y del general González Ortega, quienes declararon que era un verdadero golpe de Estado; empero las autoridades liberales y los jefes de tropas juzgaron necesaria tal medida. González Ortega y muchos personajes importantes se separaron del gobierno.

Benito Juárez
Presidente de la República Mexicana del 8 de noviembre de 1865 al 1º de diciembre de 1867

DESPUÉS DE QUE MAXIMILIANO RECIBIÓ la comunicación de Napoleón III anunciándole el retiro de las tropas francesas de México, resolvió abdicar; pero la emperatriz Carlota, quien no se resignaba a perder la Corona, marchó a Europa a exigir a Napoleón el cumplimiento de los tratados de Miramar sobre el mantenimiento de fuerzas francesas por más tiempo, en tanto que el mariscal Aquiles Bazaine, comandante en jefe francés en México, obedeciendo las órdenes regulaba la retirada de sus hombres que al abandonar las ciudades del norte y del centro se concentraban en el puerto de Veracruz. El presidente Juárez trasladó su gobierno a Chihuahua y después a Zacatecas, en donde estuvo a punto de caer en manos de los imperialistas por un golpe de audacia que lanzó el general Miramón el 28 de enero de 1867. Juárez escapó a Jerez y de allí marchó a San Luis Potosí, para establecer su gobierno el 7 de febrero de 1867.

Maximiliano tomó el mando de las tropas y se dirigió a Querétaro, donde el imperio tenía muchos partidarios; pero fue sitiado por los republicanos al mando de los generales don Mariano Escobedo y don Ramón Corona. Después de una serie de combates terribles y de haber perdido la esperanza de recibir los refuerzos que debería llevar el general Márquez de México, se rindió el 15 de mayo con la seguridad de que se le permitiría regresar a Europa. El gobierno de Juárez dispuso que un consejo de guerra juzgara a Maximiliano y a sus generales prisioneros Miguel Miramón y Tomás Mejía, conforme a la ley del 25 de enero de 1862. Resultaron sentenciados a muerte y a pesar de múltiples gestiones que hicieron los representantes diplomáticos de países amigos en México ante el presidente Juárez, la sentencia fue cumplida en las faldas del Cerro de las Campanas, Querétaro, el 19 de junio de 1867. El general Leonardo Márquez quedó sitiado en la Ciudad de México por los soldados de la división al mando del general don Porfirio Díaz; cuando vio que la defensa era ya imposible logró escapar y dejó el mando al general Ramón Tavera, quien se rindió el 21 de junio de 1867.

El presidente Juárez entró en la capital el 15 de julio de ese año acompañado por sus ministros Sebastián Lerdo de Tejada, José María Iglesias, Ignacio Mariscal y general Ignacio Mejía y restableció los supremos poderes republicanos. El gobierno de Juárez ordenó que fueran fusilados los generales imperialistas Santiago Vidaurri y Tomás O'Horan, capturados en México.

Benito Juárez
Presidente de
la República Mexicana
del 1° de diciembre de 1867
al 18 de julio de 1872

RESTABLECIDO EL GOBIERNO el presidente Juárez se ocupó en el arreglo del ejército, de la hacienda pública y en la reorganización de los poderes federales. Al efecto dispuso el licenciamiento de muchos soldados para dejar sobre las armas a sólo 30,000 hombres, lo que produciría un gran ahorro al erario; pero la medida causó el descontento de muchos jefes, quienes quedaron sin mando de fuerzas. Para regular el gobierno, el 14 de agosto de 1867 expidió una convocatoria para elegir al presidente de la República, al Congreso de la Unión y la Suprema Corte de Justicia; hubo un plebiscito para hacer algunas reformas a la Constitución, tendientes a establecer el equilibrio entre el Poder Ejecutivo y los demás poderes; el veto del presidente de la República a las primeras resoluciones del Congreso y la restricción a las facultades de la Comisión Permanente para convocar a elecciones extraordinarias y otras. Estas medidas, que violaban la Constitución, produjeron serio descontento.

Llevadas a cabo las elecciones, el Congreso declaró a don Benito

Juárez presidente de la República para el periodo de 1867 a 1871 y presidente de la Suprema Corte de Justicia al licenciado don Sebastián Lerdo de Tejada. Esta declaratoria produjo rebeliones en Yucatán, Sinaloa y Puebla, por lo que el gobierno obtuvo del Congreso facultades extraordinarias y logró así, pronto, la pacificación del país. En 1869 volvieron el desorden, la anarquía y la rebelión que fue sofocada poco después gracias a la energía y gran capacidad del general Sóstenes Rocha, quien derrotó a los sublevados en Tamaulipas, Jalisco y México.

A pesar del déficit constante del erario nacional, el gobierno de Juárez inició la parte constructiva de su programa. Estableció la enseñanza laica y fundó la Escuela Nacional Preparatoria. Dio la concesión a don Antonio Escandón para construir el ferrocarril a Veracruz; inauguró el tramo que llegaba a Puebla el 16 de septiembre de 1869. Reglamentó el juicio de amparo, emitió los códigos civil y de procesamientos y una ley de instrucción pública. Poco antes de que terminara el periodo presidencial, sus amigos y partidarios iniciaron la campaña por la reelección frente a otros dos candidatos: don Sebastián Lerdo de Tejada y el general Porfirio Díaz.

Ante el intento de reelección de Juárez hubo algunas sublevaciones, que fueron sangrientamente reprimidas por el general Sóstenes Rocha, en Tampico y en la Ciudadela de México.

Realizadas las elecciones y aunque ninguno de los candidatos había obtenido mayoría absoluta, el Congreso designó presidente al licenciado don Benito Juárez, lo que fue tenido como un fraude por los porfiristas y los más exaltados de ellos se levantaron en armas, como los generales Donato Guerra, Jerónimo Treviño, Juan N. Méndez y otros. El general Díaz estaba en su hacienda de La Noria, en Oaxaca, cuando sus partidarios lo impulsaron a encabezar la rebelión proclamando el Plan de La Noria (el 8 de noviembre de 1871) en el que se proponía el desconocimiento del gobierno de Juárez, nombrar un presidente interino y revisar la Constitución para impedir la reelección. Los rebeldes, en general, fueron derrotados por las fuerzas del gobierno. El general Díaz salió de Oaxaca y fue a refugiarse al noreste de la

República, perseguido por las autoridades. De pronto, cuando la rebelión casi había terminado y muchos de los que la encabezaron habían sido muertos, como Félix Díaz y Donato Guerra, el país recibió la triste noticia de la muerte del licenciado don Benito Juárez, acaecida en su alojamiento particular del Palacio Nacional, a causa de un padecimiento cardíaco, el 18 de julio de 1872.

20

Los gobiernos mexicanos del partido conservador

Desde el golpe de Estado de Comonfort hasta la batalla de Calpulalpan

Félix María Zuloaga
Presidente interino de la
República Mexicana
del 21 de enero al
24 de diciembre de 1858

El general Félix Zuloaga nació en Alamos, Sonora, el 31 de marzo de 1813. Hizo el aprendizaje de las primeras letras en su población natal, inició algunos estudios en Guadalajara y regresó al noroeste para alistarse como miliciano voluntario y combatir a los indios apaches y comanches que constantemente asolaban las poblaciones de Chihuahua y Sonora.

Tomó parte en la Guerra de Texas, en la primera contra Francia y en toda la campaña contra los norteamericanos, de 1846 a 1848, distinguiéndose siempre por su valor; ganó sucesivamente los grados del escalafón, hasta comandante. El señor Zuloaga era alto, fuerte, de buen carácter y no partidario de crueldades, pero sí tipo no muy inteligente y carente de convicciones. Sirvió en el gobierno de Santa Anna y después en las fuerzas liberales del Plan de Ayutla. Era ya general y comandante de una brigada de infantería destacada en Tacubaya, después de haber tomado parte en la última campaña contra los reaccionarios en Zacapoaxtla.

Zuloaga era amigo de confianza del presidente Comonfort, liberal moderado que escuchó la opinión de muchos reaccionarios al grado de que lo convencieron y declaró que con la Constitución de 1857 no se podría gobernar al país, por considerarla muy radical.

Haciendo eco a la opinión de Comonfort, el general Zuloaga, con otros militares y civiles, se pronunció el 17 de diciembre de 1857 en contra de la Constitución apenas proclamada el 5 de febrero de ese año. El día 18 el presidente Comonfort publicó un manifiesto adhiriéndose a los rebeldes de Tacubaya y así consumó el golpe de Estado con el desconocimiento de la Constitución que era la base legal de su gobierno. Algunos liberales protestaron pero fueron encarcelados, entre ellos el licenciado don Benito Juárez, presidente de la Suprema Corte de Justicia. Los pronunciados de Tacubaya desconocieron después a Comonfort como presidente de la República y en su lugar nombraron al general Zuloaga, quien asumió el día 21. Comonfort con alguna tropa trató de defenderse, pero abandonado por todos puso en libertad a los liberales que estaban detenidos y marchó al extranjero. Zuloaga estuvo en el poder por el partido reaccionario, del 21 de enero al 24 de diciembre de ese año, cuando el general José María Echegaray proclamó en Ayotla, México, el Plan de Navidad por el cual se desconocía como presidente a Zuloaga y se nombraba para sustituirlo al **general don Miguel Miramón**, quien se encontraba en campaña, y mientras éste llegaba recibió interinamente el gobierno el general **Manuel Robles Pezuela**.

El 9 de mayo de 1860 el general Zuloaga publicó un manifiesto para reasumir la presidencia; pero al día siguiente Miramón lo puso preso y se lo llevó con la tropa a la campaña del interior. El 3 de agosto, estando el ejército conservador en León, Guanajuato, Zuloaga logró escapar porque había cierta indiferencia hacia él y no lo tenían vigilado. Llegó a la Ciudad de México y se presentó ante el Consejo de Gobierno, que lo rechazó en sus pretensiones presidenciales.

Decepcionado se retiró a la vida privada, aunque derrotado finalmente Miramón en Calpulalpan, los jefes conservadores Leonardo Márquez, Marcelino Cobos, Juan Vicario y otros, nombraron a Zuloaga presidente de la República el 23 de mayo de 1861, cargo muy impreciso en el que estuvo hasta el 28 de diciembre de 1862 en que los reaccionarios reconocieron a la Junta de Gobierno o de regencia arreglada por los intervencionistas. Zuloaga trató de aliarse con los franceses, que no lo aceptaron y en 1865 se desterró a Cuba. Regresó al país en 1873 y se dedicó al comercio del tabaco. Murió en México el 11 de febrero de 1898.

Manuel Robles Pezuela
Presidente interino de la
República Mexicana
del 24 de diciembre de 1858
al 21 de enero de 1859

EL GENERAL MANUEL ROBLES PEZUELA nació en la ciudad de Guanajuato, el 23 de mayo de 1817. Ingresó en el Colegio Militar, de donde egresó como oficial de ingenieros distinguiéndose por su sólida cultura y gran preparación. Ascendió en el escalafón hasta el grado de teniente coronel, por intervenir en todos los movimientos rebeldes y asonadas que conmovieron al país hasta 1846 en que se produjo la guerra con Estados Unidos. Tomó parte muy activa en las batallas del norte y en el valle de México, comportándose con eficiencia y valor, lo que le valió el grado de coronel.

En 1850 el general don Mariano Arista lo nombró ministro de Guerra y Marina; pero renunció al cargo para tomar el mando de una división con la que actuó en el llamado Plan del Hospicio, no precisamente contra Arista que era su amigo, sino para traer a Santa Anna. Conservó el mando de tropa en los gobiernos interinos de Ceballos y Lombardini y en el dictatorial de Santa Anna. El presidente Comonfort, quien sabía de la gran capacidad de Robles Pezuela, lo nombró ministro de Negocios Extranjeros y después embajador en los Estados Unidos.

Cuando se produjo el golpe de Estado de Comonfort y el general Zuloaga se apoderó del gobierno, Robles Pezuela fue nombrado ministro de Guerra y Marina al surgir el Plan de Navidad encabezado por el general Echegaray en Ayotla que pedía la destitución de Zuloaga por inepto y reconocía a Miramón, quien estaba en el interior e iba a tardar un mes en llegar a la capital; se le dio el cargo provisional al general Robles Pezuela. Eso fue del 24 de diciembre de 1858 al 21 de enero de 1859 en que lo entregó al general Miramón. Este volvió a instalarlo como ministro de Guerra, enviándolo después a Europa en la comisión para negociar la venida de un príncipe extranjero como gobernante del país.

De regreso a México fue hecho prisionero y sentenciado a permanecer desterrado en Sombrerete, Zacatecas, bajo palabra de no intervenir en ayuda de los europeos desembarcados en Veracruz en enero de 1862; pero Robles Pezuela resolvió unirse a los intervencionistas y acompañado por el general reaccionario Taboada y algunos de sus hombres, se puso en camino a Veracruz. Un destacamento de chinacos republicanos lo reconoció cuando estaba a punto de escapar; lo lazaron e hicieron prisionero en los alrededores de San Andrés Chalchicomula. El general Ignacio Zaragoza, comandante del Ejército de Oriente, ordenó que fuera fusilado inmediatamente por traidor a la patria allí mismo, en San Andrés, el 23 de marzo de 1862.

GOBERNANTES DE MEXICO

Miguel Miramón
Presidente de
la República Mexicana
del 2 de febrero de 1859
al 23 de diciembre de 1860

EL GENERAL MIGUEL MIRAMÓN, hijo de un militar realista de origen francés, nació en la Ciudad de México el 29 de septiembre de 1832. Ingresó en el Colegio Militar y el 13 de septiembre de 1847 fue uno de los héroes cadetes que defendieron Chapultepec contra los invasores norteamericanos; se batió denodadamente aunque sólo tenía 15 años y fue hecho prisionero. Probablemente por ese recuerdo Miramón fue conservador, enemigo de todo lo que se relacionase con tratar con los Estados Unidos. Fue un militar muy capaz, de gran energía y valor personal, hábil en el mando de tropa y todo un jefe de operaciones. Muy joven ascendió a los grados superiores, sirviendo siempre en las filas reaccionarias. Estuvo a las órdenes del general Luis G. Osollo en la rebelión de Zacapoaxtla y después en las operaciones de El Bajío, al inicio de la guerra de Reforma contra el gobierno constitucional.

Muerto el general Osollo Miramón recibió el mando de las tropas, pero cuando los conservadores parecían triunfantes surgió la división entre ellos al ser proclamado el Plan de Navidad el 23 de diciembre de 1858, plan por el cual se desconocía a Zuloaga como presidente y proclamaba a Miramón para el cargo, del que tomó posesión el 2 de febrero de 1859. Fue el presidente más joven que ha tenido México, puesto que tenía sólo 27 años de edad.

El presidente Miramón, queriendo destruir al gobierno de Juárez que estaba en Veracruz, atacó la plaza pero tuvo que retirarse sin lograr su propósito. De regreso en México dio orden a Leonardo Márquez para fusilar a los prisioneros liberales hechos en Tacubaya el 11 de abril (esto es lo que asegura Márquez en sus "Memorias", que publicó después de muerto Miramón). Derrotó al general Degollado en la acción de la Estancia de las Vacas, cerca de Querétaro; marchó a Guadalajara, donde destituyó del mando al general Márquez enviándolo preso a México por insubordinación y por haberse apoderado de una conducta con 600,000 pesos propiedad de comerciantes ingleses, con destino al puerto de San Blas. Se apoderó de Colima y derrotó a los jefes liberales Ogazón, Valle y Pueblita en La Albarrada, Jalisco, el 24 de diciembre.

Desde el 29 de octubre el presidente Miramón negoció con el banquero suizo-francés Jequer un préstamo de 620,000 pesos en efectivo, más 360,00 pesos en vestuario y equipo, por lo que tendría que pagar el gobierno mexicano la cantidad de 15 millones de pesos, con el veinte por ciento de réditos. El pago de este contrato leonino fue una de las "razones" que los franceses pusieron como pretexto para la intervención de 1862.

Vuelto el presidente Miramón a México preparó un regreso ofensivo contra Veracruz y comisionó al comodoro Tomás Marín para comprar en Cuba dos pequeños barcos armados y así poder atacar al puerto en combinación con las fuerzas de tierra. Llegado Marín con sus barcos el almirante Jarvis, comandante de la escuadra norteamericana frente a Veracruz, lo declaró pirata, lo hizo prisionero y le quitó las naves en las que venían 1,000 hombres, dos cañones y 4,000 fusiles nuevos, así como cartuchería. Ante esta intervención descarada de los norteamericanos en favor de Juárez, Miramón después de un inútil bombardeo contra el puerto el 15 de marzo, levantó el campo y regresó a la capital mientras otros graves sucesos ocurrían.

Los liberales derrotaron al general Francisco Díaz de la Vega y avanzaron hacia Guadalajara defendida por una reducida guarnición al mando del general Adrián Woll, que resistía con buen éxito. El general Zuloaga que había publicado un decreto desconociendo a Miramón como presidente, fue hecho prisionero y llevado con las tropas que marchaban a salvar a Guadalajara. En León, Guanajuato, Zuloaga logró escapar para México y el día 10 de agosto, alcanzado el presidente Miramón en Silao por las tropas de Zaragoza y González Ortega, fue derrotado completamente.

Miramón llegó apresuradamente a México el día 14 de agosto y dejó el gobierno en manos del licenciado don José Ignacio Pavón, para evitar que Zuloaga se nombrara a sí mismo jefe del Poder Ejecutivo.

Después de otros reveses de los conservadores el general Miramón volvió a tomar el gobierno, dispuesto a procurarse fondos de cualquier manera para levantar más tropas. Hizo que el jefe de la policía de México, señor Lagarde, violara la casa del cónsul inglés Mr. Barton para apoderarse de 600,000 pesos, con los que armó unos 6,000 hombres para marchar a combatir a los liberales que estaban en San Juan del Río al mando del general González Ortega. Miramón logró sorprender y derrotar a la guarnición de Toluca y avanzó al encuentro del enemigo que se hallaba en las lomas de San Miguel de Calpulalpan donde, a pesar de todos sus esfuerzos, fue derrotado completamente el 22 de diciembre de 1860. Escapó a duras penas con algunos de los suyos y regresó a México, entregó el gobierno al Ayuntamiento el día 24 y salió para embarcarse en Veracruz en un navío de guerra español, protegido por el cónsul de Francia.

Estuvo en España y en Francia, tuvo alguna participación en las negociaciones para convencer a Maximiliano de que viniera a México; regresó al país y no quiso tomar parte en la intervención, no fue colaborador de los franceses. Cuando Maximiliano recibió el gobierno de manos de la regencia comisionó a Miramón para que fuera a Prusia a hacer unos estudios militares, siendo en verdad un pretexto para alejarlo del país porque Miramón se oponía a los franceses. Regresó en 1866, a tiempo para impedir junto con otros jefes y políticos que Maximiliano abdicara. Recibió el mando de tropas con las que atacó Zacatecas el 28 de enero de 1867 y estuvo a punto de capturar a Juárez con su gabinete; pero lo alcanzó el general Escobedo en San Jacinto y fue derrotado, perdiendo mucho material y hombres. Escobedo hizo fusilar a cerca de 200 soldados franceses que servían a las órdenes de Miramón y que habían caído prisioneros.

Para el 19 de febrero de 1867, cuando don Maximiliano entró en Querétaro a hacerse cargo del mando de las fuerzas, ya se encontraban en esa plaza Miramón, Méndez, Mejía y Márquez. El general Miramón tomó parte en forma muy activa y brillante en todas las acciones en defensa de la plaza y salió herido en una mejilla. Maximiliano resolvió rendirse o la traición de un coronel Miguel López lo obligó a ello, el caso es que entregó la plaza el día 15 de marzo y quedaron prisioneros el propio emperador y sus generales Tomás Mejía, Miguel Miramón y Ramón Méndez. Márquez, con Vidaurri, había salido a México a levantar refuerzos para regresar a la plaza de Querétaro, cometido que no cumplió. Ramón Méndez fue fusilado inmediatamente y Maximiliano, Miramón y Mejía, conducidos ante un Consejo de Guerra, fueron sentenciados a muerte y fusilados la mañana del 19 de julio de 1867 en el Cerro de las Campanas, Querétaro.

21

Gobiernos de la regencia y del imperio de Maximiliano

De la instalación de la Junta de Regencia a la muerte de Maximiliano

Junta de Regencia
Gobernó del
21 de julio de 1863
al 12 de junio de 1864

Juan N. Almonte

EL 10 DE JUNIO ENTRÓ EL GENERAL FOREY en México al mando del ejército francés y ordenó el día 16, por un decreto, que se reuniese una Junta Superior de Gobierno compuesta por 35 personas, nombradas por el ministro de Francia, monsieur De Saligny, para que eligiesen a tres mexicanos que desempeñaran el poder ejecutivo, con dos suplentes.

Instalada la Junta de Gobierno nombró para que formaran el ejecutivo a los generales Juan N. Almonte y José Mariano Salas y al obispo don Pelagio Antonio de Labastida, en cuyo lugar por hallarse ausente entró el señor obispo de Tulancingo don Juan B. Ormachea. Desde ese día, que era el 21 de junio, el Poder Ejecutivo quedó en calidad de regencia y fue enviada una comisión a Europa para ofrecer el trono al archiduque Fernando Maximiliano de Habsburgo y cuando éste aceptó nombró lugarteniente del imperio al general Almonte, quien desempeñó el gobierno del 20 de mayo al 12 de junio de 1864 en que lo recibió de hecho el propio emperador.

El general Juan Nepomuceno Almonte era hijo de don José María Morelos y de una señora Brígida probablemente de apellido Almonte; nació en Nocupétaro, del hoy estado de Michoacán, el 15 de mayo de 1804. Siendo un niño acompañó a su padre en muchas acciones de armas y en el ataque a Valladolid, el 24 de diciembre de 1813, resultó herido en un brazo.

En 1815 fue enviado a los Estados Unidos a estudiar y allá permaneció hasta 1821, al triunfo del Plan de Iguala, pero pronto regresó a los mismos Estados Unidos cuando Iturbide se hizo emperador. Al establecerse la República volvió a México, cuyo gobierno le reconoció el grado de teniente coronel. Fue enviado en comisiones diplomáticas a Inglaterra y a Sudamérica. Partidario del general don Vicente Guerrero y amigo del general Santa Anna, acompañó a éste en la campaña contra los federalistas zacatecanos y a Texas, donde cayó prisionero en la sorpresa de San Jacinto el 20 de abril de 1836. Puesto en libertad regresó al país con Santa Anna, en 1837.

En 1839 ascendió a general y se encargó durante dos años del Ministerio de la Guerra en el gabinete del presidente Bustamante. De 1841 a 1845 fue embajador de México en Washington, desempeñó con eficiencia esa comisión e intervino activamente para tratar de impedir que Texas fuera incorporado como estado de la Unión; discutió sobre los verdaderos límites de ese territorio con la República Mexicana y finalmente intervino para que se llegase a un arreglo y evitar la guerra que sabía por propia experiencia resultaría muy mal para México.

Cuando se rompieron las relaciones Almonte regresó a la capital para encargarse del Ministerio de Guerra y en 1847 tomó parte en las operaciones contra los norteamericanos en el Oriente y en el Valle de México. En un principio fue republicano y liberal, para después de la guerra contra los Estados Unidos convertirse en conservador, monarquista y partidario del respeto a los intereses del clero. El gobierno moderado de Comonfort lo nombró embajador en Inglaterra, en España y en la corte de Viena. Al estallar la Guerra de Reforma y ser reconocido por España como presidente de la República el general Félix

Zuloaga, éste ratificó a Almonte en su representación diplomática. Firmó a nombre de México, con el gobierno español representado por el señor Alejandro Mon, los tratados llamados Mon-Almonte por los cuales México se comprometía a pagar daños y perjuicios a los familiares de los súbditos españoles asesinados en San Dimas y en San Vicente, a cambio del reconocimiento de su gobierno. Por esta razón Juárez lo declaró traidor a la patria y lo dio de baja en el ejército.

Al triunfo de los liberales Almonte salió del país para dirigirse a Europa y en París se reunió con el señor don José María Gutiérrez de Estrada y otros relevantes conservadores que se ocupaban en negociar el establecimiento de una monarquía en México. Concurrió ante los gobiernos de Francia y España para intrigar a efecto de que estos países intervinieran en los asuntos de México. Regresó en marzo de 1862 aprovechando la llegada de las tropas francesas y se proclamó presidente interino aunque los jefes militares intervencionistas no lo aceptaron. Asistió a la batalla del 5 de mayo y sus consejos al general conde de Lorencez no fueron tomados en cuenta.

Cuando el mariscal Forey ocupó la capital con sus tropas expidió un decreto disponiendo se reuniese una Junta Superior de Gobierno para elegir a tres mexicanos que desempeñaran el Poder Ejecutivo. Instalada la Junta de Gobierno nombró para formar el ejecutivo a los generales Almonte y Mariano Salas y al arzobispo Pelagio Antonio de Labastida. La Junta declaró que la nación mexicana adoptaba la monarquía y que la corona imperial le sería ofrecida al archiduque Fernando Maximiliano de Habsburgo. Desde ese día, que era el 10 de junio de 1863, el Poder Ejecutivo quedaba en calidad de regencia. Maximiliano aceptó la corona y nombró lugarteniente del Imperio al general Almonte, cargo que desempeñó hasta la llegada del emperador, quien lo nombró mariscal de palacio, pasando a ser personaje de segunda fila. En 1866 fue enviado a Francia para tratar de convencer a Napoleón III de que no retirase sus tropas de México, comisión que no dio resultado. Almonte permaneció en París, donde murió el 21 de marzo de 1869.

El obispo Juan Bautista Ormachea y Ernáiz nació en la Ciudad de México en 1812. Estudió en el seminario conciliar de la capital, del que fue secretario, vicerrector y catedrático de etimologías grecolatinas, Filosofía y Derecho canónico. Desempeñó muchas capellanías y tuvo a su cargo varios curatos, hasta que en marzo de 1853 fue nombrado obispo de Tulancingo.

Tomó parte activa y directa en la política, rebatiendo las Leyes de Reforma con escritos, sermones y cartas pastorales. Formó parte de la regencia del Imperio en lugar del arzobispo Labastida, quien se encontraba en Europa. Cuando terminó su cargo transitorio volvió a su diócesis. Aunque desterrado algún tiempo al triunfo de la República, volvió al país con la ley de amnistía decretada por el presidente Lerdo de Tejada. Murió en Tulancingo, Hidalgo, en enero de 1894.

El arzobispo don Pelagio Antonio de Labastida y Dávalos nació en la ciudad de Valladolid, hoy Morelia, el 21 de marzo de 1816. Hizo sus primeros estudios en la casa de un familiar que lo inició en el estudio del latín y de la retórica. Ingresó en el seminario de su ciudad, donde fue compañero y amigo de don Ignacio Aguilar y Marocho, de don Clemente Murguía, que llegaría a ser arzobispo de México, de don Melchor Ocampo y de otras personas notables de la época. Recibió las órdenes sacerdotales después de haber hecho todos los estudios con notable aprovechamiento. Fue catedrático, vicerrector y rector de la institución docente.

A petición del presidente López de Santa Anna, el padre Labastida fue nombrado por el Vaticano, obispo de Puebla, en julio de 1855. Después del triunfo de la revolución de Ayutla, Labastida empezó a intervenir en forma muy directa y subversiva. Durante la rebelión reaccionaria de la sierra de Zacapoaxtla en diciembre de 1855, el obispo Labastida prestó recursos a los revoltosos e hizo una amenazante advertencia al gobierno de Comonfort, por lo que éste mandó aprehenderlo y enviarlo desterrado al extranjero; vivió en Cuba, España y Francia, dedicado a la intriga contra los gobiernos liberales mexicanos.

Cuando se produjo la intervención francesa y los soldados galos ocuparon la Ciudad de México, formó parte de la Junta de Gobierno de Derecho, aunque sólo llegó a unirse a ella hasta el 11 de octubre de 1863. Había estado desterrado siete años y poco duró en su gestión porque exigiendo la derogación de las Leyes de Reforma, tuvo graves desavenencias con Almonte y Salas, que lo destituyeron. Labastida, disgustado con el Imperio, volvió a Europa y allá permaneció hasta el año de 1871 en que se acogió a la amnistía decretada por el gobierno mexicano. Dedicado por completo a su ministerio sacerdotal murió en Oacalco, Morelos, el 9 de febrero de 1891.

Fernando Maximiliano de Habsburgo

Archiduque de Austria, Emperador de México del 10 de abril de 1864 al 15 de mayo de 1867

EL PRÍNCIPE FERNANDO MAXIMILIANO DE HABSBURGO, archiduque del Imperio Austro-Húngaro, nació el 6 de julio de 1832 en el palacio Schoenbrün cercano a Viena. Estudió con preceptores imperiales y fue un buen estudiante que llegado a la edad apropiada resolvió seguir la carrera naval. Viajó mucho por Europa, recorrió el Mediterráneo, fue a Palestina y a Grecia, regiones todavía pertenecientes al imperio otomano; estuvo en el norte de Africa y en el Brasil.

En una visita que hizo a Bélgica, en el palacio real de Bruselas conoció a la princesa Carlota Amalia, hija del primer matrimonio del rey Leopoldo, con la que poco después contrajo nupcias. Su hermano, el emperador Francisco José, lo nombró gobernador del reino Lombardo-Véneto y residió en el castillo de Miramar, frente al Adriático, donde recibió a la comisión mexicana que iba a ofrecerle la corona imperial. Se mostró dispuesto a aceptar el ofrecimiento con la condición de que fuera llamado por la mayoría del pueblo mexicano, por lo que la regencia, ayudada por el ejército francés, se encargó de recoger firmas en todos los lugares ocupados por los intervencionistas. Una vez levantadas las actas de adhesión la comisión mexicana, encabezada por don José María Gutiérrez de Estrada, volvió a Miramar a ofrecer de nuevo la corona de México, que Maximiliano aceptó el 10 de abril de 1864.

Nombró ministros y a otros funcionarios, firmó con su hermano el Emperador un contrato por el cual renunciaba a sus derechos a la corona de Austria. Después firmó el tratado de Miramar con Napoleón III; por él se comprometía el emperador de Francia a mantener en México un ejército de 25,000 hombres para apoyar al Imperio durante seis años, número de soldados que iría reduciéndose a medida que fueran organizadas las fuerzas mexicanas.

México pagaría a Francia doscientos setenta millones de francos por concepto de gastos de guerra, más setenta y seis millones con un rédito del tres por ciento anual, dinero prestado en efectivo para gastos del gobierno imperial; además, se tendría que pagar a la tropa todos los viajes de abastecimiento y la liquidación de la deuda Jequer. Uno de los compromisos del tratado era que el gobierno imperial de México seguiría una política liberal. Empero México no estaba en condiciones de pagar la enorme suma que se le pedía y con la política liberal los conservadores se convertirían en enemigos.

Maximiliano hizo un viaje a Roma para visitar al Papa, pero nada arregló sobre la cuestión religiosa mexicana. Finalmente embarcaron los emperadores en el puerto de Trieste, en la fragata austriaca "Novara" y llegaron a Veracruz el 28 de mayo siendo recibidos fríamente por la población. Continuaron el viaje a México, donde entraron el 12 de junio. Se les recibió espléndidamente por parte de la población, las autoridades y el ejército francés.

Al organizar su gobierno Maximiliano nombró como ministros a personajes liberales moderados, lo que produjo el disgusto de los conservadores. Lo más grave fue que en vez de ocuparse de resolver asuntos de inmediata importancia, se dedicó a cosas por completo superficiales e inútiles como la organización de la corte y su protocolo. Después reorganizó la Academia de San Carlos, fundó los museos de Historia natural y de Arqueología y la Academia Imperial de Ciencias y Literatura, dejando en el olvido asuntos muy serios, de primera importancia. Aunque declaró a la religión católica la del Estado, mantuvo los principios de la reforma liberal, redujo al clero a su función y lo alejó de la política y de la administración. Dispuso que se prestaran gratuitamente los servicios religiosos, que los sacerdotes quedasen a sueldo del gobierno y que toda comunicación con Roma pasara por la censura gubernamental antes de ser enviada a su destino. El Nuncio papal protestó por estas medidas y el clero mexicano comenzó una verdadera campaña contra el emperador, al que llamaba el "empeorador".

No tardó en surgir la desavenencia entre Maximiliano y el mariscal Bazaine, acusando este último al primero de no poder organizar la hacienda pública, mientras Maximiliano lo tildaba de negligente y descuidado para sofocar el estado de rebelión existente. Bazaine, para contradecir al emperador, le hizo saber que el país estaba pacificado; que el gobierno republicano había desaparecido desde el momento en que Juárez pasó a los Estados Unidos y que en consecuencia todo individuo alzado en armas, ya sin bandera, era simplemente un bandido. Maximiliano publicó un decreto, el 3 de octubre de 1865, en el que declaraba fuera de la ley a los guerrilleros que seguían combatiendo al imperio, y que todo hombre sorprendido con armas sería remitido a las cortes marciales, para ser pasado por las armas dentro de las veinticuatro horas después de su aprehensión. Los generales republicanos José María Arteaga y Carlos Salazar, capturados en Santa Ana Acatlán por fuerzas del coronel Ramón Méndez, fueron fusilados en Uruapan el 21 de octubre en cumplimiento del decreto de Maximiliano.

La emperatriz Carlota hizo un viaje a la península de Yucatán, donde fue muy bien recibida y agasajada por la población y por las autoridades, que siempre fueron imperialistas. Para Napoleón III las cosas no iban bien: en la Cámara de Representantes le pidieron explicaciones sobre los costos y resultados de la expedición a México. Una nueva potencia, Prusia, manejada por el enérgico canciller Bismarck, se mostraba amenazadora y Estados Unidos, que salía de la

Guerra de Secesión triunfante, el partido de la Unión simpatizador de Juárez y de su gobierno, manifestaron desagrado en la corte de Las Tullerías, porque un ejército francés estuviera en México y demandaban de inmediato que ese ejército se retirara.

Por todas esas causas y mucho más por la económica, que estaba dejando exhaustas las arcas del tesoro francés, Napoleón III resolvió dar por terminada la empresa en México dos años antes del plazo fijado en los tratados de Miramar. Cuando Maximiliano recibió la comunicación del emperador de los franceses avisándole el retiro de las tropas, resolvió abdicar; pero la emperatriz Carlota Amalia no se resignó a perder la corona y embarcó para Europa, aunque ya en el camino de México a Veracruz dio muestras en repetidas ocasiones de trastornos en sus facultades mentales.

Iba dispuesta a exigir de Napoleón el cumplimiento de lo convenido y a solicitar la ayuda del Papa. Llegó a Francia y celebró dos entrevistas con Napoleón, quien le declaró terminantemente que para México no prestaría un zuavo ni un franco más. La emperatriz marchó a Roma a buscar la ayuda del Papa y allí se le declaró la locura, de la que jamás se recuperó. Fue conducida por un hermano a Bruselas y alojada en un castillo, donde vivió hasta 1927. Nunca recobró la salud.

Maximiliano, cuando supo de la enfermedad de la emperatriz, por segunda vez resolvió abdicar y embarcarse con los últimos contingentes franceses que eran concentrados en Veracruz poco a poco, abandonando las ciudades del norte que inmediatamente eran ocupadas por los soldados republicanos. Los franceses que habían empezado a embarcarse el 18 de diciembre de 1866, terminaron de hacerlo el 11 de marzo de 1867. Maximiliano marchó a Orizaba el 21 de octubre de 1866 para salir con Bazaine a Europa, pero circunstancias familiares, los ofrecimientos del partido conservador que lo tenían bloqueado y la llegada de los generales Miramón y Márquez, lo animaron a seguir en México. Reorganizó el ejército imperial y dio el mando a esos dos antiguos jefes conservadores. Miramón intentó un golpe de mano y atacó Zacatecas, donde se encontraba el gobierno republicano. Juárez y su gabinete, que habían venido desde Paso del Norte a Chihuahua, Durango y la capital zacatecana, estuvieron a punto de ser hechos prisioneros aunque lograron a duras penas escapar hacia Jerez.

Pocos días después el general Escobedo derrotó al general Miramón en San Jacinto de Aguascalientes y le hizo muchos prisioneros, entre ellos su hermano Joaquín y ciento noventa franceses, todos fusilados al siguiente día. Maximiliano resolvió hacerse fuerte en Querétaro, donde se concentraron las tropas de Márquez, Miramón, Méndez y Mejía. Dos ejércitos, el del Norte al mando del general Escobedo y el de Occidente del general don Ramón Corona, avanzaron sobre Querétaro.

El emperador envió al general Márquez a México, con poderes extraordinarios para que acompañado por el general don Santiago Vidaurri recogiera la mayor cantidad de elementos para auxiliar Querétaro. Márquez en México supo que el general Porfirio Díaz sitiaba Puebla, por lo que marchó con 3,500 hombres en auxilio de esa plaza que tras de un violento asalto cayó en poder de los republicanos el 2 de abril. Márquez quiso retroceder pero fue alcanzado en San Lorenzo y completamente derrotado por el general Díaz. Márquez se refugió en la capital, sitiada por las tropas republicanas.

Querétaro había resistido con buen éxito y cuando se supo del desastre de Márquez, Maximiliano resolvió rendir la plaza en la creencia de que se le permitiría regresar a Europa. El coronel Miguel López, jefe de la guarnición de La Cruz, entregó su posición a los republicanos que entraron en la plaza el día 15 de mayo. El emperador se retiró al Cerro de las Campanas con algunos de sus generales y se entregó como prisionero. Fue puesto preso en el convento de La Cruz y después trasladado al de Capuchinas.

El gobierno mexicano dispuso que un consejo de guerra juzgara a Maximiliano y a los generales prisioneros, quienes resultaron sentenciados a muerte. El general Ramón Méndez, simplemente identificado fue pasado por las armas inmediatamente. A pesar de las gestiones de sus defensores don Mariano Riva Palacio y don Rafael Martínez de la Torre y de los ministros europeos y de Estados Unidos acreditados en México, la sentencia fue confirmada y se fusiló al archiduque Maximiliano y a los generales Miguel Miramón y Tomás Mejía, en las faldas del Cerro de las Campanas, el 19 de junio de 1867.

Dos meses después llegó a Veracruz la fragata "Novara" que venía a recoger los restos de Maximiliano solicitados por su familia y el 27 de noviembre de 1867 se embarcó al cadáver del infortunado archiduque, quien hoy reposa en el panteón imperial de los Capuchinos, en Viena.

22

Los gobiernos mexicanos desde la muerte del presidente Juárez a la revolución maderista

Del gobierno del presidente Lerdo de Tejada a la renuncia del presidente Díaz

Sebastián Lerdo de Tejada

Presidente interino de la República Mexicana del 19 de julio de 1872 al 20 de noviembre de 1876

EL LICENCIADO DON SEBASTIÁN LERDO DE TEJADA era un criollo nacido en Jalapa, del estado de Veracruz, el 24 de abril de 1823. Estudió en su ciudad natal y obtuvo una beca del Seminario Palafoxiano de la ciudad de Puebla, donde recibió las órdenes menores; pero renunció a la vida eclesiástica y pasó al Colegio de San Ildefonso, en México, donde alcanzó el título de licenciado en Derecho. Posteriormente fue profesor y rector de ese colegio. A partir de 1850 ingresó en la vida política del país, en la que tuvo siempre un papel relevante hasta llegar a ser el alma del Partido Liberal Mexicano. Ocupó los cargos de magistrado del Supremo Tribunal de Justicia, ministro de Relaciones Exteriores, presidente del Consejo de Ministros y de la Cámara.

Estuvo al lado del presidente Juárez en el recorrido hasta Paso del Norte y sostuvo siempre la bandera de la legalidad y de la República. Muerto Juárez entró a ejercer el Poder Ejecutivo por ministerio de la ley el licenciado Lerdo de Tejada, como presidente que era de la

Suprema Corte de Justicia. Hombre de superior inteligencia y de muy vasta cultura, jurisconsulto notable, muy buen orador y de costumbres refinadas, tenía muchos amigos y fieles partidarios; pero desgraciadamente Lerdo, quien mucho influyó en la línea política de Juárez, era muy ambicioso y no pensamos que haya sido leal del todo. Era de carácter dominante y despreciaba las opiniones ajenas, puesto que se creía infalible.

Como había sido el director de la política de Juárez en los últimos tiempos conservó el mismo gabinete y dio una ley de amnistía, pero tan limitada, que disgustó a los porfiristas que se habían levantado en armas, porque los privaba de grados y sueldos. La paz se restableció, hubo elecciones y resultó electo presidente de la república el licenciado Lerdo de Tejada, casi por unanimidad. Recibió los poderes constitucionales el primero de diciembre de 1872 e inauguró al mes siguiente el ferrocarril mexicano, de México a Veracruz.

Durante el gobierno de Lerdo se levantó en armas en el cantón de Tepic el antiguo cacique de la sierra de Alica, Manuel Lozada, que avanzó amenazadoramente contra Guadalajara. El general Ramón Corona, con alguna tropa, logró derrotar a los lozadeños en un lugar llamado La Mojonera. Lozada cayó prisionero y fue fusilado el 19 de julio de 1873; terminó así el peligro constante que representaban los serranos de Lozada. Para sustituir a Lerdo en la Suprema Corte se hicieron elecciones y resultó favorecido el licenciado don José María Iglesias; se expulsó a 15 jesuitas extranjeros a quienes se declaró perniciosos y el 25 de septiembre del mismo año las Leyes de Reforma fueron elevadas a la categoría de constitucionales. Se derogó una circular de Juárez por la que se exceptuaba de exclaustración a las Hermanas de la Caridad, y se las desterró del país con gran disgusto de la sociedad mexicana. Estas y otras medidas drásticas del señor Lerdo hicieron que se produjeran levantamientos "cristeros" en Jalisco, Michoacán y estado de México, los que fueron fácilmente sofocados porque apenas constituyeron algunas débiles guerrillas.

Por ese entonces llegaron a México representantes de dos compañías norteamericanas que solicitaban concesiones para construir un ferrocarril interoceánico y otro que uniera a la Ciudad de México con la frontera norte, pero el presidente Lerdo nada quiso negociar por temor a la preponderancia que pudieran tomar los intereses norteamericanos en el país.

En 1874, para dar seguridad a las aduanas marítimas, el gobierno mexicano compró cuatro pequeños vapores de guerra que dieron buen servicio. Todo transcurría en calma pero los lerdistas empezaron a preparar la reelección de su candidato, por lo que antes de que se lanzara la convocatoria el general Fidencio Hernández se levantó en armas en Tuxtepec, Oaxaca, en enero de 1876, desconociendo al gobierno de Lerdo. Otros muchos jefes militares, en varios lugares del país, se sublevaron adhiriéndose al Plan de Tuxtepec que nombraba jefe de la rebelión al general Porfirio Díaz.

El gobierno mandó tropas a combatir a los rebeldes en Oaxaca, Nuevo León y Jalisco y aunque las fuerzas federales obtuvieron algunos triunfos la revolución tomó incremento. El general Díaz marchó al norte para preparar un levantamiento, ayudado por el general Manuel González, y finalmente en un lugar llamado Palo Blanco, al norte del estado de Tamaulipas, lanzó un manifiesto que reformaba el Plan de Tuxtepec y por el que se reconocían como leyes supremas a la Constitución del 57 y las de Reforma; se suprimía el Senado, era proclamado el principio de la no reelección, se desconocía al gobierno de Lerdo y debería convocarse al pueblo a elecciones al triunfo de la revolución, depositándose interinamente el poder en el presidente de la Suprema Corte, siempre que aceptara el plan revolucionario, o en el jefe del movimiento armado en caso de no ser así.

A pesar del estado de intranquilidad existente, el gobierno llevó a cabo las elecciones y como era de esperarse resultó reelecto el licenciado Lerdo de Tejada, con escasa mayoría a pesar de haber recurrido a sistemas burdamente fraudulentos, razón por la cual protestó el presidente de la Suprema Corte, licenciado Iglesias, quien publicó una proclama desconociendo a Lerdo como presidente constitucional de la República, por haber sido designado en forma por demás ilegal, y se declaró a sí mismo, por mandato de la ley, presidente interino.

Iglesias marchó a Guanajuato y estableció su gobierno revolucionario en Salamanca, bajo la protección del gobernador del Estado, general don Florencio Antillón.

El principal foco rebelde estaba en Matamoros, Tamaulipas, encabezado por el general Porfirio Díaz, quien de Palo Blanco avanzó con sus pocos partidarios en dirección a Monterrey, pero fueron interceptados por una columna de tropas federales al mando del general Carlos Fuero, que los derrotó en una ranchería llamada Icamole, en Nuevo León. Porfirio Díaz logró escapar del desastre con su gente y llegó a Matamoros desanimado y sin recursos, porque en el noreste no era muy conocido. Salió hacia Nueva Orleáns y de allí a Veracruz, donde fue recibido por sus partidarios que lo llevaron a Oaxaca para tomar el mando de las milicias organizadas, y marchó en dirección a Puebla; pero en el camino, en la hacienda de Tecoac, el 16 de diciembre de 1876, encontró a las tropas del gobierno al mando del general Ignacio Alatorre, quien lo habría derrotado si no hubiera sido por la valiosa ayuda de la caballería del general Manuel González, quien rechazó a los federales y obtuvo un triunfo completo.

Este acontecimiento hizo que el señor Lerdo, profundamente disgustado con Iglesias, en la noche del 20 de noviembre abandonase la Ciudad de México y marchara a Acapulco, donde embarcó para los Estados Unidos a radicar en la ciudad de Nueva York; allí vivió alejado de la política. El licenciado don Sebastián Lerdo de Tejada, solterón empedernido y político inflexible, murió el día 21 de abril de 1889. A petición y mediante arreglos hechos por el gobierno del general Díaz, los restos del presidente Lerdo fueron traídos al país, recibidos con honores militares y depositados en una cripta en la Rotonda de los Hombres Ilustres del cementerio de Dolores.

José María Iglesias
Presidente de la República Mexicana del 31 de octubre de 1876 al 23 de enero de 1877

EL LICENCIADO DON JOSE MARÍA IGLESIAS era originario de la Ciudad de México, donde nació el 5 de enero de 1823. Pertenecía a una familia de dinero, pero cuando tenía 12 años murió su padre y cinco años después quedaba huérfano de madre. Su tío materno don Manuel Inzaurraga se encargó de la familia y José María pudo terminar sin dificultades y con muy buenas notas la carrera de abogado.

Fue profesor en el colegio de San Gregorio y colaborador en un periódico, contra el régimen santanista. En 1846 fue miembro del Ayuntamiento de México y al terminar la guerra contra los Estados Unidos tuvo un cargo importante en el gobierno de Arista. Durante la gestión del presidente Comonfort se encargó de la cartera de Negocios Eclesiásticos, Justicia e Instrucción Pública. Fue colaborador de don Benito Juárez en la Suprema Corte de Justicia; ocupó algún tiempo la cartera de Hacienda, hasta que el gobierno nacional regresó a México en julio de 1867. En 1872, cuando murió el presidente Juárez, el señor Iglesias fue designado presidente de la Suprema Corte en el gabinete de Lerdo de Tejada. Al estallar la rebelión de Tuxtepec, como efecto inmediato de la reelección arbitraria de Lerdo, el licenciado Iglesias, en su calidad de presidente de la Suprema Corte, desconoció a don Sebastián como presidente de la República, por haber sido reelecto con un fraude a todas luces.

Iglesias lanzó un manifiesto en el cual se declaraba, en calidad de presidente de la Suprema Corte, presidente interino de la República. Estableció su gobierno en Salamanca, bajo la protección del gobernador del estado de Guanajuato, general Florencio Antillón. El general Porfirio Díaz entró en México, mientras que Lerdo salía a los Estados Unidos. Supo Díaz que Iglesias no reconocía el Plan de Tuxtepec reformado en Palo Blanco y que estaba en El Bajío, reconocido por algunos estados. Díaz encargó el gobierno al general Juan N. Méndez y se puso en marcha para combatir a los iglesistas. Iglesias asistió a una entrevista con el general Díaz en Querétaro, pero no se arregló la cuestión. Iglesias, con muy pocos seguidores, fue retrocediendo hacia Guadalajara.

Hubo un simulacro de combate en un lugar llamado Unión de los Adobes, e Iglesias huyó con rumbo a Manzanillo, donde embarcó hacia los Estados Unidos el día 17 de enero de 1877. Vivió en San Francisco, California, algunos meses y en octubre del mismo año regresó al país sin ser molestado. El gobierno le ofreció algunos puestos de importancia en la administración, los que pundonorosamente no aceptó. Dedicado a su profesión y sin volver para nada a los asuntos políticos, murió en México el día 17 de noviembre de 1891.

Juan N. Méndez
Presidente interino de
la República Mexicana
del 11 de diciembre de 1876
al 17 de febrero de 1877

EL GENERAL JUAN N. MÉNDEZ nació en Tetela de Ocampo, estado de Puebla, el 2 de julio de 1824. Estuvo dedicado al comercio y a la arriería, hasta 1847 en que se alistó para combatir a los invasores norteamericanos. Siguió en el ejército y fue nombrado jefe de la Guardia Nacional de la sierra de Puebla, fuerza con la que se adhirió al Plan de Ayutla y después tomó parte muy activa en las guerras de Reforma, de intervención y del Imperio.

En Puebla fue hecho prisionero por los franceses, que lo desterraron, aunque logró regresar al país. Asistió con el general Sóstenes Rocha a las operaciones del sitio de Querétaro. Tomó parte en las revoluciones de La Noria y Tuxtepec, y al triunfo de esta última el general Díaz le encargó el gobierno, para poder ir a combatir a los partidarios del licenciado don José María Iglesias, quien se hacía llamar presidente legal de la República. Fue Méndez quien lanzó la convocatoria para elecciones que favoreciesen a su jefe. Dos veces gobernador del estado de Puebla, murió siendo presidente del Supremo Tribunal Militar, el 29 de noviembre de 1894, sin dejar bienes ni dinero.

Porfirio Díaz
Presidente de
la República Mexicana
del 26 de noviembre de 1876
al 30 de noviembre de 1880

EL GENERAL PORFIRIO DÍAZ nació en la ciudad de Oaxaca, el día 15 de septiembre de 1830. Desde muy niño quedó huérfano de padre y tuvo que ganarse la vida en diversas labores, para ayudar a su familia, que estaba muy pobre. Un tío que era sacerdote lo ayudó a ingresar en el seminario como alumno externo para seguir la carrera religiosa; pero aconsejado por el abogado liberal don Marcos Pérez, amigo del gobernador del estado, don Benito Juárez, el joven Díaz abandonó el seminario para entrar en el Instituto de Ciencias y Artes del Estado, donde cursó la carrera de leyes sin llegar a graduarse.

En 1847, siendo alumno en el Instituto, junto con otros compañeros se presentó al gobierno del estado para ser alistado en las milicias como voluntario y marchar a la guerra contra los norteamericanos. Se les asignó a un batallón, en donde hicieron el aprendizaje del manejo de las armas y del desempeño de los servicios de plaza, pero no salieron a campaña por haber terminado el conflicto.

Por el Plan del Hospicio regresó el general Santa Anna a la Presidencia de la República, con poderes omnímodos, hasta que se produjo la rebelión de Ayutla en contra de la tiranía. En Oaxaca el gobernador del estado y el director del Instituto, que eran santanistas, llevaron a cabo por órdenes del gobierno una votación directa, en una simple lista. Díaz, quien trabajaba como profesor sustituto, dio su voto en favor de Su Excelencia, el señor general don Juan Alvarez, por lo que tuvo que huir a la sierra en donde permaneció levantado en armas hasta el triunfo de la revolución, cuando fue nombrado subprefecto del municipio de Ixtlán y se ocupó en hacer algunas mejoras materiales y sociales y en alistar la Guardia Nacional, con la que asistió a toda la guerra de Reforma, principalmente en el istmo de Tehuantepec de donde se le nombró gobernador militar.

Fue herido en la campaña contra los reaccionarios y la lesión en la región ilíaca le dio muchas molestias durante largo tiempo. Siendo general de brigada le tocó hacer la guerra contra la intervención francesa, tomó parte muy importante en la batalla del 5 de mayo de 1862 y en la heroica defensa de Puebla en 1863 y cayó prisionero aunque logró escapar para presentarse al presidente Juárez en Querétaro, de donde salió para encargarse de las operaciones en los estados del sureste. Fue capturado por los franceses del mariscal Forey, en Oaxaca, y pudo fugarse otra vez. Levantó nuevas tropas para reorganizar el cuerpo de Ejército de Oriente, con el que derrotó a los imperialistas en las acciones de Miahuatlán y La Carbonera para avanzar hacia Puebla que cayó en su poder el 2 de abril de 1867 y después derrotó a Leonardo Márquez en San Lorenzo. Sitió a la Ciudad de México, la que tomó al rendirse después de algún tiempo el general Ramón Tavera.

Terminada la guerra y restablecidos los supremos poderes con el presidente Juárez en la capital el 15 de julio de 1867, Díaz recibió el mando de una división en Tehuacán y después presentó su solicitud de separación del servicio, retirándose a vivir en su hacienda de La Noria, en Oaxaca, la que le había sido obsequiada por suscripción popular. Ante la reelección del presidente Juárez, la declaratoria del Congreso fue considerada como un fraude y los generales Donato Guerra, Juan N. Méndez, Jerónimo Treviño y otros se levantaron en armas, reconociendo como jefe de la rebelión al general **Porfirio Díaz**, quien proclamó el Plan de La Noria el 8 de noviembre de 1871, en el que se proponía la suspensión del orden constitucional, nombrar un presidente provisional y que el Congreso revisara la Constitución.

El plan terminaba diciendo: "Que ningún ciudadano se imponga y perpetúe en el ejercicio del poder y ésta será la última revolución". Los porfiristas fueron derrotados por las tropas del gobierno al mando de los generales Sóstenes Rocha e Ignacio Alatorre. Porfirio Díaz tuvo que huir, para refugiarse en el noreste del país. De pronto la República recibió la noticia de que el presidente Juárez había muerto el 18 de julio de 1872. La guerra civil cesó momentáneamente, ya que había desaparecido la causa de ella.

Fallecido el licenciado don Benito Juárez entró a ejercer la Presidencia el titular de la Suprema Corte, licenciado don Sebastián Lerdo de Tejada, quien mantuvo el mismo gabinete y dio una ley de amnistía en favor de los sublevados que en su mayoría se acogieron a ella, incluido Porfirio Díaz. En ese mismo año hubo elecciones y resultó electo presidente el mismo licenciado Lerdo de Tejada, para el cuatrienio 1872-1876.

El país no estuvo conforme con Lerdo por su manera de ser, orgulloso y dominante y por eso al acercarse el fin de su periodo constitucional, como sus partidarios quisieran reelegirlo, los porfiristas, desde principios de 1875, comenzaron a levantarse en armas. El general Díaz salió a la frontera norte a preparar la rebelión armada. El jefe político del distrito de Tuxtepec y varios jefes militares se pronunciaron contra el gobernador de Oaxaca, proclamando un plan en el que se hacía larga exposición de cargos al gobierno de Lerdo y se le desconocía como presidente de la República; se reconocían como mandatos supremos a la Constitución del 57 y a las Leyes de Reforma y como jefe del movimiento al general Porfirio Díaz, quien se había establecido en Brownsville, Texas, donde preparaba la rebelión ayudado por el general Manuel González.

A mediados de marzo de 1876 cruzó la frontera y publicó un manifiesto en un lugar del estado de Tamaulipas llamado Palo Blanco, reformando el Plan de Tuxtepec. Se admitía como leyes supremas a la Constitución del 57 y las Leyes de Reforma, se suprimía el Senado, se proclamaba el principio de no reelección, se desconocía al gobierno de Lerdo, se convocaría al pueblo a elecciones y se depositaba interinamente el poder en el presidente de la Suprema Corte si éste aceptaba el plan, o en el jefe del movimiento armado en caso de negativa de aquél.

Díaz con sus partidarios marchó sobre Monterrey, pero fueron derrotados el 20 de mayo de 1876 en el rancho de Icamole, Nuevo León, por el general Carlos Fuero. El general Díaz logró escapar y se retiró a Matamoros y de allí a Nueva Orleáns, para tomar un buque que lo dejó en la costa veracruzana donde lo esperaba el general Juan de la Luz Enríquez con muchos partidarios que lo llevaron a Oaxaca.

El presidente Lerdo llevó a cabo las elecciones y para ser el triunfador recurrió al fraude, por lo que el presidente de la Suprema Corte de Justicia, licenciado José María Iglesias, lo desconoció proclamándose a sí mismo presidente de la República por mandato constitucional y estableció su gobierno en Salamanca, protegido por el gobernador del estado de Guanajuato general, Florencio Antillón.

El gobierno mandó una columna de tropas al mando del general Ignacio Alatorre, a combatir a los porfiristas que se encontraban en Huamantla, Tlax., librándose un combate en la hacienda de Tecoac, en el que la gente del Plan de Tuxtepec triunfó gracias al oportuno auxilio que les prestó el general Manuel González. El general Díaz entró victorioso en Puebla el 19 de noviembre y Lerdo decidió salir del país muy disgustado, principalmente con el licenciado Iglesias. Díaz llamó al licenciado don Protasio Tagle, para que se encargara del gobierno del Distrito Federal. Don Sebastián Lerdo de Tejada, acompañado por el general don Mariano Escobedo y otros de sus correligionarios fieles, salió a Tlalpan y de allí a Chilpancingo para embarcar en Acapulco e ir a radicar en San Diego, California y definitivamente a Nueva York. El general Díaz hizo su entrada en la Ciudad de México el 28 de noviembre de 1876 y fue aclamado por el pueblo que deseaba con ansia a personas nuevas en el gobierno, que ofreciesen garantías y tranquilidad para el porvenir.

Como Iglesias seguía levantado en armas y se consideraba presidente de la República, el general Díaz salió a combatirlo el 11 de diciembre de 1876 dejando encargado de la Presidencia al general Juan N. Méndez. Díaz con su columna expedicionaria entró en Querétaro y solicitó de Iglesias una entrevista, que ocurrió el 21 de diciembre, para tratar de llegar a un arreglo. Iglesias se mostró inflexible y no aceptó trato alguno, pero la mayoría de los jefes militares que lo habían seguido comenzó a reconocer al nuevo gobierno. Después de una escaramuza librada el 17 de enero de 1877 en un lugar llamado Unión de los Adobes, Jalisco, el licenciado Iglesias huyó a Guadalajara y a Manzanillo y tomó pasaje en un barco que lo llevó a Mazatlán donde todavía creía encontrar apoyo de sus partidarios. Tres días después embarcó hacia Estados Unidos y después de algún tiempo regresó al país para dedicarse a asuntos particulares.

El general Díaz estuvo una semana en Guadalajara y regresó a la capital para recibir el poder ejecutivo provisionalmente, el 11 de febrero de 1877, ocupándose desde luego en reorganizar la administración pública y en emitir la convocatoria para la elección de los supremos poderes. Hechas las elecciones el Congreso declaró presidente Constitucional de la República al general Porfirio Díaz, quien tomó posesión de su cargo el 5 de mayo de 1877, para el periodo que terminaría el 30 de noviembre de 1880.

Por decreto de fecha 5 de mayo de 1878 fue reformada la Constitución en el sentido de lo propuesto por el Plan de Tuxtepec reformado en Palo Blanco, prohibiendo la reelección del presidente y la de los gobernadores de los estados.

Durante esa época surgió un serio conflicto con los Estados Unidos cuyo gobierno se negaba a reconocer al de Porfirio Díaz y giró una orden el 1o. de junio del mismo año para que el comandante de las tropas destacadas en Texas, general Ord, entrara en territorio mexicano en persecución de indios merodeadores y partidas de bandidos que se refugiasen en México. Los representantes diplomáticos mexicanos hicieron reclamaciones contra dicha disposición, al mismo tiempo que el gobierno reforzaba las guarniciones de la frontera y ordenaba a sus jefes que impidieran con las armas la violación del territorio. Pocos meses después y sin que ocurriese algún incidente grave, el gobierno de Washington reconoció al régimen mexicano y revocó la orden de incursionar en nuestro territorio.

En los últimos días de 1877 se levantó en armas en el norte de Coahuila el coronel Pedro Valdés, proclamando el restablecimiento del señor Lerdo de Tejada, pero nadie lo siguió y fue fácilmente derrotado. A mediados del año siguiente el general Mariano Escobedo hizo lo mismo pero tampoco tuvo buen éxito. El 25 de junio fue hecho prisionero en Cuatro Ciénegas y enviado a la capital, en donde se le puso en libertad.

En 1880 se sublevó el vapor de guerra "Libertad" en el puerto de Alvarado y se hizo a la mar. La rebelión tenía ramificaciones en Veracruz por lo que el gobernador de ese estado, general Luis Mier y Terán, hizo aprehender a once personas a quienes creyó complicadas y preguntó al general Díaz qué había que hacer. Se asegura que Díaz contestó en un telegrama cifrado: "Mátalos en caliente". El resultado fue que el 25 de junio en la madrugada nueve hombres fueron asesinados en el cuartel del 25 batallón. Tales asesinatos ocasionaron profundo disgusto en el país; Mier y Terán fue acusado ante la Suprema Corte, pero no llegó a procederse en su contra. Pocos años después perdió el uso de la razón y murió en un manicomio.

En septiembre de 1880 el gobierno de Díaz otorgó concesiones a las compañías del Ferrocarril Central Mexicano y del Nacional Mexicano, para construir líneas que atravesaran todo el territorio. Poco después empezaron los trabajos y el Ministerio de Fomento siguió la política ferrocarrilera.

En 1880 se inició activamente la lucha electoral, postulándose para la Presidencia el general Manuel González, el licenciado Justo Benítez, el licenciado Ignacio L. Vallarta, el general Trinidad García de la Cadena y el licenciado Manuel María Zamacona. Nunca había habido tantos candidatos. El general González fue enviado a hacerse cargo del mando militar de occidente, para terminar con el estado de rebelión de algunos antiguos lozadeños del cantón de Tepic, lo que llevó a cabo sin mucha dificultad.

Ya para concluir el régimen de Díaz se reanudaron las relaciones con Francia, declarando recíprocamente los gobiernos que ninguna reclamación podría hacerse por hechos anteriores al 29 de noviembre de 1880 en que fue recibido solemnemente el ministro plenipotenciario francés a la vez que en París se recibía al ministro mexicano, don Emilio Velasco.

Efectuadas las elecciones, el Congreso declaró presidente de la República al general don Manuel González, quien tomó posesión de su cargo el 1o. de diciembre de 1880.

Manuel González
Presidente de
la República Mexicana
del 1º de diciembre de 1880
al 30 de noviembre de 1884

EL GENERAL MANUEL GONZÁLEZ era hijo de un agricultor llamado Fernando, quien murió combatiendo a los invasores norteamericanos en 1847; nació en un rancho llamado El Moquete, del municipio de Matamoros, estado de Tamaulipas, el 18 de junio de 1833. Recibió la educación primaria y después entró a servir como dependiente y cantinero en el comercio que tenía un tío suyo, hasta que se alistó en la milicia para combatir a unos filibusteros, en 1851. En 1853 sentó plaza como soldado en el primer batallón de línea. Tomó parte en la campaña contra la revolución de Ayutla y ya como jefe figuró en las fuerzas conservadoras de Leonardo Márquez y José María Cobos, principalmente en las operaciones en Oaxaca donde le tocó combatir contra las tropas liberales al mando de los generales Ignacio Mejía y Porfirio Díaz.

Cuando se produjo la intervención francesa ofreció sus servicios al Gobierno Nacional, que lo vio con recelo aunque lo incorporó como teniente coronel al Ejército de Oriente. Asistió a todo el sitio de Puebla en donde se distinguió por su temerario valor, fue herido y cayó prisionero, logrando escapar para presentarse al gobierno y volver a combatir por la República. Ascendió en campaña a coronel y a general de brigada y mereció mención de honor por su valeroso comportamiento. Con las tropas de Oaxaca al mando del general Díaz, participó de manera decisiva en las batallas de Miahuatlán y La Carbonera. En 1867, al mando de una brigada, tomó parte en el sitio de Puebla donde perdió el brazo derecho en el asalto de la plaza el 2 de abril. En septiembre de ese año, después de que el presidente Juárez restableció los supremos poderes en México, el general González fue nombrado gobernador de Palacio y jefe de la guarnición del Distrito Federal.

En 1871 fue electo diputado federal por Oaxaca, pero renunció al cargo para afiliarse al grupo porfirista que se levantó en armas sucesivamente con los planes de La Noria y Tuxtepec. Triunfante la revolución contra Lerdo de Tejada en 1877 fue nombrado comandante de la región de occidente, puesto que ocupó hasta 1879 en que pidió permiso para dedicarse a actividades políticas e iniciar su campaña presidencial.

Hechas las elecciones, el Congreso lo declaró presidente de la República para el periodo del 1o. de diciembre de 1880 al 30 de noviembre de 1884. En su gabinete nombró ministro de Fomento al general Porfirio Díaz, quien al poco tiempo pidió permiso para ir a hacerse cargo del gobierno del estado de Oaxaca. Durante su gobierno el general González inauguró el ferrocarril de México a Paso del Norte, fundó el Banco Nacional de México, reanudó las relaciones con Inglaterra y trató de resolver el adeudo que se tenía con ese país en condiciones onerosas, lo que produjo graves disturbios en la capital. Se hizo una emisión de moneda de níquel, lo que provocó un verdadero motín el 21 de diciembre de 1883. González, sin escolta de especie alguna y en un alarde del valor que siempre lo caracterizó, se enfrentó a la muchedumbre que hasta lo vitoreó.

Se inició un programa de colonización, llegando unos 1,500 italianos para fundar colonias agrícolas e industriales en el estado de Puebla; se declaró gratuita y obligatoria la instrucción primaria y fue tendido el cable submarino, con lo que entró México en comunicación con todo el mundo. Hubo un incidente con Guatemala, que reclamaba el estado de Chiapas y el territorio del Soconusco. Aunque se estuvo a punto de ir a la guerra, la cuestión fue resuelta pacíficamente; por decreto del 20 de diciembre de 1882 se estableció el Sistema Métrico Decimal en toda la República.

Durante este periodo hubo reformas a la Constitución Política de 1857, que quitaron al presidente de la Suprema Corte la facultad de sustituir al presidente de la República y estatuyeron que en las faltas temporales o absolutas de éste entraría a ejercer sus funciones el presidente del Senado o el de la Comisión Permanente en los casos de receso del Senado. En general durante el gobierno de González, aunque hubo algunas actividades de progreso, se produjeron graves despilfarros de dinero a grado tal que el 30 de noviembre de 1884, al tomar nuevamente posesión de la Presidencia el general Porfirio Díaz, encontró las cajas completamente vacías. El general Manuel González pasó a ser gobernador del estado de Guanajuato y al morir el 10 de abril de 1893 en su hacienda de Chapingo, aún desempeñaba ese cargo.

Porfirio Díaz
Presidente de
la República Mexicana
del 1º de diciembre de 1884
al 25 de mayo de 1911

EL GENERAL MANUEL GONZÁLEZ entregó el gobierno al general Porfirio Díaz, declarado presidente constitucional para el periodo del 1o. de diciembre de 1884 al 30 de noviembre de 1888. El general Díaz inició una política de conciliación, los antiguos lerdistas aceptaron tal estado de cosas e ingresaron al servicio de la administración en varios cargos. Se llamó a colaborar a jóvenes profesionales formados en el positivismo, que tenían pretensiones científicas y formaban un nuevo grupo aristocrático liberal. Eran representantes de la burguesía nacional y tenían nexos con los grandes *trusts* norteamericanos. A estas personas el pueblo las llamó los "científicos". Desde un principio formaron un poderoso grupo político que iba a pesar mucho en la vida nacional, sustituyendo a los viejos porfiristas que estaban retirados a la vida privada o habían muerto.

El general Díaz formó su gabinete con los señores Ignacio Mariscal, en Relaciones Exteriores; Manuel Romero Rubio, en Gobernación; Manuel Dublán, en Hacienda; Carlos Pacheco, en Fomento; Joaquín Baranda, en Justicia y Pedro Hinojosa, en Guerra y Marina.

Los gonzalistas habían formado un partido que presentaba seria y fuerte oposición por lo que el gobierno, para reducirlos a la impotencia, hizo rechazar las liquidaciones del tesoro responsabilizando al general González y a sus ministros de los desfalcos encontrados. La causa fue archivada, aunque se mantuvo viva. En junio de 1886 se convino con los tenedores de bonos de la deuda inglesa su valor en 73 millones de pesos, expidiéndose nuevos bonos con menor interés mientras se contrataba un empréstito con una firma alemana, para cubrir parte de la deuda y para mejoras de utilidad pública.

El gobierno norteamericano se opuso a la intervención de la diplomacia de México, para impedir que el general Justo Rufino Barrios, presidente de Guatemala, por la fuerza de las armas obligara a las repúblicas centroamericanas a unirse y formar una sola nación. El general Barrios murió en la acción de armas de Chalchuapa, El Salvador, en abril de 1885, y así desapareció la causa del conflicto.

En octubre de 1886 se tramó una rebelión encabezada por el general Trinidad García de la Cadena, quien descubierto fue aprehendido y asesinado en Estación González, Zacatecas, por el jefe político Atenógenes Llamas.

Próximo a terminar el segundo periodo del general Díaz, un grupo político llamado Círculo Porfirista promovió la propaganda para que continuara en el poder el presidente, y logró del Congreso nueva reforma a la Constitución de 1857, para permitir por una sola vez la reelección presidencial. Así quedaba destruido el principio propuesto por el Plan de Tuxtepec reformado en Palo Blanco. El general Díaz fue reelecto para un tercer período presidencial y rindió la protesta de ley el 1o. de diciembre de 1888, para terminar su gestión en 1892.

El 11 de noviembre de 1889 fue asesinado el general Ramón Corona, por un loco, en Guadalajara. Como el general Corona era considerado candidato a la Presidencia, se culpó al general Díaz de ser el director intelectual del crimen.

Por iniciativa del señor Baranda se llevó a cabo el primer Congreso Nacional de Instrucción Pública, para unificar la enseñanza en toda la República. Se puso en vigor el Código de Comercio y la Ley de Minería.

Para permitir la reelección indefinida del general Díaz, la Constitución fue modificada una vez más anulándose por completo el principio de la no reelección. En consecuencia el 1o. de diciembre de 1892 inició su cuarto periodo presidencial, que debía concluir en 1896. Durante ese periodo hubo una crisis económica producida por la pérdida de cosechas, por la depreciación de la plata en el mercado mundial y por el alto tipo de cambio en el extranjero. Empero el gobierno logró dominar la situación, gracias al nuevo ministro de Hacienda don José Ives Limantour.

El 1o. de diciembre de 1896 se consumó la cuarta reelección del general Díaz, para una quinta gestión presidencial que debía terminar en 1900. Para ese tiempo, el grupo político al que el pueblo llamaba los "científicos" había obtenido notable predominio en el gobierno. El licenciado Limantour figuraba como jefe de dicho núcleo y tenía la plena confianza del dictador, más aún cuando logró la conversión de la deuda pública, pagadera en oro, sustituyéndola por otra con un interés menor, al 6 por ciento. Limantour obtuvo en Alemania un nuevo empréstito, liquidó la deuda y terminó de pagar en cinco años.

Al terminar el quinto periodo el general Díaz trató de separarse de la Presidencia dejando en su lugar a Limantour y al general Bernardo Reyes, representante del grupo militar, en la vicepresidencia. Los enemigos de Limantour hicieron notar su origen extranjero, por lo que fue desechado; pero los científicos atacaron al general Reyes asegurando al presidente Díaz que Reyes era su enemigo y un enemigo ambicioso y personalista. Entonces el general Díaz hizo que Reyes dejara el Ministerio de Guerra para volver al gobierno de Nuevo León que antes había desempeñado. Díaz resolvió no separarse de la Presidencia y consumó otra reelección, en 1900.

No obstante el estado aparente de paz y tranquilidad, hubo sublevaciones de grupos campesinos. En Tomochic, Chihuahua, se levantaron en armas algunos campesinos, en defensa de sus intereses. El ejército intervino para reprimir la rebelión y los prisioneros fueron fusilados el 29 de octubre de 1892.

La oposición de la letra impresa fue reprimida con energía y sin miramientos. Los directores de los periódicos de oposición fueron hostilizados, puestos en prisión o asesinados. En el orden religioso el presidente Díaz optó por una política de conciliación. No derogó las Leyes de Reforma, pero no se las cumplía.

Porfirio Díaz no licenció tropas, para evitar rebeliones, pero las movió a diferentes lugares desarraigándolas de sus regiones de origen. A los antiguos jefes les dio cargos en la administración y en la diplomacia, y poco a poco fue reduciéndose el efectivo del ejército para que en verdad no existiera una fuerza militar que resultase peligrosa. Al ejército lo mantuvo ocupado en sofocar brotes rebeldes y en las dos guerras contra los indios yaquis en Sonora y mayas en Yucatán.

A principios del siglo xx ocurrieron dos incidentes que molestaron al gobierno norteamericano: los ingleses habían vendido sus bonos de la empresa de Tlahualillo a ciudadanos norteamericanos, pero la Suprema Corte falló en su contra por no reconocerles personalidad jurídica.

El gobierno de México mandó un barco de guerra para recoger al presidente de Nicaragua don José Santos Zelaya, derrocado mediante una revuelta promovida por Estados Unidos que quería que Zelaya fuera enviado preso a Washington para ser juzgado como responsable de la muerte de dos filibusteros yanquis fusilados en Nicaragua por graves delitos. El gobierno de Díaz dio el contrato a una empresa inglesa para la administración del ferrocarril de Tehuantepec y artilló poderosamente el puerto de Salina Cruz. Finalmente, negó el arrendamiento de Bahía Magdalena para uso de la marina de Estados Unidos.

La obra educativa del régimen porfirista no fue muy grande, aunque dio buenos resultados. Se fundaron escuelas normales en Jalapa y México, se creó la Secretaría de Instrucción Pública, bajo la dirección de don Justo Sierra, quien en 1910 reorganizó la Universidad Nacional. Llegó a haber unas 12,000 escuelas primarias, del gobierno y particulares. La obra más importante del porfirismo fue la red ferrocarrilera, que de 578 kilómetros de vía existentes cuando Díaz recibió el poder, para mayo de 1911 tenía más de 20,000 kilómetros. En 1910, de las 1,030 compañías mineras que trabajaban en el país 840 eran norteamericanas, 148 mexicanas y el resto inglesas y francesas.

Con una serie de atinadas medidas administrativas, el ministro Limantour logró que el presupuesto gubernamental de 1895 tuviera un superávit de dos millones de pesos y en 1897 de 10. Con estos excedentes en el tesoro, se emprendieron grandes obras en la República y en la Ciudad de México: el canal del desagüe, el Hospital General, el Teatro Nacional, el Palacio de Correos y el de Telégrafos, escuelas, cuarteles, el Palacio Legislativo (que es hoy el monumento a la Revolución); se introdujo la energía eléctrica y cuando se terminó la presa de Necaxa era la más grande del mundo. Desde la época del general Manuel González fueron creadas las llamadas compañías deslindadoras, para localizar y ocupar terrenos baldíos las que para 1890 habían deslindado 32 millones de hectáreas. Esta política dio lugar a graves problemas en el campo, porque las grandes propiedades estaban en manos de 830 terratenientes y representaban el 97 por ciento de la superficie rural, mientras que el uno por ciento era la propiedad comunal. En México la producción de maíz siempre ha sido deficiente y el gobierno de Díaz año con año tenía que comprar este grano en los Estados Unidos para completar el consumo nacional. La producción azucarera, de 1880 a 1910, fue muy grande. El sistema de explotación en el campo era el de peonaje. Los peones ganaban unos 25 centavos diarios y se les abastecía de lo indispensable para vivir en las tiendas de raya propiedad de las haciendas, a manera de tener la peonada siempre endeudada, por lo que permanecía sujeta a la voluntad del patrón. En el caso de que los peones se fueran de las haciendas, eran perseguidos como ladrones. En las fábricas los trabajadores, aunque ganaban un poco más, se encontraban en parecidas circunstancias. Las horas de labor eran de 10 a 16 y a veces había que trabajar hasta los domingos. Esto dio lugar a que la propaganda anarcosindicalista tomase fuerza y muchos de los obreros se afiliaran a agrupaciones clandestinas llamadas "círculos de obreros libres". En algunos lugares, como en las minas de Cananea en Sonora, los obreros se sublevaron el 1o. de junio de 1906 y en la fábrica textil de Río Blanco en 1907. Los dos movimientos obreros fueron reprimidos con sanguinaria energía.

La Constitución fue reformada una vez más en 1903 para alargar el periodo presidencial a seis años, y al siguiente el presidente Díaz fue reelecto por sexta vez. En 1908 concedió una entrevista al periodista James Creelman y en la conversación le hizo saber que estaba decidido a retirarse del poder y que vería con agrado la formación de partidos políticos de oposición que tomaran parte en las elecciones de 1910. El pueblo creyó en la sinceridad de las declaraciones del dictador y los elementos más capaces y activos decidieron constituir partidos para intervenir en la lucha electoral que se avecinaba. En enero de 1909 se organizó el partido democrático compuesto en su mayoría por porfiristas, no "científicos", que pretendían sólo una evolución pacífica dentro del régimen y llamaban al pueblo a ejercer sus derechos cívicos para cambiar el régimen personal de la dictadura por el imperio de la Constitución. Exigían la reforma del sistema electoral, la libertad de prensa, el fomento de la educación pública y el respeto al municipio libre. También desde principios de 1909 fue organizado el partido antirreeleccionista, que postulaba el principio de Sufragio Efectivo, No Reelección. Firmaron el manifiesto de dicho partido, entre otros, Francisco I. Madero, Emilio Vázquez Gómez y Filomeno Mata.

Entre tanto se llevó a cabo con grandes festejos la celebración del primer centenario de la lucha por la Independencia de México. El 27 de septiembre de 1910 el Congreso declaró reelectos a Porfirio Díaz y a Ramón Corral y el 1o. de diciembre tomaron posesión de sus cargos para el nuevo sexenio. El descontento era ya general y se sentía el ambiente pesado, precursor del estallido de la revolución.

El señor Madero que había sido hecho preso en Monterrey y remitido a San Luis Potosí, escapó hacia los Estados Unidos proclamando el llamado Plan de San Luis (el 5 de octubre de 1910) por el cual se desconocía al gobierno y se invitaba al pueblo a la rebelión a partir del domingo 20 de noviembre. La revolución iniciada en Chihuahua fue secundada en muchos lugares del país. Cayó la plaza de Ciudad Juárez en poder de los revolucionarios encabezados por el señor Madero, el día 10 de mayo de 1911. El 21 se firmaron los tratados de paz por los que el general Díaz y el vicepresidente Ramón Corral renunciaban a sus cargos. El 31 de mayo el general Porfirio Díaz embarcó para Europa acompañado por su familia y otras personas. Residió en París, donde murió el 2 de julio de 1915 a la edad de 84 años.

23

Gobiernos durante la revolución constitucionalista

De la renuncia del presidente Díaz a la elección de Venustiano Carranza para la Presidencia de la República, de acuerdo con la Constitución de 1917

Francisco León de la Barra

Presidente interino de la República Mexicana del 25 de mayo al 6 de noviembre de 1911

El licenciado León de la Barra nació en la ciudad de Querétaro, el 16 de junio de 1863. Estudió en la Escuela Nacional Preparatoria y en la de Jurisprudencia. Siendo pasante de Derecho, durante algunos años dio clases de matemáticas en la Preparatoria. Principió su carrera política al ser electo diputado al Congreso de la Unión por su estado natal. Fue abogado consultor de la Secretaría de Relaciones Exteriores y después ingresó a la diplomacia, en la que se distinguió. Enviado extraordinario y ministro plenipotenciario de México en Brasil, Uruguay, Argentina y Paraguay, en 1904; enviado extraordinario y ministro plenipotenciario de México en los Estados Unidos en 1908 y después en el Japón.

Con motivo de los sucesos de principios de 1911 fue designado ministro de Relaciones Exteriores en el último gabinete del general Díaz. Al renunciar éste y el vicepresidente, por ministerio de la ley recibió interinamente la presidencia de la República, del 25 de mayo al 6 de noviembre del mismo año. Electo senador y después gobernador del

Estado de México, el 20 de febrero de 1913, el general Victoriano Huerta lo nombró ministro de Relaciones Exteriores, hasta el mes de julio en que volvió al gobierno del estado de México. Nombrado después ministro en Francia, se ausentó del país al que nunca regresó. Fijó su residencia en París, donde gozó las atenciones del gobierno francés y debido a su gran preparación como especialista en Derecho internacional fue nombrado árbitro en la crisis balcánica. Murió en la Ciudad de Biarritz, el 23 de septiembre de 1939.

Francisco I. Madero
Presidente de
la República Mexicana
del 6 de noviembre de 1911
al 18 de febrero de 1913

Don Francisco I. Madero nació en la hacienda de El Rosario, municipio de Parras, del estado de Coahuila, el 30 de octubre de 1873. Fueron sus padres don Francisco Madero y doña Mercedes González, personas muy ricas de la región. Recibió la enseñanza de primeras letras y de música en su casa. En 1885 fue enviado al colegio jesuita de San Juan Nepomuceno en Saltillo, el que se aseguraba era el mejor y hasta se pensó en que el joven Madero tomara las órdenes religiosas en la Compañía de Jesús; al año siguiente marchó a Baltimore para inscribirse en el Saint Mary College a seguir cursos de contabilidad y regresó en 1887 al ocurrir la muerte de su hermano mayor.

Después de algunos meses en Parras fue enviado a Francia, donde estudió en el Colegio Chapal y en el Liceo de Versalles, continuando sus estudios en la Escuela Superior de Comercio, durante tres años. Retornó al país y poco tiempo después fue a seguir unos cursos de agronomía en Yuma y en la Universidad de California. Cuando visitó a sus hermanas Mercedes y Magdalena, quienes estudiaban en el Colegio de Notre Dame, en California, conoció a la señorita Sara Pérez con quien contrajo matrimonio en la Ciudad de México. En 1896 estudió homeopatía, lo que le sirvió para curar a sus familiares y a sus trabajadores.

Durante su estancia en Europa y en los Estados Unidos observó los problemas sociales y políticos y consideró que en México había carencia de equidad y justicia, por lo que decidió intervenir en la actividad política. Estableció su residencia en San Pedro de las Colonias, Coahuila, donde se encargó de la administración de sus haciendas cultivando el algodón con maquinaria moderna. Hizo un estudio hidrológico sobre el mejor aprovechamiento de las aguas del río Nazas. Un ejemplar de ese estudio fue enviado al presidente Díaz, quien le mandó una carta de felicitación. En 1905 se opuso con energía a la reelección del gobernador don Miguel Cárdenas, para lo que formó el Partido Democrático Independiente y publicó un pequeño periódico en el que escribió dos artículos para manifestarse como el ferviente demócrata que fue y pidió se escuchase la voz, la opinión del pueblo.

Cuando estuvo en Francia el señor Madero se inició en los estudios espiritistas. En 1906 concurrió en México al primer congreso nacional espiritista como representante del Club de Estudios Psicológicos y escribió algunos artículos que publicó con el seudónimo de "Bhima".

Cuando el general Díaz concedió la entrevista al periodista norteamericano James Creelman del "Pearson's Magazine" de Nueva York, en febrero de 1908, declaró que "vería con gusto la aparición de partidos políticos de oposición". Entonces el señor Madero tomó la pluma para escribir "La sucesión presidencial en 1910", pequeño libro de pleno contenido político publicado en San Pedro de las Colonias, Coahuila, en octubre del mismo año. Llamó la atención que siendo Madero miembro de una familia prominente, propusiese la urgente participación del pueblo en las elecciones que se avecinaban. Después de contestar a una nutrida correspondencia de personas de importancia, el señor Madero viajó a la capital para fundar el Centro Antirreeleccionista y formaron la mesa directiva don Emilio Vázquez Gómez, como presidente; don Francisco I. Madero y don Toribio Esquivel Obregón, vicepresidentes; don Filomeno Mata, don Paulino Martínez, don Félix F. Palaviccini y don José Vasconcelos, como secretarios y don Luis Cabrera, don Octavio Bertrand, don Bonifacio Guillén y don Félix Xochihua, vocales. Se formó otra agrupación política con el nombre de Partido Nacionalista Democrático, que proponía al general Díaz para la presidencia y al general Bernardo Reyes para la vicepresidencia. En julio de 1909 el general Reyes declaró que no tomaría parte en la campaña política y recomendó a sus partidarios apoyaran la decisión del presidente Díaz.

El señor Madero llevó a cabo una gira de propaganda por Veracruz y el sureste. En Progreso conoció al licenciado don José María Pino Suárez, con quien hizo firme amistad. En diciembre del mismo año de 1909 llevó a cabo una segunda gira, entonces por el centro del país, el occidente y el noroeste. En general tuvo buen éxito.

En una segunda convención de representantes de los clubes antirreeleccionistas, fundados en muchos lugares del país por el propio Madero, la que ocurrió el 15 de abril de 1910 en el Tívoli del Elíseo en México, el señor Madero fue declarado candidato a la presidencia de la República y el señor Emilio Vázquez Gómez a la vicepresidencia. El día 26 publicó un manifiesto en el que se enunciaban los principios políticos que seguiría el Partido Antirreeleccionista. En vísperas de esa convención el señor Teodoro Dehesa, gobernador de Veracruz, arregló una entrevista de don Francisco I. Madero con el presidente Díaz, para buscar un entendimiento. Don Porfirio se portó despectivamente con el señor Madero, quien le dijo que el pueblo daría su opinión en las elecciones.

Madero hizo una tercera gira, ya como candidato. Estuvo en Guadalajara y en Puebla, donde conoció a don Aquiles Serdán. Concurrió y tomó parte en mítines en San Luis Potosí, Saltillo y Monterrey y en esta última plaza fue arrestado por la policía el 7 de junio, bajo la acusación de haber protegido la fuga de don Roque Estrada buscado por las autoridades con el pretexto de haber injuriado y amenazado al presidente Díaz. Estrada fue detenido y en compañía de Madero remitido a la prisión de San Luis Potosí, mientras se llevaban a cabo las elecciones. El 27 de septiembre fue publicado el bando que declaraba electos presidente de la República al general Porfirio Díaz y vicepresidente a don Ramón Corral. Los antirreeleccionistas se quejaron de fraude electoral y pidieron la anulación de las elecciones, a lo que el Congreso se negó. El señor Madero y don Roque Estrada obtuvieron la libertad bajo caución.

Desde mediados de septiembre Madero resolvió levantarse en armas, porque la vía legal estaba cerrada por la dictadura. El 6 de octubre, acompañado por el doctor Rafael Cepeda, Madero escapó de San Luis Potosí para dirigirse por ferrocarril a San Antonio, Texas, donde se le unieron muchos de sus partidarios y con la opinión de todos se formuló el llamado Plan de San Luis que contenía una serie de graves acusaciones contra el régimen e invitaba al pueblo para que a partir del domingo 20 de noviembre de 1910 se levantaran en armas "para arrojar del poder a los audaces usurpadores". Don Aquiles Serdán que era en Puebla un decidido propagandista del antirreeleccionismo, en unión de sus amigos y de sus familiares trabajaba activamente para reunir algunos elementos de combate. Fue mandado aprehender por el gobernador general Mucio Martínez, mas habiendo hecho resistencia a la policía, se envió a tropa con la que sostuvo reñido combate hasta que fueron muertos todos los defensores, en número de 18.

Este primer episodio de la guerra civil marcó el principio de una lucha que iba a ser muy sangrienta. Bien pronto toda la República estaba en franca rebelión. Madero entró en el estado de Chihuahua, que llegó a ser el foco de mayor importancia para la revolución desde su principio hasta el fin. A instigación del distinguido maderista don Abraham González, se levantaron en armas algunas personas que llegaron a ser jefes de gran nombradía: Pascual Orozco, José de la Luz Blanco y Guillermo Baca; todos ellos eran gente trabajadora y de empresa, que se lanzaba a la rebelión contra los actos de injusticia y opresión de que se les hacía víctimas.

El gobierno, al ver el incremento de la revolución, pidió al Congreso que con fecha 16 de marzo fueran suspendidas algunas de las garantías individuales. El 24 de marzo de 1911 renunciaron todos los ministros, para permitir las reformas que el presidente Díaz consideraba necesarias en esos momentos de crisis.

En un informe del 1o. de abril el presidente trataba la situación delicada por la que atravesaba el país y proponía varias reformas para satisfacer a la opinión pública, entre ellas el restablecimiento del principio de la no reelección, pero todo fue inútil puesto que con ello reconocía la razón de la rebelión.

La revolución del Norte fue secundada en el Sur por los campesinos a quienes encabezaba un labriego mestizo llamado Emiliano Zapata, al grito de "¡Tierra y Libertad!". Su propósito era restituir al labriego de Morelos las tierras de que había sido despojado en diversas épocas. El doctor Vázquez Gómez y don Gustavo A. Madero celebraron con don José Ives Limantour varias conferencias en Nueva York y le hicieron saber que el único medio para poner fin a la revolución era la renuncia del general Díaz, pero nada se llegó a convenir. Mientras tanto el 6 de marzo el señor Madero, al frente de 80 hombres trató de apoderarse de Casas Grandes, pero fue rechazado, resultó herido en una mano y perdió 100 hombres entre muertos y heridos. Dos días después, en la hacienda de Bustillos, se le presentó Francisco Villa con 300 hombres bien armados y con este refuerzo decidió marchar contra Ciudad Juárez.

Hubo un armisticio para negociar un arreglo de paz con los comisionados por el gobierno Alberto Braniff y Toribio Esquivel Obregón; pero no se consiguió obtener la renuncia del general Díaz. El 8 de mayo fue emprendido el ataque. La guarnición federal compuesta por 700 hombres al mando del general Juan G. Navarro se defendió con energía, hasta que fue desalojada poco a poco de sus posiciones y se vio obligada a rendirse, el día 10. Algunos días más tarde, cuando Navarro y sus oficiales estaban seguros de que serían fusilados, el señor Madero personalmente los llevó a la línea divisoria, salvándoles así la vida. Orozco y Villa que habían tenido muchos muertos de su gente querían ejecutar a los prisioneros y se insubordinaron ante la benevolencia de Madero, aunque la tropa revolucionaria apoyó al caudillo y allí terminó el asunto.

Cuando se supo la caída de Ciudad Juárez, el general Díaz autorizó a sus representantes a negociar la paz en cualquier forma. La noche del 21 de mayo, en el edificio de la aduana fueron firmados los tratados de Ciudad Juárez con los puntos siguientes: renuncia de Díaz y de Ramón Corral; don Francisco León de la Barra, secretario de Relaciones Exteriores, recibiría la Presidencia provisional y convocaría a elecciones; cesarían desde ese momento las hostilidades, serían cubiertos los gastos de la guerra y se resolvería la situación política de cada estado, según lo que dictase la opinión pública. El 25 de mayo renunciaron Díaz y Corral y tomó posesión de la Presidencia el licenciado León de la Barra. Madero marchó a la capital de la República, donde fue recibido el 7 de junio en medio de grandes demostraciones de regocijo.

Era un hecho que Madero sería el candidato triunfante para la presidencia y entonces la campaña política fue por la vicepresidencia. Como muchos maderistas recelaban del doctor Vázquez Gómez, el señor Madero disolvió al Partido Antirreeleccionista y fundó el Constitucional Progresista. El Partido Liberal fue reorganizado por Fernando Iglesias Calderón, Camilo Arriaga, Jesús Flores Magón, Antonio Díaz Soto y Gama, Juan Sarabia y otros; el Católico Nacional era dirigido por Manuel Amor y el Radical por Francisco Escudero. El Constitucional Progresista sostenía la fórmula Madero-Pino Suárez, el Antirreeleccionista, que había vuelto por sus fueros, estaba por Madero-Vázquez Gómez y el Católico Nacional por Madero-León de la Barra. En las elecciones efectuadas el 15 de octubre triunfó por amplio margen el primero.

De acuerdo con lo convenido en Ciudad Juárez, las fuerzas maderistas fueron licenciadas o pasaron a constituirse en guardias rurales para conservar el orden en el campo. En Morelos, Emiliano Zapata se negó a desarmar a su gente hasta conseguir la restitución de las tierras. Madero hizo un viaje a Cuernavaca para convencerlo, pero no tuvo buen éxito. El gobierno resolvió acabar con el estado de rebelión en el sur y dio el mando de las operaciones al general Victoriano Huerta, quien procedió con sanguinaria energía.

El señor Madero tomó posesión de la Presidencia el 6 de noviembre de 1911 y el 27 el Congreso reincorporó a la Constitución el precepto de la no reelección. Zapata tratado como rebelde, expidió en la Villa de Ayala, Morelos, un plan por el cual se desconocía como presidente de la República al señor Madero. El general Bernardo Reyes, en el poblado de La Soledad, Tamaulipas, se declaró en estado de rebelión el 13 de diciembre, pero nadie lo siguió en su aventura y se entregó a las autoridades militares en Linares, Nuevo León, el 25 del mismo mes. Por órdenes superiores fue enviado a la prisión de Santiago Tlatelolco, en México, para instruirle proceso.

Al empezar el año de 1912 los dos hermanos Vázquez Gómez, muy resentidos contra Madero, formaron una junta revolucionaria y se levantaron en armas en Ciudad Juárez. El general Pascual Orozco recibió la orden de combatir a los rebeldes pero a su vez, el 3 de marzo, se sublevó con el llamado Plan de la Empacadora, en Chihuahua, desconociendo a don Francisco I. Madero. El gobierno dispuso que saliera una columna al mando del general José González Salas, para combatir a los rebeldes orozquistas que en Estación Rellano, Chihuahua, soltaron una máquina loca cargada de explosivos que fue a chocar contra un convoy con tropas y produjo gran estrago y desorden que fueron aprovechados por la caballería de los rebeldes para atacar, produciéndose una derrota completa del gobierno. El general Salas, militar pundonoroso, se suicidó en la estación de Bermejillo, Durango, mientras el orozquismo cobraba gran fuerza.

Madero dispuso que el general Victoriano Huerta marchase al norte para combatir a los rebeldes. Huerta era competente como militar y derrotó a los orozquistas completamente en las acciones de Estación Conejos, en el mismo Rellano y en Bachimba. Los voluntarios de Sonora, al mando de los tenientes coroneles Alvaro Obregón y Salvador Alvarado, tomaron parte muy eficiente en la campaña. El coronel de voluntarios Francisco Villa se insubordinó ante el enemigo, por lo que se le hizo juicio que lo sentenció a muerte, aunque por órdenes del gobierno fue remitido a la prisión militar de Tlatelolco, en México, de donde logró escapar. El 16 de octubre de 1912 se rebeló en Veracruz el general Félix Díaz y el general Joaquín Beltrán, comandante de la guarnición, sometió en pocas horas a los sublevados. Félix Díaz fue sujeto a juicio militar que lo sentenció a muerte, si bien el presidente Madero dispuso que se suspendiera la ejecución y se remitiese al preso a México, para revisar el juicio. Díaz quedó detenido en la Penitenciaría.

El gobierno se enfrentaba a múltiples problemas: la insatisfacción de los antiguos revolucionarios, que criticaban duramente a Madero por haberse entregado a los porfiristas, que permanecían en el gobierno; los zapatistas, que se mantenían en armas haciendo una guerra de guerrillas muy activa, tenían en sobresalto al sur. Los periódicos porfiristas "El Imparcial", "El Multicolor", "El País" y otros, abusando de la amplia libertad de prensa que había dado Madero, se dedicaron a criticarlo y a hacer burla constante de él, moviendo a la opinión pública hacia los graves acontecimientos iniciados el domingo 19 de febrero de 1913.

Los generales Manuel Mondragón y Gregorio Ruiz, este último senador de la República, lograron sublevar a la Escuela Militar de Aspirantes y a alguna tropa, que en total no llegaban a 2,000 hombres. Marcharon hacia la prisión de Santiago, donde pusieron en libertad al general Bernardo Reyes reconocido como jefe del cuartelazo. Otra columna que se había formado con los Aspirantes de Tlalpan fue a la penitenciaría, donde liberó al general Félix Díaz. El general Lauro Villar, comandante de la guarnición de la plaza, se puso al frente de un batallón que apostó en Palacio para defenderlo. Cuando llegaron los rebeldes a la calle de Moneda se les marcó el alto y como el general Reyes a caballo, siguió avanzando, se le hizo una descarga que lo mató en el acto. Se produjo un tiroteo tremendo entre atacantes y defensores, causando la muerte de mucha gente inocente que salía de misa de Catedral.

El general Gregorio Ruiz fue hecho prisionero por el general Villar y puesto bajo la vigilancia de un centinela de vista. A las pocas horas, cuando el gobierno quedó dueño de la situación en Palacio, el general Ruiz fue pasado por las armas sin habérsele hecho juicio ni respetado su fuero de senador. Se asegura que quien dio la orden para ese crimen fue don Gustavo A. Madero, hermano del presidente. Don Gustavo era un verdadero ministro sin cartera y de mucha importancia en el régimen.

Los rebeldes rechazados de Palacio se apoderaron fácilmente de la Ciudadela, donde encontraron abundantes armas y municiones. El presidente Madero que se encontraba en Chapultepec, marchó hacia Palacio con una escolta formada por alumnos del Colegio Militar y gente del pueblo. Esa misma tarde Madero hizo un viaje a Cuernavaca para traer al general Felipe Angeles con su tropa, a que se encargara del combate contra los sublevados. El día 11 el presidente nombró comandante de la guarnición de la plaza al general Victoriano Huerta, en sustitución de Villar herido en acción. Se sucedió una serie de combates tremendos con los que la población civil sufrió mucho. Los ambulantes eran los únicos que recorrían las calles para levantar a cientos de muertos víctimas de los bombardeos.

El sábado 15 un grupo de diputados y senadores pidió al señor Madero que presentase su renuncia, lo que éste rechazó con energía y dignidad. El general Huerta hizo sustituir a la tropa del 20 batallón que prestaba la guardia en Palacio, con efectivos del 29 de línea al mando del general Aureliano Blanquet, de su entera confianza. Como a la una de la tarde el teniente coronel Riveroll y el mayor Izquierdo, del mismo batallón, allanaron con unos 50 soldados el salón de Palacio donde se encontraba el presidente con algunos de sus ministros. Los ayudantes del señor Madero, dándose cuenta de las intenciones de esos jefes, dispararon sus pistolas contra ellos y los mataron. Algunos soldados hicieron fuego y mataron a don Marcos Hernández, pariente de los Madero. Los sucesos siguieron con terrible violencia el día 19 de febrero y al bajar el presidente acompañado de sus ministros fueron detenidos personalmente por Blanquet, quien puso detenidos con la guardia muy reforzada a los señores Madero y Pino Suárez. Las campanas de Catedral echadas a vuelo anunciaron que la lucha había cesado.

El general Huerta y el general Félix Díaz habían tenido una conferencia en la embajada de los Estados Unidos. Esa reunión promovida por el embajador Henry Lane Wilson fue llamada Pacto de la Embajada y en ella se convino que se desconocía a Madero como jefe del poder ejecutivo, confiaba a Huerta el gobierno provisional, se nombraba a un nuevo gabinete, se convocaría a elecciones y el general Félix Díaz sería el candidato para la nueva gestión.

El mismo día 19 los señores Madero y Pino Suárez fueron obligados a firmar sus renuncias y recibieron la formal promesa de que se les respetaría la vida y se les permitiría salir del país en compañía de sus familias. De los 130 miembros del Congreso, sólo siete votaron porque Madero no renunciara. El día 19, tan lleno de terribles hechos, por ministerio de la ley asumió el Poder Ejecutivo el licenciado don Pedro Lascuráin, secretario de Relaciones Exteriores, pero sólo por 45 minutos, tiempo suficiente para firmar la recepción del mando, nombrar al general Huerta ministro de Gobernación y entregar su renuncia. Inmediatamente el general Huerta tomó posesión de su cargo.

Los señores Madero y Pino Suárez, junto con el general Angeles, permanecían detenidos en un cuarto de la intendencia de Palacio. El embajador de Cuba en México, don Manuel Márquez Sterling, obtuvo de las autoridades la seguridad de que Madero y Pino Suárez serían respetados y se les permitiría salir del país, por lo que hizo la petición para que su gobierno mandara al crucero "Cuba" a Veracruz a recoger a los dos funcionarios destituidos. El 22 en la noche un grupo de civiles encabezados por los jefes rurales Francisco Cárdenas y Rafael Pimienta, sacó de Palacio a Madero y a Pino Suárez con el pretexto de llevarlos a la penitenciaría para seguirles proceso por la muerte del general Gregorio Ruiz. El caso es que en la madrugada los señores Madero y Pino Suárez fueron villanamente asesinados a un costado de la penitenciaría.

Pedro Lascuráin Paredes
Presidente de
la República Mexicana
el día 19 de febrero de 1913

EL LICENCIADO LASCURÁIN NACIÓ en la Ciudad de México, el 12 de mayo de 1858. Estudió la carrera de abogado, se recibió a los 24 años e inmediatamente entró a servir como secretario de actas en el ayuntamiento de la ciudad, del que después fue síndico y presidente, así como profesor y director de la Escuela Libre de Derecho. Sirvió en las secretarías de Relaciones Exteriores y Gobernación, durante el gobierno del general Díaz. Era amigo del licenciado León de la Barra y formó parte del gabinete del señor Madero.

Cuando los sucesos de la Decena Trágica el licenciado Lascuráin aconsejó al presidente Madero que renunciara al cargo, porque corría peligro su vida. Al estar presos Madero y Pino Suárez y serles arrancada la renuncia a sus altos cargos, la que fue aceptada por el Congreso en gran mayoría, este cuerpo hizo valer la Constitución de 1857 que mandaba que en ausencia del presidente de la República el encargado del gobierno sería el ministro de Relaciones Exteriores, mientras se nombrara a un presidente interino. Lascuráin, designado por el Congreso, duró en el cargo apenas el tiempo necesario para recibir la investidura, nombrar secretario de Gobernación al general Huerta y presentar su renuncia, con lo que entregó el gobierno al mismo general Huerta. Lascuráin se retiró por completo de la política, dedicándose en adelante al ejercicio de su profesión y de la cátedra. Fue un abogado muy distinguido y de mucha dignidad; se negó a ser miembro del gabinete de Huerta. Falleció en México el 21 de julio de 1952.

Victoriano Huerta Ortega
Presidente interino de la
República Mexicana
del 19 de febrero de 1913
al 15 de julio de 1914

EL GENERAL VICTORIANO HUERTA, indio de raza pura, nació en Colotlán, del Octavo Cantón de Jalisco, el 23 de marzo de 1845. Cuando el general Donato Guerra estuvo en esa población pidió una persona que pudiera ayudarlo en la secretaría de la tropa que mandaba y el cura del lugar le recomendó al joven Huerta, que lo acompañó. Ingresó en el Colegio Militar y fue un brillante alumno, sobre todo en Matemáticas y Astronomía. Fue sargento segundo de alumnos, cumplido y buen compañero. Egresó del plantel como teniente ingeniero. Sirvió en batallones, ascendió por escalafón hasta coronel, en 1894 y recibió el mando del Tercero de Infantería. Fue enviado a hacer la campaña de Yucatán contra los mayas y se distinguió. En 1910, cuando la sublevación de Zapata, fue al sur para combatirle y se condujo con energía y habilidad. En 1911, al renunciar el general Díaz a la Presidencia de la República, el ya general Victoriano Huerta tomó el mando de la escolta para llevarlo hasta Veracruz y rechazó a una partida de revolucionarios que intentó asaltar el convoy.

Huerta estaba a disposición cuando la rebelión de Pascual Orozco en Chihuahua, en marzo de 1912. Después del tremendo fracaso de Rellano, Huerta fue nombrado comandante de la División del Norte

Expedicionaria. En esa campaña estuvo a punto de fusilar a Francisco Villa, coronel irregular, por insubordinación frente al enemigo. Después de las victoriosas acciones de Conejos, Bachimba y Rellano, el orozquismo quedó vencido y Huerta regresó a México, entregó el mando de la tropa y quedó de nuevo a disposición. El general Huerta que no estaba involucrado en el cuartelazo del 9 de febrero, fue nombrado comandante de la guarnición de la plaza de México por recomendación del señor Gustavo A. Madero, relevando al herido general Lauro Villar.

Desde un principio vio la oportunidad de apoderarse del gobierno. Entró en tratos con los sublevados de la Ciudadela y tuvo una entrevista con el general Félix Díaz en la embajada de los Estados Unidos, negociada por el embajador Henry Lane Wilson. Hizo que el general Aureliano Blanquet se apoderase de Madero y del vicepresidente don José María Pino Suárez, a quienes después de arrancarles la renuncia mandó asesinar en la madrugada del día 22. Antes hizo aprehender a don Gustavo A. Madero y lo entregó a los rebeldes de la Ciudadela que lo mataron cruelmente. Como el Congreso no estuvo de acuerdo con las medidas que dictaba Huerta, éste lo hizo disolver en octubre de 1913. El gobernador de Coahuila don Venustiano Carranza, con el Plan de Guadalupe, encabezó un poderoso movimiento armado para combatir la usurpación huertista.

El gobierno de los Estados Unidos, con el pretexto de proteger a sus ciudadanos, mandó bombardear y ocupar el puerto de Veracruz para impedir que Huerta recibiera armamento de Europa. La tropa del gobierno de la usurpación, levantada mediante leva, fue derrotada por los constitucionalistas encabezados por el señor Carranza en Torreón, Zacatecas, Orendáin y otros lugares. Ante una situación tan crítica el general Huerta renunció a la Presidencia el 15 de julio de 1914.

Un crucero alemán lo condujo de Coatzacoalcos a La Habana, de donde salió para Europa seguramente a buscar ayuda. De allí pasó a los Estados Unidos, a principios de junio de 1915. El día 28 de ese mes fue detenido por las autoridades norteamericanas y enviado a la prisión militar del Fuerte Bliss en El Paso, Texas, donde murió el 13 de enero de 1916.

Francisco S. Carvajal

Presidente provisional de la República Mexicana del 15 de julio al 13 de agosto de 1914

EL LICENCIADO CARVAJAL NACIÓ en Campeche, el 9 de diciembre de 1870. Estudió en su ciudad natal y pasó a México donde hizo la carrera de abogado. Ocupó puestos de alguna importancia en la administración porfirista y en 1911 fue comisionado para conferenciar con el señor Francisco I. Madero en busca de la paz. Durante el gobierno del general Huerta fue ministro de la Suprema Corte de Justicia y secretario de Relaciones Exteriores; por eso, cuando renunció Huerta a la presidencia recayó en él ese alto cargo en calidad provisional.

Su gobierno aceptó entrar en tratos con los constitucionalistas triunfantes y nombró una comisión presidida por el general José Refugio Velasco, quien firmó en Teoloyucan, estado de México, los tratados que llevan ese nombre, el 15 de agosto de 1914, por los cuales se licenciaba al Ejército Federal. El licenciado Carvajal marchó a los Estados Unidos y regresó al país en 1922 para dedicarse al ejercicio de su profesión. Murió en la Ciudad de México el 30 de septiembre de 1932.

Venustiano Carranza
Presidente de
la República Mexicana
del 20 de agosto de 1914
al 21 de mayo de 1920

EL SEÑOR DON VENUSTIANO CARRANZA nació el 29 de diciembre de 1859 en el pueblo de Cuatro Ciénegas, del estado de Coahuila. Hizo las primeras letras en su pueblo natal y fue a estudiar al Ateneo Fuente de Saltillo. Pasó a la Escuela Nacional Preparatoria de México; pero tuvo que regresar a su tierra por haberse enfermado de la vista y se encargó de la administración de sus propiedades de campo. Inició la carrera política como presidente municipal de Cuatro Ciénegas, aunque renunció al cargo cuando el gobernador José María Garza Galán trató de reelegirse. Intervino en el incidente el general Bernardo Reyes, se nombró gobernador a José María Múzquiz y Carranza volvió a la alcaldía. Fue diputado local y senador de la República. Fue reyista y oficial de las reservas. Cuando Reyes renunció a su candidatura, el señor Carranza se afilió al antirreeleccionismo. Al ser electo Madero presidente de la República, Carranza, fue gobernador de Coahuila y se ocupó en organizar las milicias estatales y estar presto para cualquier contingencia, de manera que cuando el 18 de febrero de 1913 recibió el telegrama-circular del general Huerta que decía haber destituido al presidente y al vicepresidente y autorizado por el Senado y haberse hecho cargo del poder ejecutivo, el gobernador Carranza convocó a la legislatura local que en pleno desconoció a Huerta como presidente de la República y concedió amplias facultades para luchar por el restablecimiento del orden constitucional en la República.

El día 24 de febrero salió de Saltillo rumbo al norte seguido de su hermano Jesús y por los jefes irregulares Pablo González, Lucio Blanco, Eulalio y Luis Gutiérrez, Jacinto B. Treviño, Francisco Murguía, Cesáreo Castro y otros, con algunas fuerzas de milicias. En la hacienda de Guadalupe, el 26 de marzo, Carranza en unión de sus acompañantes proclamó el Plan de Guadalupe que desconocía a Huerta y creó el ejército que lucharía por el restablecimiento del orden constitucional, por lo que se llamaría Ejército Constitucionalista. Los jefes allí reunidos asentaron en el plan mencionado que don Venustiano Carranza recibía el nombramiento de Primer Jefe de dicha fuerza. De Guadalupe los constitucionalistas partieron hacia Monclova y Piedras Negras. Después de una larga marcha llegaron hasta El Fuerte, Sinaloa, para pasar a Hermosillo donde fueron recibidos por los constitucionalistas del noroeste generales Alvaro Obregón, Benjamín Hill y Ramón F. Iturbe.

Para poder dirigir las operaciones y el gobierno, nombró un gabinete con los señores Rafael Zurbarán, en Gobernación; Francisco Escudero, en Hacienda; Isidro Fabela, en Relaciones Exteriores; Ignacio Bonillas, en Comunicaciones; Felipe Angeles, en Guerra y Marina; Adolfo de la Huerta, en la Oficialía Mayor y Gustavo Espinosa Mireles y Jesús Acuña, en la Secretaría Particular. Los constitucionalistas contaban con el apoyo del gobierno norteamericano y el desembarco de los marineros yanquis en Veracruz, el 21 de abril de 1914, fue para apoyarlos. Se cerró totalmente la frontera a los negociadores de Huerta y se dieron todas las facilidades a los revolucionarios.

La División del Norte al mando del general Francisco Villa se apoderó de la plaza de Torreón, y don Venustiano y su gobierno se establecieron en Chihuahua. El señor Carranza, quien felicitó a Villa por sus triunfos, mandó una columna contra Zacatecas, al mando del general Pánfilo Natera; pero éste fue rechazado por los federales con severas pérdidas, por lo que el general Villa, solamente informando al señor Carranza, se dispuso a marchar con su división que en verdad era todo un cuerpo de ejército, contra Zacatecas. Don Venustiano ordenó que suspendiera el movimiento y que sólo enviara 5,000 hombres a reforzar a Natera. Villa, después de una conferencia telegráfica en la que abiertamente se insubordinó, se lanzó con todo su contingente sobre Zacatecas que cayó en poder de los revolucionarios el día 23 de mayo de 1914.

El distanciamiento entre Carranza y Villa fue definitivo. Probablemente el general Angeles y otros compañeros hayan influido en Villa para que éste pensara que la idea de Carranza era quedarse con la Presidencia, por lo que los generales, jefes y oficiales villistas propusieron reformar el Plan de Guadalupe para evitar que algún jefe constitucionalista pretendiera la Presidencia. Eso iba contra el señor Carranza.

La campaña militar fue una serie de triunfos. El cuerpo de Ejército del Noreste al mando del general Pablo González tomó Monterrey y el puerto de Tampico, mientras el cuerpo de Ejército del Noroeste, al mando del general Alvaro Obregón, en una fulminante campaña iniciada en Guaymas culminó con los triunfos de Tepic, Ahualulco, Orendáin y El Castillo y la toma de Guadalajara, avanzando a Irapuato y en dirección a México. Los zapatistas que formaban el Ejército Libertador del Sur habían llegado a Xochimilco. El general Huerta renunció el 15 de julio y se hizo cargo del ejecutivo el licenciado don Francisco Carvajal, quien envió una comisión a Saltillo a tratar con el señor Carranza sobre los términos para lograr la paz; pero como Carranza exigía la rendición incondicional, la comisión regresó a México y el 13 de agosto de 1914 el general Alvaro Obregón, a nombre del constitucionalismo, recibía la rendición del Ejército Federal en Teoloyucan, Estado de México. Las tropas fueron disueltas y Obregón con las suyas ocupó la Ciudad de México. Carranza entró en la capital el día 20, rehusó el título de presidente interino de la República y conservó el de primer jefe encargado del Poder Ejecutivo. Nombró a sus colaboradores, pidió al gobierno norteamericano la desocupación del puerto de Veracruz y arregló la hacienda pública.

Apenas consumado el triunfo se produjo una escisión en el seno de las fuerzas revolucionarias, las cuales se dividieron en tres facciones: carrancistas, zapatistas y villistas. Zapata, para asegurar el triunfo de los postulados del Plan de Ayala, declaró que estaba dispuesto a reconocer sólo a un gobierno que llevara a la práctica las reformas agrarias. Representantes de Carranza y de Zapata conferenciaron en el estado de Morelos. Los primeros prometieron satisfacer las demandas agrarias e invitaron a Zapata a unir sus fuerzas al constitucionalismo. Emiliano, desconfiando de Carranza como antes había desconfiado de Madero, consideró que sólo podría haber un arreglo cuando el jefe de la revolución firmara un acta de adhesión al Plan de Ayala, y como no pudo conseguirlo se dieron por terminadas las conferencias y quedó planteada la división entre zapatistas y carrancistas.

Asimismo ocurrió un fuerte distanciamiento entre Carranza y Villa, porque aquél veía en las ambiciones de éste un serio peligro para la unidad revolucionaria. Los villistas manifestaron su resolución de no obedecer a otro jefe más que a Villa, quien desconoció a Carranza como primer jefe del Ejército Constitucionalista encargado del Poder Ejecutivo.

El señor Carranza envió al general Alvaro Obregón al norte para que hablase con Villa y evitara el rompimiento; pero Obregón fracasó en las gestiones, con grave peligro de su vida. Villa no aceptó arreglo alguno con Carranza y lanzó un manifiesto en el que desconocía a Carranza y le hacía graves cargos por su actuación.

Carranza, para legalizar la situación, organizó una convención en México el 1o. de octubre de 1914, a la que concurrieron altos jefes militares y gobernadores, todos carrancistas. Ante ellos presentó un informe de los logros del movimiento revolucionario y entregó su renuncia como jefe del Poder Ejecutivo, la que no le fue aceptada. Villa no quiso mandar representantes a México y sin embargo los enviados de Carranza lograron que se llevase a cabo una gran convención en Aguascalientes, a la que habían de concurrir delegados de las tres facciones revolucionarias que se habían formado. Carranza aceptó mandar representantes y éstos marcharon a Aguascalientes donde inició sus labores la convención el 16 de octubre. Al día siguiente llegó Villa acompañado del general Angeles y el 27 se presentaron los delegados zapatistas. Carranza envió su renuncia condicionada a que Villa y Zapata se retirasen a la vida privada y fuera establecido un gobierno que convocase a un Congreso Constituyente.

La Convención determinó que cesaban al señor Carranza como primer jefe del ejército constitucionalista encargado del Poder Ejecutivo y el general Villa como jefe de la División del Norte, debiendo procederse a nombrar un presidente interino que cumpliera el programa de gobierno resultante de aquella soberana asamblea. Empero Villa no dejó el mando de la División del Norte y el 5 de noviembre la Convención nombró presidente provisional de la República al general Eulalio Gutiérrez. Como a instancias del señor Carranza los norteamericanos estaban a punto de desocupar Veracruz, se puso en marcha hacia dicho puerto y en Córdoba desconoció a la Convención de Aguascalientes y sus acuerdos apoyados por Zapata y Villa. Carranza llegó a Veracruz recién evacuada por los marineros norteamericanos y allí instaló su gobierno a partir del 2 de noviembre.

Al desocupar la Ciudad de México los constitucionalistas, entonces carrancistas, entraron en ella las fuerzas de Zapata y de Villa. Don Eulalio estableció su gobierno en la capital y en Xochimilco se pactó la unión de las fuerzas surianas con la División del Norte.

El general Gutiérrez, impotente para hacer valer su autoridad como presidente de la República después de haber intentado en vano convencer a Villa y Zapata de los graves males que se estaban produciendo por el estado de zozobra en que tenían a la capital, abandonó la ciudad con algunas fuerzas que le eran adictas y marchó en dirección a San Luis Potosí, en enero de 1915. Entonces fue designado presidente provisional de la República el general Roque González Garza. La desunión de los convencionistas y la pugna sangrienta entre villistas y zapatistas que cada noche se asesinaban entre sí en vía de "diversión", permitieron que los carrancistas al mando del general Obregón avanzaran hacia

México, obligando al gobierno de González Garza a evacuar la capital el 26 de enero, para trasladarse a Cuernavaca.

Serias disputas surgidas con los jefes rebeldes, que lo amenazaron de muerte, hicieron que González Garza renunciara. Fue designado en su lugar el licenciado Francisco Lagos Cházaro, quien al poco tiempo renunció y salió del país.

A principios de 1915 el señor Carranza y su gobierno se encontraban instalados en Veracruz. El general Obregón había ocupado la capital abandonada por los gobiernos de la Convención, e inmediatamente se puso en campaña hacia el centro del país, que se hallaba en poder de Villa; llegó a Querétaro y los villistas se concentraron en Irapuato. Los carrancistas avanzaron a Celaya, donde fueron atacados por las fuerzas de Villa los días 6 y 7 de abril, pero éstas fueron rechazadas con serias pérdidas.

Se libró una segunda y terrible batalla en las llanuras de Celaya los días 13, 14 y 15 de abril, en la que de nuevo los villistas fueron derrotados y obligados a retirarse a León, donde se hicieron fuertes. En un bombardeo la esquirla de una granada hirió en el brazo derecho al general Obregón, por lo que fue sustituido por el general Manuel M. Diéguez que continuó la campaña contra Villa en el norte. Villa tenía ya muy pocos elementos. El 1o. de noviembre de 1915 los villistas atacaron la población de Agua Prieta, defendida con buen éxito por el general Plutarco Elías Calles. Villa intentó apoderarse de Hermosillo pero también fue rechazado, por lo que entró en el territorio del estado de Chihuahua donde se dedicó a cometer violencias y depredaciones.

Con esos sucesos Carranza quedaba triunfante. En cumplimiento del decreto de diciembre de 1914 su gobierno expidió en Veracruz la ley del Municipio Libre, la de Restitución y Dotación de Ejidos, la de Supresión de las Tiendas de Raya y la del Establecimiento Obligatorio de Escuelas en las Fábricas y Haciendas. La ley de Restitución y Dotación de Ejidos fue formulada por el licenciado Luis Cabrera y emitida el 6 de enero de 1915. El señor Carranza mandó a Yucatán como gobernador y comandante militar al general Salvador Alvarado, hombre progresista que se ocupó de estudiar los problemas de la Península y promulgó varias leyes de tendencias social, agraria, obrera, de relaciones familiares y de educación, que significaron un cambio radical en las antiguas estructuras yucatecas.

El gobierno de Carranza fue reconocido de hecho por los Estados Unidos y por otras naciones reunidas en la Conferencia Panamericana en Washington, el 9 de octubre de 1915. En tales condiciones y pacificado casi todo el país, Carranza dispuso el traslado del gobierno a la ciudad de Querétaro donde, por decreto del 14 de septiembre de 1916, convocó a un Congreso Constituyente que le diera nueva forma a la vida legal del país. El Congreso quedó instalado en Querétaro el 1o. de diciembre de 1916 y figuraron en él muchos jefes militares y políticos que habían tomado parte en la lucha armada. Se apreció desde luego la existencia de dos grupos con ideas diferentes: el renovador y el radical. El primero se apoyó en los postulados del antiguo grupo maderista y el segundo en ideas más avanzadas y con tendencias radicales, por lo que fue llamado "grupo jacobino".

Carranza envió al Congreso un proyecto de Constitución bastante moderado, cuyos principios no significaban un cambio completo en la vida de la nación; antes bien, en la convocatoria para reunir al congreso se decía que sería respetado el espíritu liberal de la Constitución de 1857. Los diputados "renovadores" que apoyaban a don Venustiano propusieron algunas reformas moderadas que tendían a satisfacer poco a poco los intereses de la clase trabajadora; pero el grupo "radical", muy influido por el ideario de los Flores Magón, por los anarquistas de la Casa del Obrero Mundial y por otra gente de ideas "avanzadas", entró en discusiones a veces apasionadas y violentas para hacer sentir la necesidad de incluir en la nueva Carta Magna principios básicos en favor de obreros y campesinos.

Son sin duda hijos de los debates y exposiciones acalorados del constituyente de Querétaro los artículos 3o., 27 y 123, que caracterizan a la Constitución Mexicana de febrero de 1917. El artículo 3o. se refiere a que la educación debe ser laica, científica, democrática, nacional y social; proclama el **carácter gratuito y obligatorio de la** enseñanza primaria y prohibe terminantemente la intervención de corporaciones religiosas y ministros de cualquier culto en la enseñanza. El artículo 27 elevó a la categoría de constitucionales los enunciados del Plan de Ayala y sobre todo los de la ley del 6 de enero. El artículo 123 determina las condiciones del trabajo y de la previsión social: el derecho de los obreros para unirse en defensa de sus intereses, la jornada máxima de ocho horas, prohibición de trabajos insalubres para mujeres y niños, el día de descanso, la seguridad social y otras condiciones que posteriormente originaron la Ley Federal del Trabajo.

En 1916, muy disgustado el general Villa por el reconocimiento del gobierno de Carranza por parte de los Estados Unidos, trató de crearle un conflicto que tuviera serias consecuencias. Una partida de villistas cruzó la línea fronteriza y atacó, causando algunas muertes y daños, la población de Columbus, Nuevo México. El gobierno norteamericano comisionó al general John J. Pershing para que con una fuerza expedicionaria punitiva entrase en territorio mexicano, a perseguir a Villa. Carranza protestó por la medida de los norteamericanos y dio órdenes para que no se les permitiera el avance al sur a quienes iban ya en dirección de Villa Ahumada. En un lugar llamado El Carrizal el general Félix W. Gómez marcó el alto a un destacamento norteamericano al mando de un capitán de apellido Boyd, quien dijo no acatar órdenes más que de sus superiores y pretendió avanzar. Los constitucionalistas le hicieron frente y se libró un combate en el que Boyd murió y sus soldados se retiraron dejando algunos muertos y prisioneros. El general Gómez también murió en la acción. Los países iberoamericanos opinaron en favor de México, se integró una comisión de representantes de los Estados Unidos y de México que se reunieron en septiembre de 1916 en la ciudad de Nueva York y el 24 de noviembre del mismo año fue firmado el tratado por el cual se retiraban las tropas de la expedición punitiva, orden que tuvo efecto hasta el día 6 de febrero de 1917, sin que los yanquis lograran capturar a Villa.

De acuerdo con la disposición de la Carta Magna de 1917, se llevaron a cabo elecciones para presidente de la República —la vicepresidencia había desaparecido— y para senadores y diputados. Resultó electo para el primer cargo don Venustiano Carranza, del 1o. de mayo de 1917 al 20 de noviembre de 1920.

Zapata continuaba en rebeldía y llevaba a cabo una intensa guerra de guerrillas. A pesar de que los constitucionalistas tenían mucha tropa en Morelos, los zapatistas controlaban grandes extensiones de tierra y muchos pueblos. El presidente Carranza trató muchas veces de entrar en arreglos con Zapata pero éste, muy desconfiado, rechazó las intenciones del gobierno. En enero de 1919 Carranza comisionó al general Pablo González para acabar con Zapata; pero González, reconociéndose incapaz para llevar a cabo la misión, encargó al coronel Jesús Guajardo que consumase la traición. Guajardo simuló gran enemistad con Carranza, se unió a Zapata, logró ganar su confianza y lo invitó a comer en la hacienda de San Juan Chinameca, Morelos. Apostó tiradores en los techos de las trojes y cuando Zapata llegó fue recibido con una descarga cerrada de la "guardia", que lo acribilló. Era el 10 de abril de 1919.

Ya para terminar el periodo presidencial, el señor Carranza decidió que fuese un civil quien ocupara la primera magistratura para separar a los caudillos militares del poder, y puso toda su influencia en que lo sucediera el ingeniero Ignacio Bonillas, persona de su confianza pero completamente desconocida y que no podría enfrentarse a la recia personalidad del general Alvaro Obregón, candidato del Partido Liberal Constitucionalista y de la mayoría de los militares.

El estado de Sonora fue el principal foco de oposición contra el gobierno, por lo que Carranza ordenó en marzo de 1920 que una columna de tropa marchara hacia allá; pero los tres poderes de la entidad acusaron al Ejecutivo Federal de atropellos y declararon reasumir su soberanía. Los jefes militares con mando de tropas en el noroeste se rebelaron contra el régimen y el 23 de abril proclamaron el Plan de Agua Prieta por el que se desconocía a Carranza. La rebelión cundió en toda la República, por lo que el señor Carranza resolvió establecer su gobierno en Veracruz y salieron varios trenes con toda su impedimenta de la capital. La columna gubernamental en escapatoria libró violentos combates contra fuerzas rebeldes en Apizaco, Rinconada y Estación Aljibes.

Los rebeldes levantaron la vía por lo que Carranza, su gabinete y algunos de sus generales fieles, aunque sin tropas, se pusieron en camino a caballo rumbo a la sierra de Puebla y llegaron al poblado de Tlaxcalantongo la tarde del 20 de mayo. En la madrugada del día 21 una partida de tropa del general Rodolfo Herrero, que en apariencia era fiel al gobierno y le daba seguridad, baleó el jacal donde dormía Carranza, a quien dio muerte. El cadáver fue trasladado a la Ciudad de México y sepultado en el cementerio civil el día 25. El 5 de febrero de 1942 los restos fueron trasladados al Monumento a la Revolución.

Eulalio Gutiérrez

Presidente provisional de la República Mexicana del 3 de noviembre de 1914 al 16 de enero de 1915

EL GENERAL GUTIÉRREZ NACIÓ en la hacienda de Santo Domingo, del municipio de Ramos Arizpe, estado de Coahuila, en el año de 1880. Desde muy joven empezó a trabajar en la mina de Concepción del Oro. Al constituirse el Partido Liberal Mexicano encabezado por el ingeniero Camilo Arriaga y los hermanos Flores Magón, se afilió a él. Después, en 1909, se unió al Partido Antirreeleccionista y cuando se levantó en armas el señor Madero se presentó ante él y tomó parte en la campaña.

Terminada la revolución maderista don Eulalio regresó a su Estado y fue nombrado presidente municipal de Ramos Arizpe, aunque volvió a tomar las armas con el Plan de Guadalupe para colaborar con don Venustiano Carranza en el restablecimiento de la legalidad en México. Fue miembro del Ejército Constitucionalista, sirvió a las órdenes del general Pablo González y se distinguió por su valentía, honradez e ideas puras y limpias. Fue de los miembros de la comisión nombrada por Carranza para que asistiera a la Convención de Aguascalientes a tratar de evitar la escisión revolucionaria.

Representantes de los tres grupos, zapatistas, carrancistas y villistas, lo nombraron presidente provisional de la República y formó su gabinete así: Lucio Blanco, Gobernación; José Vasconcelos, Instrucción Pública y Bellas Artes; Valentín Gama, Fomento; Felícitos Villarreal, Hacienda; José Isabel Robles, Guerra y Marina; Manuel Palafox, Agricultura; Manuel Chao, gobernador del Distrito Federal; general Mateo Almanza, comandante de la guarnición de México y Pánfilo Natera, presidente del Supremo Tribunal Militar.

Llegó a México el 3 de noviembre de 1914 pero casi en calidad de prisionero de Villa, quien le tenía muy restringido su campo de acción. En varias ocasiones trató de desempeñar las funciones de su alto cargo, pero Villa y sus lugartenientes no lo tomaban en cuenta, menos lo obedecían y lo amenazaban constantemente para que hiciera lo que Villa ordenaba. Ante esta situación, con muy poca tropa que le era fiel salió sigilosamente de la capital el 16 de enero de 1915 y se declaró en rebeldía tanto ante Villa como frente a Carranza. El 2 de julio, en un lugar llamado Ciénaga del Toro, publicó un manifiesto con acusaciones contra Villa y contra Carranza y los declaró enemigos del verdadero espíritu de la revolución, al mismo tiempo que daba por terminada su función presidencial.

Salió con algunos partidarios hacia la frontera y se internó en los Estados Unidos, de donde regresó a invitación del general Alvaro Obregón, en 1920. Senador por Coahuila y gobernador del Estado, en 1928 no fue partidario de la reelección de Obregón y en 1929, contra el maximato de Calles, se levantó en armas secundando al general José Gonzalo Escobar. El general Gutiérrez al ser derrotados los escobaristas, se instaló en San Antonio, Texas, de donde amnistiado regresó a México en 1935. No volvió a figurar en política y se dedicó a asuntos particulares. Murió en Saltillo, Coahuila, el 12 de agosto de 1939.

Roque González Garza
Presidente provisional de la República Mexicana del 16 de enero al 10 de junio de 1915

EL GENERAL ROQUE GONZÁLEZ GARZA nació en Saltillo, Coahuila, el 23 de marzo de 1885. Estudió la carrera de comercio, en su ciudad natal y en México. Desde muy joven conoció a don Francisco I. Madero, con quien hizo amistad muy firme y lo acompañó en todas sus giras para fundar clubes antirreeleccionistas y en las de la candidatura. En Monterrey González Garza tomó la palabra y acusó al gobierno de no respetar la libertad de sufragio y actuar con amenazas y persecuciones. La policía de esa capital recibió orden de detenerlo aunque logró escabullirse, por lo que Madero fue arrestado con el pretexto de proteger su fuga. Al día siguiente se presentó González, fue detenido y enviado junto con Madero a la penitenciaría de San Luis Potosí, mientras se efectuaban las elecciones en las que salió electo para un nuevo periodo presidencial el general Porfirio Díaz y para la vicepresidencia don Ramón Corral.

El licenciado Limantour, amigo de Madero y de su familia, les aconsejó pedir la libertad caucional que obtuvieron fácilmente. Madero escapó a San Antonio y después se le unió González Garza, quien lo acompañó en la rebelión e hizo amistad con don Abraham González que lo presentó a Francisco Villa del que fue muy amigo. Cuando Madero fue presidente González Garza estuvo con él hasta el cuartelazo del 9 de febrero de 1913 en que escapó al norte para unirse a Villa a quien acompañó en toda la campaña contra Huerta. Rota la unidad revolucionaria por las diferencias entre Villa y Zapata con Carranza, González Garza formuló un programa de principios presentado por los villistas; fue de quienes propusieron al general Eulalio Gutiérrez para la Presidencia provisional y cuando éste abandonó el cargo por dificultades con Villa fue nombrado presidente don Roque y se ocupó en desarrollar una labor de reconciliación de las facciones revolucionarias, pero dejó la Presidencia por la obstrucción que hizo en su contra el zapatista Manuel Palafox y entregó el cargo al licenciado Francisco Lagos Cházaro, el 11 de julio de 1915. Volvió a incorporarse a las fuerzas villistas y tomó parte en varios combates con Canuto Reyes y Rodolfo Fierro; cuando el villismo fue derrotado se exilió y sólo volvió al país hasta la muerte de Carranza. Se le reconoció el grado de general de división, fue presidente de la Legión de Honor y el presidente López Mateos, en 1962, lo nombró jefe de obras en Meztitlán, Hgo. Escribió algunas obras de historia de la revolución. Murió en la Ciudad de México el 12 de noviembre de 1962.

Francisco Lagos Cházaro

Presidente provisional de la República Mexicana del 10 de junio al 10 de octubre de 1915

EL LICENCIADO LAGOS CHÁZARO nació en Tlacotalpan, Veracruz, el 30 de septiembre de 1878. Estudió la carrera de leyes en Veracruz y en México. En 1909 se afilió al Partido Antirreeleccionista, del que fue miembro muy activo. Al triunfo del maderismo fue síndico del ayuntamiento de Orizaba y gobernador por elección del estado de Veracruz, cargo que desempeñaba cuando se produjo el asesinato del presidente Madero y marchó a presentarse con don Venustiano Carranza en Saltillo.

El señor Carranza lo nombró presidente del Supremo Tribunal de Justicia del estado de Coahuila. Al ocurrir la escisión revolucionaria Lagos Cházaro se unió al villismo en la ciudad de Chihuahua, donde fundó y dirigió el periódico "Vida Nueva". En la convención de Aguascalientes fue secretario del general Roque González Garza, en lo que siguió cuando dicho general se encargó de la Presidencia de la República, hasta que renunció entregándole el poder a Lagos Cházaro. Este, ante la amenaza del avance de los carrancistas, trasladó su gobierno a la ciudad de Toluca, de donde tuvo que salir poco después porque los miembros del gabinete fueron disgregándose. Trató de incorporarse a Villa en el norte, cosa que le fue imposible. Marchó a Manzanillo, donde embarcó para Centroamérica y vivió en Costa Rica, Honduras y Nicaragua. Regresó al país en 1920 y se dedicó al ejercicio de su profesión. Murió en México el 13 de noviembre de 1932.

# 24

Los gobiernos post-revolucionarios

Del presidente Carranza
al gobierno del general
Abelardo L. Rodríguez

Adolfo de la Huerta
Presidente provisional de la República Mexicana del 1º de junio al 30 de noviembre de 1920

Don Adolfo de la Huerta nació en Hermosillo, Sonora, el 26 de mayo de 1881. Estudió en el Colegio de Sonora en su ciudad natal y en la Escuela Nacional Preparatoria en México; llevó cursos de contabilidad, de música y de canto. En 1900 quedó huérfano y se estableció en Guaymas, donde fue ayudante de tenedor de libros, comerciante, empleado de un banco, gerente de una tenería y profesor de canto. En 1908 se afilió al Partido Antirreeleccionista, del que fue representante en Guaymas y resolvió venir al centro del país para tomar parte en la campaña política en favor del señor Madero.

Cuando renunció a la Presidencia el general Díaz, el señor De la Huerta fue nombrado diputado local y tomó parte muy activa en las negociaciones de paz con las tribus yaquis. Estaba en la Ciudad de México para el arreglo de algunos asuntos políticos y fue testigo presencial de los acontecimientos del cuartelazo de la Ciudadela el 9 de febrero de 1913. Se presentó con Madero en Chapultepec y lo acompañó hasta Palacio, cooperó con el gobierno durante la llamada Decena

Trágica y al ocurrir el asesinato de Madero y Pino Suárez marchó a Monclova, Coahuila, para presentarse con don Venustiano Carranza en la lucha contra los usurpadores. Al triunfo del constitucionalismo fue nombrado oficial mayor de la Secretaría de Gobernación y encargado del despacho; el 5 de mayo de 1916 se le designó gobernador provisional de Sonora, puesto que desempeñó con mucha actividad y eficiencia tocándole promulgar la Constitución de 1917.

Fue designado de nuevo oficial mayor de Gobernación, senador de la República, cónsul general en Nueva York en 1918 y gobernador de Sonora a partir del 1o. de diciembre. Distanciado del presidente Carranza por el apoyo que éste dio al ingeniero Bonillas para que le sucediera en el cargo, De la Huerta y el Congreso de Sonora declararon que el Estado asumía su soberanía. Carranza intentó mandar tropas para someter a Sonora, pero entonces los jefes militares con mando que se encontraban allá se levantaron en armas. Reunidos todos formularon y firmaron el Plan de Agua Prieta el 23 de abril de 1920, por el cual desconocían a Carranza y a su gobierno, reiniciándose la guerra civil que terminó prácticamente el 20 de mayo de 1920 al ser asesinado el presidente Carranza en Tlaxcalantongo, de la sierra de Puebla, cuando iba con alguna gente de su confianza con rumbo a Veracruz. Entonces, el Congreso de la Unión lo nombró presidente provisional de la República, cargo que recibió el 1o. de junio de 1920. Durante el corto tiempo en que lo desempeñó, el señor De la Huerta dedicó sus esfuerzos a consolidar la paz. Los jefes zapatistas reconocieron al nuevo gobierno, el general Francisco Villa que se mantenía en rebelión fue muy bien tratado por De la Huerta y se rindió en Sabinas, Coahuila. El gobierno regaló a Villa, a nombre de la nación, la hacienda de Canutillo y le pagaba una fuerte escolta.

Posteriormente, cuando un periodista preguntó a Villa por quién se inclinaría en las próximas elecciones, entre don Adolfo de la Huerta y el general Alvaro Obregón, Villa declaró que por "Fito" de la Huerta. Problamente esto costó que lo asesinaran. Don Adolfo fue secretario de Hacienda y Crédito Público, del primero de diciembre de 1920 al 25 de septiembre de 1923. Reanudó los arreglos de la deuda externa y concertó el tratado De la Huerta-Lamont que aseguró y redujo las responsabilidades en dinero contraídas por los gobiernos durante la revolución.

Renunció a ese puesto para aceptar su candidatura a la Presidencia de la República, pero como el general Obregón estaba más comprometido con el general Calles, De la Huerta, aconsejado por sus partidarios civiles y militares, salió para Veracruz el 7 de diciembre de 1923 y se levantó en armas contra el gobierno. A pesar de que De la Huerta contaba con muchos partidarios y tropas, principalmente en Jalisco con el general Enrique Estrada, los delahuertistas fueron derrotados completamente en junio de 1924. De la Huerta escapó a Estados Unidos y se radicó en Los Angeles, donde abrió una academia de canto de mucho renombre. Regresó al país en 1935 y fue nombrado visitador general de consulados y más tarde director general de Pensiones Civiles. Murió en la Ciudad de México el 9 de julio de 1955.

Alvaro Obregón
Presidente de
la República Mexicana
del 1º de diciembre de 1920
al 30 de noviembre de 1924

EL GENERAL OBREGÓN NACIÓ EN LA HACIENDA DE SI-QUISIVA, municipio de Alamos, Sonora, el 19 de febrero de 1880. Tipo muy inteligente, con una memoria extraordinaria, organizador y trabajador, aprendió las primeras letras en su casa y después se dedicó al comercio, a la agricultura y a la mecánica. Fue dueño de un café, a donde concurrían oficiales del ejército, con algunos de los cuales hizo amistad y ellos le enseñaron algo de táctica y de organización militar. Compraba y vendía semillas en los pueblos de Huatabampo, Navolato y otros más. Tenía 20 años cuando tuvo que ponerse al frente de su familia para sostenerla. Siempre fue tenaz y moderado en sus usos y costumbres. Se le acusaba de que fue vengativo y de que jamás perdonó a alguien que le hubiera hecho alguna jugada. De espíritu alegre y festivo, componía versos de "juguete", era burlista y muy buen inventor de cuentos de autocrítica, que se han hecho famosos.

Con su trabajo y ahorros compró una casa y un pequeño rancho en la margen izquierda del río Mayo, al que llamó "La Quinta Chilla" por su carencia de lujos. En 1911 fue electo presidente municipal de Huatabampo. En 1912 ofreció sus servicios al gobierno del Estado, para combatir la rebelión orozquista; reunió trescientos hombres con los que formó el cuarto batallón de Sonora y recibió el grado de teniente coronel. Incorporado a las fuerzas del general Agustín Sanginés tomó parte en toda la campaña, en la que se distinguió por su valor y habilidad táctica. Terminada la guerra se dio de baja, en enero de 1913.

En febrero de ese año, al ocurrir los acontecimientos de la Decena Trágica y la muerte del presidente Madero, fue nombrado comandante de la guarnición de Hermosillo y pocos días después, cuando el gobernador Ignacio L. Pesqueira sustituyó a don José María Maytorena y desconoció al gobierno del general Victoriano Huerta, se le dio el nombramiento de jefe de la Sección de Guerra del Estado y fue ascendido a coronel, teniendo a sus órdenes a los coroneles Juan G. Cabral, Salvador Alvarado y Benjamín Hill, que tenían mando de tropas. Se puso en campaña y derrotó a las fuerzas federales en varios lugares del estado; concurrió en Monclova a una convención con los constitucionalistas y quedó subordinado al primer jefe don Venustiano Carranza. Ganó la batalla de Santa Rosa y fue ascendido a general brigadier y el 27 de junio, después de otras acciones triunfales ascendió a general de brigada. Puso sitio a Guaymas, se entrevistó con el señor Carranza en El Fuerte y en Hermosillo fue nombrado comandante en jefe del Cuerpo de Ejército del Noroeste. Reclutó e instruyó más tropas para avanzar hacia el sur. En Mazatlán logró destruir el cañonero "Morelos"; dejó al general Ramón F. Iturbe bloqueando a la guarnición federal del puerto y llegó a Tepic donde reprimió la intervención política del clero y elevó a la categoría de divisiones a las fuerzas de Diéguez, Hill y Cabral, para avanzar sobre Jalisco.

Al derrotar a los federales en Ahualulco, Orendáin y El Castillo, fue ascendido a general de división y dejando bloqueado Manzanillo se apoderó de Colima y de Guadalajara. El 14 de julio de 1914 Victoriano Huerta entregó la Presidencia de la República al licenciado Francisco Carvajal, quien inició negociaciones con Obregón. Este declaró que el único que podía resolver el asunto era el primer jefe del

Ejército Constitucionalista y que seguirían las operaciones. La progresión hacia la Ciudad de México era rápida, todas las poblaciones grandes fueron quedando en poder de las fuerzas al mando de Obregón y en Teoloyucan, del estado de México, con la autorización del señor Carranza, el día 13 de agosto firmó los tratados que pusieron término a la existencia del Ejército Federal. El 15 de ese mismo mes, al frente de 18 mil hombres, hizo su entrada en la Ciudad de México. Carranza llegó a la capital el día 20 y comisionó a Obregón para que marchara a Chihuahua a tratar de arreglar las diferencias con Villa.

Logrado un pequeño arreglo regresó a México y volvió a Chihuahua para tratar de impedir la rebelión de Villa mas éste, muy disgustado, quiso fusilar a Obregón dos veces; lo salvó su sangre fría y logró escapar finalmente, hasta llegar a México donde el señor Carranza llevó a cabo una gran Convención que no tuvo buen éxito, aunque se aceptó llevar a cabo otra reunión de los grupos revolucionarios en Aguascalientes, declarada ciudad neutral. El día 10 de octubre se iniciaron los trabajos de la llamada Convención Soberana, con los representantes de Villa y de Zapata. El 6 de noviembre la convención desconoció a Carranza como Presidente de la República. El señor Carranza se puso en marcha hacia Veracruz ya desalojado por los norteamericanos. En Orizaba desconoció a la Convención, se estableció en el puerto y el 13 de diciembre de 1914 nombró al general Obregón jefe de operaciones del Ejército Constitucionalista y casi sin resistencia ocupó la Ciudad de México abandonada por los convencionistas el día 22. Como Obregón encontró irregularidades en la capital, por parte de los comerciantes y del clero, puso presos a sus miembros y los sacó a las calles a barrerlas.

Alistó en sus tropas a los batallones rojos formados por trabajadores afiliados a la Casa del Obrero Mundial y salió a campaña hacia Querétaro. Entre tanto el general Villa reunía sus fuerzas en Irapuato, unos 22 mil hombres con suficiente artillería, y avanzaba sobre Celaya ocupada por la tropa de Obregón, librándose una gran batalla el 6 de abril de 1915, en la que los villistas fueron rechazados. Obregón recibió algunos refuerzos y el día 7 los villistas volvieron a atacar y fueron derrotados otra vez. La situación era crítica y Villa recibió más refuerzos. Atacó furiosamente el día 15, el 16 y el 17, desgastándose en forma inútil. La caballería de Obregón tomó la ofensiva y la derrota del enemigo fue completa. Villa se retiró a Irapuato y de allí a León. Había perdido muchos efectivos y sus mejores hombres cayeron en el campo de batalla.

El ejército al mando del general Obregón avanzó a Salamanca, Irapuato y Silao, donde los villistas volvieron a atacar en la llanura de La Trinidad, pero ya sin la energía de las acciones anteriores y fueron detenidos. El día 3 de mayo estaba el general en la hacienda de Santana del Conde y explicaba a sus oficiales por dónde atacar las posiciones enemigas próximas a León, cuando una granada estalló cerca y un fragmento le cercenó el brazo derecho. Obregón, gravemente herido, fue llevado a la hacienda de La Trinidad para atención médica. El general Benjamín Hill asumió el mando de los constitucionalistas y terminó de derrotar a Villa, ocupando la ciudad de León. El general Obregón estuvo en esa plaza y después que sus tropas avanzaron en Lagos y en Encarnación de Díaz, reasumió el mando.

Los villistas, diseminados en guerrillas, hostilizaban a las tropas de Obregón. El jefe villista Rodolfo Fierro se desprendió de León con algunos escuadrones de muy buena caballería y llevó a cabo un memorable ataque sobre la retaguardia constitucionalista, dejó aisladas a las fuerzas de Obregón y asoló El Bajío. La última acción formal contra los villistas fue en la barranca de Calvillo, en Aguascalientes, ciudad ocupada el 10 de julio, sorpresivamente, y donde lograron los constitucionalistas apoderarse de algunos trenes con muchos abastecimientos y municiones del enemigo. En una serie de acciones parciales, muy bien dirigidas por Obregón, los constitucionalistas ocuparon todas las plazas importantes del norte del país.

Villa escogió mil hombres, muy buenos jinetes y gente decidida, con la que se movía a una velocidad increíble. Estaba en Chihuahua y de pronto atacó Agua Prieta, Sonora, donde fue rechazado por el general Plutarco Elías Calles, aunque siguió en una intensa campaña de devastación y de violencia que le acarreó muchos enemigos. Cuando Villa atacó la población norteamericana de Columbus y se produjo la entrada al país de la expedición punitiva, el gobierno nombró al general Obregón secretario de Guerra y Marina, el 13 de marzo de 1916. Se trasladó a la frontera y trató con los norteamericanos sobre el retiro de la expedición punitiva, para evitar mayores problemas.

Durante su gestión se fundó la Escuela de Estado Mayor y la Escuela Médico Militar. El primero de mayo de 1917, ya establecido el régimen constitucionalista, se retiró del activo y se fue a Sonora para dedicarse a labores agrícolas. Fundó una agencia comercial y la Unión Garbancera, para organizar el cultivo, cosecha y venta de ese grano del que Sonora ha sido gran productor mundial.

A instancias de sus amigos, compañeros de armas y partidarios, que los tenía muchos, en Nogales, el primero de junio de 1919, aceptó oficialmente la candidatura para la Presidencia de la República, lo que no fue bien visto por el presidente Carranza. Los clubes obregonistas surgieron por todos lados y el candidato hizo una gira de propaganda con gran éxito por varios estados. Carranza pretendió inhabilitarlo; se le inodó en ciertas responsabilidades militares, por lo que tuvo que presentarse en México a responder de los cargos, pero siendo amagado por la policía resolvió escapar la madrugada del 13 de abril, disfrazado de ferrocarrilero en un tren que lo llevó a Iguala donde fue recibido por su amigo el general Fortunato Maycotte, uno de sus colaboradores más efectivos en las batallas de Celaya.

Estaba en Chilpancingo y allí declaró que volvía a tomar las armas para unirse al gobierno de Sonora que había desconocido al señor Venustiano Carranza como presidente de la República, el 23 de abril, al proclamar el Plan de Agua Prieta. La rebelión cundió por todo el país y el presidente Carranza resolvió trasladar su gobierno a Veracruz. Tras de algunos combates en Apizaco, Rinconada y Aljibes, el señor Carranza y sus acompañantes se pusieron en camino, a caballo. Cuando descansaban en el poblado de Tlaxcalantongo, en la Sierra de Puebla, una partida de sublevados tiroteó el jacal donde dormía el señor Carranza, en la madrugada del 21 de mayo de 1920 y le dio muerte.

De acuerdo con el Plan de Agua Prieta recibió provisionalmente la Presidencia de la República el señor Adolfo de la Huerta, quien convocó a elecciones. Resultó triunfador el general Alvaro Obregón y tomó posesión de la Presidencia de la República el primero de diciembre de 1920. La gestión presidencial de Obregón puede ser resumida en la forma siguiente: disminuyó el ejército tan numeroso, creado durante la revolución, a un efectivo no mayor a los 60 mil hombres. Arregló las relaciones internacionales suscribiendo el tratado De la Huerta-Lamont con los Estados Unidos, que redujo y fijó las responsabilidades financieras contraídas por gobiernos anteriores. Negoció un arreglo sobre reclamaciones de ciudadanos norteamericanos, los tratados de Bucareli que al ser firmados en Washington y en México dieron lugar a la reanudación de relaciones diplomáticas, el 31 de mayo de 1920. Celebró en 1921 el centenario de la consumación de la Independencia y decretó con ese motivo la acuñación de moneda que sustituía a los billetes emitidos por el gobierno del señor Carranza.

Para regular estas actividades fue creada la Comisión Monetaria. Se repararon las vías férreas y líneas telegráficas, que habían sido tan dañadas durante la lucha armada. Se formuló y fueron emitidas leyes para la estructuración, funcionamiento y atribuciones del Cuerpo Diplomático y Consular. Se ingresó formalmente en la Unión Postal Universal y fueron otorgadas las primeras concesiones para la navegación aérea. El gobierno del general Obregón se ocupó de la industria petrolera y creó un departamento encargado de esa actividad dentro de la Secretaría de Industria y Fomento, Comercio y Trabajo. Se negoció la repatriación de varios miles de compatriotas que quedaron sin trabajo en los Estados Unidos al cerrar muchas industrias como repercusión del final de la guerra en Europa. Se organizó la Compañía Naviera Mexicana, con capital particular y un fuerte impulso. De Popotla se trasladó a la hacienda de Chapingo la Escuela Nacional de Agricultura. Seguramente el mayor acierto del gobierno obregonista fue haber nombrado como secretario de Educación Pública al licenciado don José Vasconcelos, quien le dio un enorme impulso, como nunca, a la enseñanza de todos los niveles: para niños en las ciudades y en el campo, la instrucción industrial y la creación del Instituto Técnico Industrial que después fue el Politécnico.

Se mandaron imprimir cartillas para enseñar a leer, fueron fundadas muchas bibliotecas y escuelas y se estimuló la pintura. Un antiguo cuartel abandonado lo convirtió Vasconcelos en la espléndida Secretaría de Educación, decorada magníficamente por el gran artista mexicano Diego Rivera. Se reestructuró a la Universidad de México, dependiente de la Secretaría de Educación; se puso atención en los problemas agrarios y obreros. En materia laboral la Confederación Regional Obrera Mexicana, la CROM, recibió franco apoyo del gobierno.

En 1921 fue fundada una agrupación obrera de tendencia comunista, lo que provocó la reacción de grandes grupos de trabajadores católicos mediante la Confederación Nacional Católica del Trabajo. Cuando parecía que todo iba bien, se supo que Francisco Villa había sido asesinado en Parral, Chih., el 20 de julio de 1923. Se asegura que el general Obregón mandó matarlo, porque no dejaba de representar un serio peligro dado que había declarado que si surgía la candidatura de don Adolfo de la Huerta, él la apoyaría.

El 24 de septiembre de 1923 el señor De la Huerta renunció a la Secretaría de Hacienda para el 19 de octubre aceptar la candidatura a la Presidencia de la República. El 6 de diciembre se levantó en armas en Veracruz, el general Enrique Estrada lo hizo en Jalisco y Maycotte y García Vigil en Oaxaca. Un batallón en Mérida aprehendió e hizo fusilar al líder socialista Felipe Carrillo Puerto y a sus hermanos. El general Alvarado y otros más fueron muertos en diferentes lugares.

Con una actividad notable el general Obregón organizó efectivos de un ejército, ya que la mayoría de las tropas veteranas se había sublevado y mediante grandes maniobras divergentes derrotó a los rebeldes. Los jefes que cayeron prisioneros, como García Vigil, Fortunato Maycotte, Manuel M. Diéguez, Francisco Murguía y otros, fueron pasados por las armas sin tener en cuenta sus antecedentes militares revolucionarios. Para el 15 de mayo de 1924 el país había vuelto a la normalidad y el 30 de noviembre de 1924 Obregón entregó el poder al general Plutarco Elías Calles.

Obregón regresó a Sonora y compró la hacienda de Náinari para dedicarse a las labores del campo. En enero de 1927 el Congreso de la Unión reformó el artículo 83 de la Constitución e hizo a un lado el principio de la no reelección para permitir que Obregón volviese a la Presidencia. Se le opusieron los generales Arnulfo R. Gómez y Francisco Serrano; acusados de rebelión fue fusilado el primero en Teocelo, Veracruz, y el segundo vilmente asesinado junto con algunos amigos totalmente inocentes, en Huitzilac, en el camino a Cuernavaca, el 3 de octubre.

El general Alfredo Rueda Quijano, amigo de Serrano y comandante de un regimiento en Texcoco, trató de levantarse en armas. Hecho prisionero fue fusilado el 6 del mismo mes de octubre. El 13 de noviembre de ese año un grupo de jóvenes pertenecientes a una asociación religiosa arrojó una bomba contra el automóvil en el que iba el general Obregón, por el Paseo de Chapultepec. Por tal motivo fueron aprehendidos, juzgados y fusilados en las caballerizas de la Inspección de Policía el sacerdote católico Miguel Pro Juárez, su hermano Humberto, el ingeniero Luis Segura Vilchis y Juan Tirado.

Hechas las elecciones resultó triunfador para un nuevo periodo de gobierno el general Alvaro Obregón, quien recibiera el poder el primero de diciembre de 1928. Un grupo de diputados guanajuatenses encabezados por el señor Agustín Arroyo Ch. ofreció un banquete al presidente electo, el 17 de julio, en el restaurante "La Bombilla" de San Angel, Distrito Federal. Andaba entre la gente un joven dibujante llamado José de León Toral, fanático católico, quien con el pretexto de entregarle una caricatura al general Obregón logró acercársele y lo mató a balazos. Este suceso produjo tremendo desorden en el país, que tuvo serias consecuencias. Toral fue detenido y sujeto a proceso, sentenciado a muerte y fusilado. El cadáver del general Obregón fue llevado a Sonora y enterrado en el cementerio de Huatabampo.

Plutarco Elías Calles
Presidente de
la República Mexicana
del 1º de diciembre de 1924
al 30 de noviembre de 1928

EL GENERAL PLUTARCO ELÍAS CALLES nació en Guaymas, Sonora, el 25 de septiembre de 1878. Fue maestro de escuela en su juventud, miembro del Partido Antirreeleccionista, revolucionario maderista y después constitucionalista con don Venustiano Carranza. En mayo de 1911 fue presentado al señor Madero por don José María Maytorena. Al triunfo de la revolución maderista se le postuló para diputado pero no ganó la elección. En 1912 fue nombrado capitán para organizar tropas y combatir a los orozquistas y tomó parte en un combate en la población de Nacozari de García. En 1913 desconoció al gobierno de Victoriano Huerta y se unió a las fuerzas del coronel Obregón con el grado de teniente coronel. Tomó parte en algunas acciones de armas y ascendió a coronel hasta hacerse cargo de la guarnición de Hermosillo y ser jefe de las tropas fijas del Estado.

Se distanció del gobernador Maytorena a quien combatió sin buen éxito y se incorporó al general Hill para sitiar a Naco, por lo que fue ascendido a general brigadier y continuó en campaña contra Maytorena apoyado por Villa. El señor Carranza lo nombró gobernador y comandante militar de Sonora, con el grado de general de brigada, en agosto de 1915. Derrotó a los villistas en Agua Prieta y San Joaquín y después se dedicó a organizar el gobierno y la administración pública y dictó medidas que reflejaban al gran estadista que fue. Al establecerse el régimen constitucional presidido por el señor Carranza fue Secretario de Industria y Comercio hasta el primero de febrero de 1920, cuando renunció para unirse a la campaña política en favor de Alvaro Obregón. El 23 de abril del mismo año proclamó en Agua Prieta el "Plan Orgánico Reivindicador de la Democracia y de la Ley", desconociendo a Carranza como presidente de la República.

Al morir Carranza y recibir el gobierno provisional don Adolfo de la Huerta el general Calles fue nombrado secretario de Guerra y Marina y después secretario de Gobernación, en el gabinete del presidente Obregón. Candidato a la Presidencia de la República para el periodo de 1924 a 1928, tuvo que dejar las actividades políticas y encargarse del mando del ejército en la campaña contra los rebeldes delahuertistas y vencida esta sublevación fue electo presidente de la República. En calidad de presidente electo hizo un viaje a Europa, para entrevistarse con los jefes de Estado y estudiar la organización de los partidos políticos. Regresó al país y tomó posesión de su cargo el primero de diciembre de 1924.

Durante el gobierno del general Calles hubo muchos arreglos en las relaciones internacionales, reanudación del trato diplomático con Inglaterra y con Turquía y su establecimiento con la Unión Soviética y con la República Húngara. Calles limitó la acción de las compañías petroleras, lo que produjo una campaña difamatoria de la prensa norteamericana contra México, la que fue rechazada con energía. Se puso de manifiesto que el embajador norteamericano en México era responsable de actos indebidos, por lo que dicho embajador, señor Sheffield, fue removido de su cargo. El general Calles tuvo el tino de poner al frente del ejército al general Joaquín Amaro, quien organizó, instruyó y disciplinó al instituto armado, que aunque disminuido en sus efectivos llegó a ser muy eficiente y moderno. Se redujeron gastos y se reguló la ley de ingresos; se instituyó la Comisión Nacional Bancaria y el Banco de México para que éste fuera el único emisor.

El líder Luis N. Morones fue nombrado secretario de Industria, Comercio y Trabajo y se formaron varios sindicatos de trabajadores de diferentes actividades. Se le dio gran impulso a la reforma agraria y fueron repartidos más de tres millones de hectáreas. Tuvo estructura jurídica la Comisión Nacional de Irrigación, que construyó varias presas de mucha importancia en el país. Nació la Casa del Estudiante Indígena y fue establecida la Caja de Ahorros para niños, los que depositaban cinco centavos semanales. La educación recibió nuevo impulso, sobre todo en el medio rural y en el ámbito de tecnología agrícola y de educación física y se estableció el nivel de educación secundaria, en septiembre de 1925. Surgió la Comisión Nacional de Caminos, que construyó las carreteras de México a Puebla y a Pachuca e inició las de México a Acapulco y a Nuevo Laredo. Fueron completadas algunas líneas férreas, establecido el servicio telefónico internacional empezando con Estados Unidos y creado el Departamento de Aeronáutica Civil.

El 27 de enero de 1926 la prensa nacional anunció que el Episcopado encabezado por el arzobispo de México, monseñor José Mora y del Río, pediría la enmienda de algunos artículos de la Constitución. El gobierno puso en manos de la justicia las publicaciones casi amenazadoras y giró circulares a los gobernadores para clausurar conventos y escuelas confesionales, determinar el número de religiosos y vigilar que éstos fueran mexicanos. La reacción no se hizo esperar: la ACJM (Asociación Católica de Jóvenes Mexicanos) y otras agrupaciones religiosas apoyaron a la Iglesia y el 7 de marzo de 1926 un grupo de cerca de trescientos sacerdotes pidió la suspensión de las disposiciones restrictivas de la libertad religiosa. Hubo manifestaciones y motines.

El gobierno ordenó de inmediato la expulsión de unos doscientos clérigos extranjeros y clausuró centros de difusión religiosa, conventos, colegios y asilos. Se ordenó la aprehensión del obispo de Huejutla, por franca rebelión; fueron cerradas las capillas anexas a los hospitales y a más de dos mil sacerdotes se les negó el permiso para oficiar. Se reformó al Código Penal en materia de disciplina externa y culto religioso, obligando esta disposición a mantener informadas a las autoridades de las actividades de cada sacerdote. Como respuesta y con autorización del Vaticano, el Episcopado mexicano dispuso que a partir del 31 de julio se suspendiera el culto en todos los templos de la República.

A partir del 15 de agosto de 1926 se inició en Valparaíso, Zacatecas, una revolución armada que ha sido llamada Rebelión Cristera, y que pronto se generalizó en Jalisco, Guanajuato, Colima, Sinaloa, Aguascalientes, Michoacán, Durango, Querétaro, Oaxaca, Coahuila, San Luis Potosí, Tamaulipas, Tlaxcala, Estado de México y Distrito Federal. La guerra fue terrible, sin cuartel y se prolongó por mucho tiempo. El ejército tuvo que combatir en dos frentes: contra las partidas cristeras muy audaces y activas, encabezadas por los curas Vega y Pedroza, el general Enrique Goroztieta y Ramón Aguilar y a partir de marzo de 1929 contra una gran parte de las fuerzas militares sublevadas principalmente en Coahuila y Nuevo León con el general José Gonzalo Escobar. Debe establecerse que cristeros y escobaristas no estuvieron unidos.

Finalmente, con la intervención del clero católico norteamericano y del embajador de Estados Unidos en México, Mr. Dwight W. Morrow y los buenos oficios del arzobispo Leopoldo Ruiz y Flores, a partir del 21 de junio de 1929 el gobierno, sin modificar ley alguna, dictó amnistía general, dio todas las facilidades y fue reanudado el culto. Algunos jefes cristeros obcecados quisieron seguir la guerra, aunque fueron perdiendo importancia poco a poco. Para ese entonces Calles ya había entregado el poder.

El 22 de enero de 1927, a petición de muchos jefes militares según se ha dicho cuando se trató sobre el gobierno del general Obregón, y de grupos de ejidatarios y de la CROM, el presidente Calles dio anuencia para enmendar la Constitución y aceptar por una sola vez la reelección del presidente de la República, siempre y cuando hubiera pasado un periodo y se favoreció así al general Obregón. En junio de ese año se formó el Partido Antirreeleccionista, que postuló la candidatura del general Arnulfo R. Gómez. En octubre el general Francisco R. Serrano y 13 de sus compañeros fueron detenidos y asesinados en Huitzilac, con el pretexto de que estaban levantados en armas. Hubo conatos de pequeñas rebeliones que fueron prontamente sofocadas y el general Arnulfo R. Gómez, alzado en Veracruz, fue fusilado el 4 de noviembre; nadie lo seguía. Pero el general Obregón, ya presidente electo, no iba a recibir el poder. Durante un banquete que se le daba en el restaurante "La Bombilla", en San Angel, D. F., un fanático cristero llamado José de León Toral lo asesinó el 17 de julio de 1928. El general Calles, quien dictó todas las medidas para seguir las ramificaciones del magnicidio, el primero de septiembre, en su informe en la Cámara de Diputados declaró que nunca volvería a ejercer el poder y el primero de diciembre lo entregó al licenciado Emilio Portes Gil, presidente provisional de la República.

Con su habilidad de estadista y propias experiencias, el general Calles resolvió que el gobierno debía dirigir por completo la política, ya que en los estados había grupos antagónicos que representaban diversos intereses. Calles formó directamente el Partido Nacional Revolucionario, constituido el 4 de marzo de 1929 en los momentos en que se sublevaban los generales Jesús M. Aguirre, en Veracruz; Francisco R. Manzo y Fausto Topete, en Sonora; José Gonzalo Escobar, en Coahuila y Nuevo León, y Francisco Urbalejo y Juan Gualberto Amaya, en Durango. El presidente Portes Gil nombró secretario de Guerra y Marina al general Calles, quien activamente dirigió la campaña; para fines de mayo la rebelión había sido sofocada y restablecida la paz. El general Calles pidió su separación del servicio y marchó a Europa, donde estuvo algunos meses. De regreso se dedicó a la agricultura y a la crianza de ganado en su hacienda de Santa Bárbara, cercana a la capital de la República.

Volvió al gobierno como secretario de Guerra y Marina en el gabinete del presidente Pascual Ortiz Rubio y como secretario de Hacienda y Crédito Público en el del general Abelardo L. Rodríguez. Cuando el general Lázaro Cárdenas asumió el gobierno de la República estaba el general Calles en su finca de Cuernavaca y recibió a un grupo de diputados que pidieron su opinión sobre la forma como Cárdenas conducía al régimen. Reprobó el izquierdismo, el impulso exagerado a la clase obrera y el peligro que se corría de que el ejército tuviera que resolver un conflicto que estaba siendo planteado. El general Cárdenas hizo declaraciones al respecto y pidió la renuncia al gabinete, para deshacerse de los ministros callistas.

Calles viajó a su finca El Tambor, en Sinaloa y de allí a Estados Unidos de donde regresó a México seguramente para organizar la oposición. El primero de abril de 1936 fue expulsado del país junto con el ingeniero Luis R. León, Melchor Ortega y Luis N. Morones. La acción fue sorpresiva, al grado de que en el aeropuerto les entregaron las visas en sus pasaportes. Calles radicó en San Diego, California, y volvió al país el 4 de mayo de 1941, al principio del gobierno del general Manuel Avila Camacho. Murió en la Ciudad de México el 19 de octubre de 1945.

Emilio Portes Gil
Presidente provisional de
la República Mexicana
del 1° de diciembre de 1928
al 5 de febrero de 1930

EL LICENCIADO PORTES GIL nació en Ciudad Victoria, Tamaulipas, el 3 de octubre de 1890. Se recibió de abogado en la Escuela Libre de Derecho de la Ciudad de México y entró a servir en la subjefatura de Justicia Militar. Fue juez en Sonora y abogado consultor de la Secretaría de Guerra y Marina; diputado federal y gobernador provisional de Tamaulipas, abogado de los ferrocarriles y diputado federal dos veces más. En 1925 fue gobernador constitucional de su estado y después secretario de Gobernación por lo que, cuando fue asesinado el presidente electo general Alvaro Obregón, en julio de 1928, el Congreso designó a Portes Gil presidente provisional para recibir el cargo del general Calles, el primero de noviembre de ese año.

Buen abogado, Portes Gil se ocupó en formular leyes de mucha importancia. Durante su gobierno se dio autonomía a la Universidad Nacional de México. Negoció con los Estados Unidos el retiro de sus tropas de Nicaragua, aunque infructuosamente. Ofreció asilo político al general Augusto César Sandino, quien entró en territorio mexicano el 15 de junio de 1929. Fue recibido en México con una gran aclamación y el gobierno le dio tierras para que se dedicara a la agricultura, en el estado de Morelos. Sandino estuvo aquí algún tiempo y de pronto regresó a su patria, donde fue asesinado.

El 4 de marzo de 1929, movido por ambiciones por demás bastardas, un grupo de jefes militares con mando de tropas votó el Plan de Hermosillo para levantarse en armas, encabezado por el general José Gonzalo Escobar. A mediados de abril el general Juan Andrew Almazán, jefe de las operaciones contra los sublevados, rindió parte de haber terminado la campaña. Todos los jefes involucrados en la rebelión escaparon a los Estados Unidos, después de haber sido completamente derrotados en Corralitos y en Estación Jiménez, Chihuahua. Los rebeldes cristeros que se mantenían en armas aceptaron las proposiciones de Portes Gil y el 21 de julio de 1929 terminó de derecho el conflicto. Los que siguieron sobre las armas más bien se dedicaban al bandidaje. El 4 de marzo se declaró formalmente constituido el PNR, Partido Nacional Revolucionario, fundado por el general Plutarco Elías Calles para unificar la dirección política de México y, habiéndose encontrado irregularidades en el manejo diplomático de los representantes de la Unión Soviética, el 22 de junio el gobierno mexicano rompió sus relaciones con dicho país.

Al presidente Portes Gil le tocó el grave problema de las elecciones presidenciales. El gobierno apoyó la candidatura del general e ingeniero Pascual Ortiz Rubio, mientras que la clase intelectual y el estudiantado se inclinaron por el licenciado José Vasconcelos, candidato del llamado Partido Antirreeleccionista.

Hubo muchos desórdenes, motines y muertos. Mediante procedimientos no muy limpios triunfó el candidato oficial, quien recibió el poder el 5 de febrero de 1930. El licenciado Portes Gil fue nombrado secretario de Gobernación y presidente del PNR y tuvo muchos cargos diplomáticos, administrativos y consultivos, así como títulos de honor de varias universidades del mundo. Fue autor de algunos libros y nunca dejó de llevar una vida activa. Los presidentes de la República muchas veces pidieron su consejo. Murió en la Ciudad de México el 2 de junio de 1978.

Pascual Ortiz Rubio
Presidente de
la República Mexicana
del 5 de febrero de 1930
al 2 de septiembre de 1932

El ingeniero Pascual Ortiz Rubio nació el 10 de marzo de 1877, en Morelia, hijo de una familia acomodada y de intelectuales. Después de haber hecho la enseñanza primaria en un colegio particular en su ciudad natal, ingresó en el Colegio de San Nicolás de Hidalgo donde cursó los estudios de preparatoria para en seguida ingresar en la Escuela Nacional de Ingenieros, en la Ciudad de México. Recibió el título en enero de 1902 y regresó a Morelia, donde se dedicó al ejercicio de su profesión.

En 1911, durante el gobierno del señor Madero, el ingeniero Ortiz Rubio apoyó activamente la candidatura del doctor Miguel Silva, quien era su amigo. Ortiz Rubio fue diputado federal y al ocurrir el cuartelazo y apoderarse Huerta del gobierno, protestó y fue puesto en prisión; tan pronto como recuperó la libertad escapó de la capital, para presentarse con el primer jefe del Ejército Constitucionalista don Venustiano Carranza, quien lo incorporó al movimiento con el grado de capitán de ingenieros.

Tomó parte en varias acciones de armas y prestó servicios como profesional, ascendiendo a coronel por escalafón del ejército, un poco limitado. En 1914, tras la derrota del Ejército Federal, se le comisionó para valorar los bienes intervenidos y después hacerse cargo del Parque de Ingenieros, utilizado por cierto en la campaña contra los villistas. Cuando el señor Carranza dispuso que se recogiera la moneda de plata, para evitar que saliese al extranjero, don Pascual fue enviado a los Estados Unidos a hacerse cargo de la impresión de papel moneda infalsificable. De regreso al país fue ascendido a general de brigada. Al establecerse el régimen constitucionalista se presentó como candidato al gobierno del estado de Michoacán en oposición al general Francisco J. Mújica y resultó electo el ingeniero Ortiz Rubio, quien tomó posesión del cargo el 6 de agosto de 1917.

Durante su gestión que fue benéfica y de progreso elevó a la categoría de universidad al antiguo Colegio de San Nicolás de Hidalgo. Ya para terminar su gobierno, en 1920 se produjo la rebelión de Agua Prieta a la que se adhirió por su firme amistad con el general Obregón y cuando este jefe fue electo presidente de la República designó al ingeniero Ortiz Rubio secretario de Comunicaciones y Obras Públicas, cargo que empezó a desempeñar con actividad; pero por fricciones políticas con algunos miembros del gabinete obregonista se vio precisado a renunciar y marchó a Europa en mayo de 1921 para radicar en Barcelona. El gobierno, presidido por el general Calles, lo nombró con fecha 16 de diciembre de 1924 embajador de México en Alemania y en 1926 fue trasladado con el mismo cargo a Brasil.

En 1929 se le llamó para hacerse cargo de la Secretaría de Gobernación, puesto al que renunció para aceptar su postulación a la Presidencia. En las elecciones extraordinarias del 17 de noviembre de ese mismo año de 1929, frente a la candidatura del licenciado José Vasconcelos, propuesto por el Partido Antirreeleccionista, salió triunfante y tomó posesión el 5 de febrero de 1930. Ese mismo día, cuando salía del Palacio Nacional en compañía de su esposa y de otra dama a bordo del automóvil presidencial un individuo llamado Daniel Flores le disparó con una pistola hiriéndolo en un carrillo. Flores, detenido, fue enviado a prisión y sujeto a proceso y un día lo encontraron muerto en su celda. Dos hermanos del frustrado magnicida, que posiblemente conocían la maquinación del atentado, fueron misteriosamente asesinados.

Mientras Ortiz Rubio estuvo curándose de la herida, el gabinete se encargó del gobierno que aquél volvió a asumir dos meses después. El 4 de septiembre de 1932 renunció al cargo, más que nada por no aceptar la constante intromisión del general Calles en el gobierno. Las cámaras de diputados y senadores le fueron hostiles, así como algunos gobernadores de los estados. La decisión de Ortiz Rubio fue digna y honorable.

Una vez que su renuncia fue aceptada y entregó la Presidencia provisionalmente al general Abelardo L. Rodríguez, Ortiz Rubio se expatrió voluntariamente a Estados Unidos para regresar a México en 1935, durante el gobierno del general Cárdenas, quien lo nombró gerente de la Compañía Petro-Mex, puesto que desempeñó por poco tiempo para dedicarse al ejercicio de su profesión.

La gestión del presidente Ortiz Rubio, aunque corta, fue importante: reconoció a la República española, aceptó el ingreso de México como miembro de la Liga de las Naciones, suspendió las relaciones con el Perú porque el gobierno de ese país acusó a México de intervenir en sus asuntos políticos internos, gestionó que fuese revisado el laudo internacional y que México recuperara la isla de Clipperton. Se expidieron algunos códigos y leyes benéficos para la ciudadanía, se recuperó la propiedad para la nación de algunas fincas rurales y urbanas que permanecían en poder de la Iglesia, ratificó la libertad de cultos, fijó los límites entre los territorios de Baja California, así como los de Yucatán y Campeche en relación con el territorio de Quintana Roo, fundó muchas escuelas rurales, reorganizó el Archivo General de la Nación. Se amplió la red telefónica, se terminó la carretera México-Laredo. Por graves irregularidades y quejas, el Congreso de la Unión declaró desaparecidos los poderes en los estados de Colima, Nayarit, Durango y Guanajuato.

El gobierno de Ortiz Rubio anunció el propósito oficial de nacionalizar las industrias petroleras y minera y bajo su responsabilidad, como jefe del Poder Ejecutivo, anunció la Doctrina Estrada que ha servido de guía en las relaciones internacionales de México. Escribió varios libros de carácter político, memorias y científicos. El ingeniero Ortiz Rubio murió en la Ciudad de México el 4 de noviembre de 1963.

Abelardo L. Rodríguez

Presidente sustituto de la
República Mexicana
del 3 de septiembre de 1932
al 30 de noviembre de 1934

EL GENERAL DON ABELARDO RODRÍGUEZ nació en Guaymas, Son., el 12 de mayo de 1889. Hijo de comerciantes en pequeño y con muchas limitaciones económicas, cursó la educación primaria en su pueblo y en Nogales. Quedó huérfano y fue a Durango, donde trabajó como dependiente en una tienda. En 1906 pasó a Estados Unidos y allí vivió algunos años dedicado a trabajos muy humildes y sencillos. En 1913 regresó al país, para unirse a las tropas que organizaba don Plutarco Elías Calles y formar parte del Ejército Constitucionalista en su lucha contra el gobierno de la usurpación.

Tomó parte en varias acciones de armas; para fines de 1913 era mayor y se incorporó al Cuerpo de Ejército del Noroeste, en la división del general Benjamín Hill. Intervino en las batallas de Orendáin y El Castillo, para avanzar hasta la Ciudad de México. Formó parte del ejército de operaciones en 1915, a las órdenes del general Obregón contra Villa y le tocó combatir a las partidas zapatistas. En 1915 asistió con el grado de mayor, sirviendo en el cuarto batallón de Sonora, a las batallas de Celaya. Como teniente coronel fue enviado a Sonora para negociar la pacificación de los indios mayos y yaquis que se habían levantado en armas en favor del gobernador villista don José María Maytorena.

Desde un principio estuvo con el Plan de Agua Prieta y en mayo de 1920 ascendió a general. En 1923 estuvo en la campaña de Sonora contra los partidarios de don Adolfo de la Huerta y después fue comandante de la zona de operaciones en la Baja California Norte de la que fue gobernador, gestión en la que se hizo notar por haber sacado a flote las finanzas y darse el lujo de no aceptar la ayuda federal. El general Rodríguez prestó fuerte impulso a todas las actividades de la entidad.

No por discriminación racial, sino por razones económicas, limitó la inmigración de chinos; hizo que vigilaran sus actividades y que se aplicara el artículo 33 como extranjeros perniciosos a los que abusaban o estaban fuera de la ley. Después de una labor verdaderamente fructífera renunció a su cargo en diciembre de 1929, para marchar a Europa a estudiar actividades políticas, industriales y administrativas que le interesaban, sobre todo la de construcción de aviones. Regresó a México y fue llamado por el gobierno para que se encargase de la Subsecretaría de Guerra. Era secretario el general Plutarco Elías Calles. El 22 de enero del año de 1932 fue nombrado secretario de Industria. Comercio y Trabajo, puesto en el que se desempeñó con tino y energía.

Cuando se produjo la renuncia inesperada del ingeniero Pascual Ortiz Rubio a la Presidencia de la República, el general Rodríguez fue designado presidente sustituto unánimemente por el Congreso, ya que era persona de la confianza del general Calles que ejercía preponderante influencia en el gobierno. Calles poseía una recia personalidad; sus aduladores lo llamaban "el jefe máximo de la Revolución". El presidente Rodríguez, apegado estrictamente a lo que dictaba Calles, exigió que el clero se sujetase a lo marcado por la ley, cosa cercana a lo imposible. En Veracruz, Tabasco y Jalisco, se hostilizaba al clero.

Los gobiernos de todos los estados recibieron órdenes de proceder con energía para hacer cumplir la ley de cultos, lo que hizo que Pío

XI expidiese una encíclica para tratar con tristeza el caso de México. Esto fue considerado por el gobierno mexicano como una franca intromisión en los asuntos internos del país, por lo que expulsó al delegado apostólico en México, así como al arzobispo Leopoldo Ruiz y Flores. La política seguida por el gobierno del general Rodríguez fue contradictoria: hizo que se reformara el artículo tercero para implantar la educación socialista, por una parte y por la otra le dio gran impulso y muchas concesiones a la iniciativa privada.

Hablaba de libertad y mandó reprimir con lujo de fuerza una manifestación de madres de familia que protestaban por la imposición de la educación sexual en las escuelas. Se opuso a la participación de los sindicatos en las actividades políticas del país y el 5 de enero de 1934 decretó el salario mínimo, así como la Ley del Servicio Civil para proteger a los trabajadores y aseguraba su estabilidad en el empleo.

Fundó la Nacional Financiera, con la mitad del capital propiedad del gobierno; amplió la frontera marítima y creó el organismo estatal Petromex, tendiente a quitar poder a las compañías petroleras; construyó la presa que lleva su nombre, en Aguascalientes, así como un mercado en el Distrito Federal. Entregó la Presidencia de la República al general Lázaro Cárdenas, el primero de diciembre de 1934. Se retiró temporalmente de la política para dedicarse a los negocios particulares que le dieron grandes ganancias y volvió a ser gobernador de su estado natal. Escribió algunos libros con experiencias y observaciones hechas en sus viajes por el extranjero. Murió el 13 de febrero de 1967 en La Jolla, San Diego, California.

25

Los gobiernos mexicanos contemporáneos

Del gobierno presidido por el general Lázaro Cárdenas al del licenciado Ernesto Zedillo Ponce de León

Lázaro Cárdenas del Río

Presidente de la República Mexicana del 1º de diciembre de 1934 al 30 de noviembre de 1940

EL GENERAL CÁRDENAS NACIÓ EN JIQUILPAN, Mich., el 21 de mayo de 1895. Estudió la primaria en su ciudad natal, a los 14 años entró a trabajar en la oficina recaudadora de rentas del Estado y después pasó como aprendiz a una imprenta. En 1911 murió su padre; el propietario de la imprenta, Donaciano Carreón, fue a unirse a las fuerzas maderistas y dejó encargado del taller al joven Cárdenas. Cuando los revolucionarios llegaron a Jiquilpan en mayo de 1913 le dieron a Cárdenas el encargo de imprimir un manifiesto, el que cayó en poder de los soldados de Huerta por lo que fue perseguido y destruido el taller.

Cárdenas resolvió huir para incorporarse a la Revolución, el 3 de julio, aunque al poco tiempo, después de una serie de combates, las fuerzas con las que operaba fueron dispersadas y regresó a Jiquilpan donde estuvo escondido hasta la llegada de nuevos contingentes revolucionarios con los que asistió a las batallas de Orendáin y El Castillo. Avanzó después con las tropas constitucionalistas al mando del general Alvaro Obregón, hasta Teoloyucan, donde presenció la rendición del Ejército Federal. Tomó parte en la campaña contra los zapatistas que se encontraban en rebelión contra el gobierno constituido de don Venustiano Carranza. Estacionado su regimiento, que era el 22 de caballería, ascendió a mayor y se hizo cargo del destacamento.

En noviembre de 1914 salió para incorporarse a las fuerzas del general José María Maytorena en Sonora, pero al llegar a Cananea se dio cuenta de que Maytorena se había sublevado en favor de Francisco Villa; logró sacar a su regimiento y marchar hacia Agua Prieta para incorporarse al general Plutarco Elías Calles, jefe de la guarnición leal al gobierno e intervino en toda la campaña contra los maytorenistas y villistas, mereciendo la estimación y amistad del general Calles que lo promovió al grado de teniente coronel. Actuó contra los indios yaquis que se hallaban sublevados y después marchó en la columna que combatió en Nayarit, Jalisco y Michoacán a los rebeldes villistas de Inés Chávez García. Cuando ocurrió el levantamiento de los aguaprietistas que desconocieron al presidente Carranza, el coronel Cárdenas se adhirió a la rebelión en la Huasteca, aunque hizo detener y enviar preso a México a Rodolfo Herrero, responsable directo del asesinato de Carranza. El presidente interino de la República, don Adolfo de la Huerta, ascendió a Cárdenas al grado de general brigadier. Recibió éste el gobierno interino de Michoacán, cargo que desempeñó durante tres meses para entregarlo al general Francisco J. Mújica, que había resultado triunfante en las elecciones de septiembre de 1920.

Al estallar la revolución delahuertista en diciembre de 1923, el general Cárdenas fue enviado con su regimiento a tratar de expugnar las posiciones de los rebeldes al mando del general Enrique Estrada, pero fue herido y hecho prisionero en el combate de Palo Verde. Llevado a Guadalajara recibió atención médica y de allí se le envió a Colima. Cuando terminó la rebelión quedó en libertad y se incorporó al ejército. En 1925, como comandante de la guarnición de Tampico, empezó a conocer el problema que planteaban las compañías petroleras y resolvió intervenir en la política por lo que en 1928 lanzó su candidatura para el gobierno del estado de Michoacán. Ganó las elecciones y tomó posesión el primero de septiembre de 1928.

En marzo de 1929 estalló la rebelión de los generales José Gonzalo Escobar y Francisco R. Manzo y Cárdenas pidió permiso al Congreso local para incorporarse al ejército; se le dio el mando de una columna y cooperó en la pronta derrota de los sublevados. Recibió un millón de pesos para los gastos de la campaña y al término de ésta reintegró setecientos mil pesos no empleados. Regresó a su cargo de gobernador, en el que llevó a cabo muchas obras de beneficio social. Tuvo que abandonar otra vez el Poder Ejecutivo de su estado, el 15 de octubre de 1930, para hacerse cargo de la presidencia del Partido Nacional Revolucionario y dirigir la campaña del ingeniero Pascual Ortiz Rubio, quien al resultar triunfante y tomar posesión de la Presidencia lo nombró secretario de Gobernación.

Propuso que el general Plutarco Elías Calles fuese el secretario de Guerra y Marina en lugar del general Joaquín Amaro. De pronto el presidente Ortiz Rubio renunció el 4 de septiembre de 1932 y recibió provisionalmente el gobierno el general Abelardo L. Rodríguez, quien nombró nuevo gabinete. Regresó Cárdenas al gobierno de Michoacán, cuando faltaba poco para terminar el periodo; al concluir volvió al servicio militar. Fue nombrado jefe de operaciones en Puebla y después secretario de Guerra y Marina, hasta el 15 de junio de 1933 en que aceptó la candidatura a la Presidencia de la República postulado por el PNR, que propuso el establecimiento de un plan sexenal por el cual el general Cárdenas sería el mandatario de 1934 a 1940. El 4 de julio de 1934 ocurrieron las elecciones, Cárdenas salió triunfante y tomó posesión del cargo vistiendo un simple traje de calle.

No quiso vivir en Chapultepec e hizo acondicionar un predio en el antiguo rancho de La Hormiga, donde fueron plantados muchos pinos, por lo que hoy a la residencia presidencial se la llama Los Pinos. En su primer gabinete quedaron incluidos muchos personajes de la plataforma callista, por recomendación del viejo caudillo y por cierta amistad que Cárdenas les tenía. El presidente, indiscutiblemente persona de buena fe y honesta, lo primero que dispuso fue clausurar las casas de juego como el Casino de la Selva en Cuernavaca y el Foreign Club en la zona del Estado de México inmediata al Distrito Federal. Ambos eran negocios propiedad de prominentes políticos callistas.

Desde un principio se ocupó en desarrollar un plan en favor de las clases trabajadoras, las que promovieron huelgas y disturbios en el país. El 3 de mayo de 1935 un grupo de periodistas y diputados del Bloque Nacional Revolucionario entrevistó al general Calles en su casa de campo de Cuernavaca, para pedirle su opinión sobre los acontecimientos. Calles hizo declaraciones duras contra la acción del gobierno y dijo que si seguían así las cosas el ejército tendría que resolver los problemas. El día 13 Cárdenas declaró que sostendría su política porque a la larga sería benéfica para la mayoría del país y haría más sólida la situación económica; que llevaría a cabo el programa trazado para el plan sexenal con el que aceptó su candidatura postulado por el Partido Nacional Revolucionario y que lo que le interesaba era tener la confianza de las organizaciones obreras y campesinas, sin importarle la opinión de los capitalistas.

El día 14 pidió la renuncia a todo el gabinete, para hacer a un lado a los callistas que no podían serle adictos. El 19 salió Calles hacia su finca El Tambor, en Sinaloa, para después ir a Los Angeles a visitar a un médico. Entre tanto en México hubo violentas manifestaciones de las organizaciones obreras contra el "jefe máximo de la revolución", como llamaban al general Calles, quien regresó en diciembre probablemente con la idea de preparar un movimiento contra el gobierno, creyendo contar con el apoyo del ejército.

De pronto, el primero de abril de 1936 un grupo de oficiales se presentó en las primeras horas de la mañana en la granja Santa Bárbara donde estaba el general Calles, a quien le fue comunicada la orden de que tenía que salir del país en compañía de los señores Melchor Ortega, Luis L. León y Luis N. Morones. Un avión de la Fuerza Aérea los esperaba en el aeropuerto y los pasaportes fueron apresuradamente arreglados para que pudieran entrar en Estados Unidos. Calles regresó al país el 4 de mayo de 1941. El presidente Cárdenas, por este golpe de audacia, se deshizo del tutelaje callista.

Los diputados callistas fueron desaforados y los gobernadores de los estados de Tabasco, Guanajuato, Colima, Durango, Sinaloa, Sonora y Chiapas, desconocidos. Sin embargo no se había recurrido a la violencia, al derramamiento de sangre. Tomás Garrido Canabal, secretario de Agricultura, radical antirreligioso y muy callista, fue sustituido por el general Saturnino Cedillo, persona de poco criterio que después se dejó llevar y fue jefe de una rebelión sin sentido que fue fácilmente sofocada y él acribillado. Con Cárdenas cesó por completo el problema religioso.

El gobierno de Cárdenas fue muy activo en materia educativa, creó muchas escuelas primarias a las que asistían casi dos millones de niños, las escuelas de hijos del personal del ejército, las regionales campesinas y otras instituciones de estudios y centros de investigación científica y tecnológica. Reunió bajo una sola dirección todos los planteles de enseñanza técnica e industrial y formó así el Instituto Politécnico Nacional. Fundó el Instituto Nacional de Antropología e Historia, la Escuela Nacional de Educación Física, el Consejo Técnico de Educación Agrícola; aumentó el subsidio a la Universidad Nacional y respetó su autonomía y fundó el Departamento de Asuntos Indígenas.

En los primeros tres años fue aplicado el código agrario especialmente en la Comarca Lagunera y en Yucatán. El régimen cardenista, como ninguno, se ocupó en repartir tierras a los ejidatarios, al mismo tiempo que abría al cultivo nuevas tierras y creaba sistemas de irrigación muy amplios. El 28 de agosto de 1938 quedó constituida la Confederación Nacional Campesina, como una especie de organismo defensor de los intereses de los trabajadores del campo. Se crearon muchas instituciones de servicio como el Departamento de Turismo, el Departamento de Prensa (fallido), el Banco de Crédito Ejidal, el Tribunal Fiscal de la Federación y otras.

El 13 de junio de 1937 se nacionalizaron los Ferrocarriles Nacionales y el 18 de marzo de 1938, después de un conflicto de los obreros con las empresas, como éstas se negaron a acatar las disposiciones del gobierno el presidente Cárdenas procedió a expropiar los bienes de las compañías petroleras. Inglaterra hizo reclamaciones y México rompió relaciones con los ingleses. Estados Unidos propuso un arbitraje internacional y Cárdenas declaró que México no aceptaba intervención alguna en asuntos exclusivos de la soberanía nacional.

Como la condición económica no era del todo buena, el valor del peso mexicano que era de tres cincuenta por dólar llegó a ser de seis cincuenta. Dos meses después de la expropiación petrolera el general Saturnino Cedillo que había renunciado a la Secretaría de Agricultura se levantó en armas contra el gobierno, no se sabe hasta la fecha cuál fue el verdadero motivo, aunque se asegura que estuvo movido por la aristocracia, el clero y los intereses extranjeros. Cedillo fue rápidamente derrotado y muerto al tratar de defenderse. El general Cárdenas había ordenado que no se le dañara. Para relevar a la CROM de origen prácticamente callista, en la dirección del sindicalismo obrero, se creó a la CTM (Confederación de Trabajadores de México); en 1938 se expidió el Estatuto Jurídico para la protección de los empleados federales. Ese mismo año, el PNR fue reestructurado con el nombre de PRM (Partido de la Revolución Mexicana), formado por los sectores obrero, campesino, popular y militar.

En septiembre de 1939 nació el partido de oposición llamado Acción Nacional. El gobierno de Cárdenas expidió muchas leyes de contenido social, construyó doce presas y dejó en construcción otras tres. En el ámbito internacional, México apoyó a Etiopía cuando fue invadida por Italia y pidió se le impusieran sanciones al agresor, pero como esto no ocurrió el representante mexicano se retiró de la asamblea de la Liga de Naciones en protesta. Al estallar la guerra civil en España, Cárdenas autorizó la venta de armas al gobierno de la República y la apoyó firmemente; se recibieron a quinientos niños españoles víctimas de la guerra y después a muchas familias de refugiados republicanos, que en total fueron unos cuarenta mil. Reanudó relaciones con China y abrió legación en Rumania. Se recibió como exiliado a León Trotsky y a otros europeos e hispanoamericanos perseguidos políticos. México nunca tuvo relaciones con el Estado Español jefaturado por Franco y le dio asilo al gobierno republicano español en el exilio. En 1939 el gobierno mexicano condenó la agresión de la URSS a Finlandia.

Ya para terminar el sexenio de Cárdenas presentaron su candidatura a la Presidencia de la República los generales Manuel Avila Camacho y Juan Andrew Almazán. Avila Camacho era el candidato del PRM y contó con el apoyo oficial. La campaña electoral fue muy dura y hasta se estuvo en peligro de trastornar el orden y la paz del país. Realizadas las elecciones resultó triunfante el general Avila Camacho, quien recibió el poder el primero de diciembre de 1940.

Cárdenas regresó al servicio militar y cuando los japoneses atacaron a la flota norteamericana en el Pacífico, el mando superior del Ejército Mexicano creó dos grandes regiones militares: la del Golfo que puso al mando del general Abelardo L. Rodríguez y la del Pacífico comandada por el general Cárdenas. Cuando México tuvo que entrar en la guerra, el 22 de mayo de 1942, el presidente Avila Camacho nombró secretario de la Defensa Nacional al general Lázaro Cárdenas, quien desempeñó ese cargo hasta el 27 de agosto de 1945, una vez terminada la guerra.

Fue nombrado vocal ejecutivo de la Comisión de la Cuenca del Tepalcatepec y después de la Comisión de la Cuenca del Río Balsas. En 1969 se le nombró presidente del consejo de administración de la Siderúrgica de Las Truchas que hoy lleva su nombre. Murió en la Ciudad de México, el 19 de octubre de 1970. Sus restos reposan en el monumento a la Revolución que él mandó construir aprovechando la vieja estructura de lo que iba a ser el Palacio Legislativo.

Manuel Avila Camacho
Presidente de
la República Mexicana
del 1º de diciembre de 1940
al 30 de noviembre de 1946

EL GENERAL MANUEL AVILA CAMACHO nació en Teziutlán, Pue., el 24 de abril de 1896. Hizo los primeros estudios en su ciudad natal y se dedicó al comercio hasta 1911 en que tomó las armas para incorporarse al maderismo. Una vez triunfante éste, volvió a sus antiguas ocupaciones. En 1914 se incorporó a la brigada Aquiles Serdán con el grado de subteniente, para combatir a la usurpación de Huerta en la sierra de Puebla. Fue secretario de don Ramón Cabral, jefe constitucional de gobierno, quien fue asesinado por un grupo de soldados del 29 batallón que se negaron a rendirse y a acatar los tratados de Teoloyucan, por lo que Avila Camacho regresó a su brigada y tomó parte en las operaciones contra villistas y zapatistas, hasta la acción de Tecamachalco y la captura de la Ciudad de México a principios de 1915.

Fue ascendido a teniente por méritos en acciones de armas; como capitán se le comisionó para llevar a cabo el reparto de tierras en algunos municipios de la sierra poblana. Fue comandante de escuadrón en la brigada Benito Juárez, al mando del general Lázaro Cárdenas;

se encargó de la pagaduría de la corporación, con el grado de mayor. Estuvo en varias acciones en la Huasteca, en la campaña contra los rebeldes de Manuel Peláez. En 1920 ascendió a coronel y fue parte de las fuerzas enviadas para la pacificación del Yaqui. Después fue trasladado a Tehuantepec como comandante del 79 de caballería.

En enero de 1924 tuvo a su cargo la defensa de la ciudad de Morelia contra los delahuertistas encabezados por el general Rafael Buelna, quien murió en combate. El presidente Obregón ascendió al coronel Avila Camacho a general brigadier y se le dio el mando del 38 regimiento de caballería con el que actuó en la campaña contra los cristeros en Jalisco y Guanajuato. Es fama que se comportó magnánimo con las poblaciones cristeras rebeldes y con los prisioneros, cumpliendo sus deberes sin odio ni crueldad.

En 1929 formó parte de la columna que hizo la campaña contra los sublevados en Sonora, Manzo y Topete. Esas tropas del gobierno estuvieron al mando del general Lázaro Cárdenas. Avila Camacho fue ascendido a general de brigada y se le nombró jefe de la zona de operaciones del estado de Tabasco. Cuando el general Cárdenas recibió la Presidencia nombró secretario de Guerra y Marina al general Andrés Figueroa y como subsecretario al general Manuel Avila Camacho. Al morir el general Figueroa, quedó como titular del ramo Avila Camacho, quien elevó la iniciativa de ley para que la Secretaría de la que era jefe cambiara su nombre por el de Defensa Nacional. Al general Avila Camacho le tocó resolver un problema delicado en Tabasco, ya casi en rebelión y sofocar la sublevación encabezada por el general Saturnino Cedillo. Cárdenas lo ascendió a general de división.

Los representantes del Partido Nacional Revolucionario lo propusieron como su candidato en las elecciones presidenciales que se avecinaban. Al aceptar la candidatura renunció a su cargo y lo mismo hicieron los generales Francisco J. Mújica, que era secretario de Comunicaciones y Obras Públicas y Rafael Sánchez Tapia, secretario de Economía. Cuando el Partido Nacional Revolucionario declaró candidato al general Avila Camacho, Mújica y Sánchez Tapia retiraron sus candidaturas. El candidato opositor, muy fuerte, era el general Juan Andrew Almazán, quien había hecho magnífico papel como jefe de operaciones del estado de Nuevo León. La lucha electoral fue prolongada y apasionante, con algunos hechos por demás graves. Efectuadas las elecciones en julio de 1940, resultó electo el general Avila Camacho que llegó al poder el primero de diciembre de ese año.

Avila Camacho recibió al país con grandes problemas: la situación internacional muy tensa por la Segunda Guerra mundial, en la que México tendría que tomar parte en cualquier forma. En el interior no había unidad por antiguos resentimientos, por la implantación de la educación socialista rechazada por la inmensa mayoría de la población y por las diferencias que surgieron durante la lucha electoral. Había problemas económicos por las carencias que originó la guerra y se palpaba un ambiente de malestar. La política del general Avila Camacho fue de acercamiento nacional, ante las amenazas externas y la intranquilidad interna.

El 15 de septiembre de 1942, en una significativa y noble ceremonia en la Plaza de la Constitución, el presidente Avila Camacho estuvo acompañado por los expresidentes Lázaro Cárdenas, Plutarco Elías Calles, Pascual Ortiz Rubio, Abelardo L. Rodríguez, Emilio Portes Gil y Adolfo de la Huerta, quienes olvidando sus viejas rencillas y diferencias estaban antes que nada con los intereses del país.

Sacudió a México la noticia del hundimiento de dos barcos petroleros de su propiedad, el "Faja de Oro" y el "Potrero del Llano", por submarinos alemanes, en aguas del Golfo de México. El presidente Avila Camacho declaró la existencia de un estado de guerra, a partir del 22 de mayo de 1942, entre México y las llamadas potencias del Eje. El Congreso de la Unión ratificó en todas sus partes la disposición del Ejecutivo y lo autorizó a que tomara las medidas pertinentes para la defensa del territorio y a alistar tropas.

Toda la legislación de emergencia tuvo vigencia hasta el 28 de diciembre de 1945, en que se volvió al estado de paz y a la observancia plena de los cauces constitucionales. La suspensión de las garantías individuales durante el tiempo de guerra, se manejó sin lastimar a la ciudadanía en sus personas ni en sus propiedades. Se firmó un acuerdo con los Estados Unidos, por el cual ciudadanos de los dos países podían servir en las fuerzas armadas de uno y otro. Quince mil mexicanos tomaron parte en la guerra, en todos los campos de batalla. Se mandó a un escuadrón aéreo, el 201, completo y con reemplazos, al Pacífico, para intervenir en las acciones finales contra los japoneses. México proporcionó 300 mil trabajadores para laborar en diversas actividades en los Estados Unidos, bajo muy buenas condiciones, sustituyendo a los norteamericanos que estaban en campaña. Probablemente lo que más valió en el esfuerzo bélico, fue la contribución con productos y materias primas estratégicas. Fue puesta en vigor la Ley del Servicio Militar y se movilizó equipo e instruyó a miles de jóvenes de dieciocho años, que estuvieron prestos a marchar a los frentes de batalla.

Los bienes de los ciudadanos del Eje fueron intervenidos y los sospechosos internados en campos de concentración. Se reanudaron relaciones con la Gran Bretaña, suspendidas desde 1938 con motivo de la expropiación petrolera y también con la Unión Soviética, cortadas por el licenciado Portes Gil. Se arreglaron poco a poco los adeudos contraídos con la nacionalización del petróleo. En mayo de 1944 México asistió a la conferencia de San Francisco y firmó su adhesión a la Carta de las Naciones Unidas y después la Ciudad de México fue sede de la Conferencia Interamericana sobre los problemas de la guerra y de la paz, en 1945. El 19 de enero de 1943 fue fundado el Seguro Social, no bien aceptado por la clase patronal aunque quedó establecido conforme a la ley.

El gobierno del general Avila Camacho protegió a la clase obrera y llevó a cabo la campaña contra el analfabetismo con muy buenos frutos; fundó el Observatorio Astrofísico de Tonantzintla, el Instituto Nacional de Cardiología y el Colegio Nacional, con los mexicanos más descollantes en las ciencias y en las letras. Teniendo en cuenta la proximidad de los comicios en julio de 1946, estableció requisitos mínimos para el registro de partidos políticos, que ni el comunista ni el sinarquista lograron llenar; sin embargo se les dio registro y con esa medida y la reforma electoral hubo en el país una contienda pacífica, ordenada, sin violencias y el candidato derrotado, licenciado Ezequiel Padilla, dignamente reconoció el triunfo de su oponente el licenciado Miguel Alemán Valdés, quien tomó posesión de la Presidencia el primero de diciembre de 1946. El general Manuel Avila Camacho, quien gobernó con absoluto respeto a la dignidad, a la libertad y a la vida humana, se reintegró a la vida ciudadana dedicado a labores de campo y cría de ganado en su rancho de Martínez de la Torre, Ver. Murió en la Ciudad de México el 13 de septiembre de 1955.

Miguel Alemán Valdés
Presidente de
la República Mexicana
del 1º de diciembre de 1946
al 30 de noviembre de 1952

EL LICENCIADO MIGUEL ALEMÁN VALDÉS nació en Sayula, Veracruz, el 29 de septiembre de 1905. Fueron sus padres el general Miguel Alemán, muerto en la campaña de 1923 en las fuerzas del general Guadalupe Sánchez, de la revolución delahuertista sublevadas contra el gobierno y la señora Tomasa Valdés. Estudió la primaria y la secundaria en el puerto de Veracruz y pasó a la Ciudad de México donde cursó la preparatoria para ingresar en la Escuela de Jurisprudencia de la Universidad Nacional hasta obtener el título de licenciado en derecho, en 1928.

Representó los intereses de los sindicatos minero, petrolero y ferrocarrilero. Fue consultor de la Secretaría de Agricultura y magistrado del Tribunal Superior de Justicia nombrado por el presidente Lázaro Cárdenas y en septiembre de 1935 resultó electo senador por el estado de Veracruz. En 1936, por muerte del gobernador electo de ese estado, licenciado Manlio Fabio Altamirano, recibió el gobierno de tal entidad federativa, puesto al que renunció para hacerse cargo de la dirección de la campaña presidencial del general Manuel Avila Camacho, quien al triunfar lo nombró secretario de Gobernación, puesto que desempeñó hasta ser designado candidato a la Presidencia de la República por el Partido Nacional Revolucionario, en 1945.

En 1946, en las elecciones de julio, resultó electo contra su oponente el licenciado Ezequiel Padilla.

Durante el gobierno del licenciado Alemán se concedió el voto a la mujer en las elecciones municipales y se creó el Banco Nacional del Ejército y la Armada y las secretarías de Recursos Hidráulicos y las leyes General de Población, Forestal y de Caza y Pesca, de Derechos de Autor y Federal Sobre Impuestos Mercantiles. Se creó la Comisión Nacional de Turismo y el Premio Nacional de Ciencias y Artes, así como el Instituto Nacional Indigenista. En 1952 se elevó a la categoría de estado al antiguo territorio de Baja California Norte. Posteriormente nacieron la Comisión Nacional de Cinematografía, el Instituto Nacional de Bellas Artes, el de la Juventud Mexicana y el de Caminos Vecinales. En el gobierno de Alemán empezaron a presentarse los problemas económicos de la postguerra, disminuyeron las exportaciones y aumentaron las importaciones.

Hubo necesidad de pedir un préstamo fuerte al Banco Internacional de Reconstrucción, aumentando la deuda a 225 millones de dólares y la ferrocarrilera a 233. El 22 de julio de 1948 el Banco de México se retiró del mercado de cambios y después se fijó la equivalencia de 8.50 pesos mexicanos por un dólar. Sin embargo el país avanzó en la industria siderúrgica y en la producción de energía eléctrica y se adquirieron las líneas de ferrocarriles del Pacífico y del Noreste; se terminó el de Sonora-Baja California y se inició el de Chihuahua al Pacífico. Fueron abiertas las carreteras México-Guadalajara-Nogales, Ciudad Cuauhtémoc (Chiapas), México-Ciudad Juárez y la transístmica de Coatzacoalcos a Salina Cruz. Se abrieron al cultivo nuevas tierras irrigadas por presas muy grandes en Sonora, Coahuila, Guanajuato, Hidalgo, etc., y fueron creadas las comisiones del Papaloapan, del Tepalcatepec, de El Fuerte y del Grijalva, lográndose irrigar en total cuando menos un millón de hectáreas. Al término del sexenio se cubrió la demanda interna y se exportó arroz, azúcar, plátano, garbanzo, café, piña, avena, linaza y tomate.

Sin embargo, un terrible daño a la economía nacional fue la aparición de la fiebre aftosa, problema mal manejado que estuvo a punto de tener sangrientas consecuencias. Se sacrificaron inútilmente miles de cabezas de ganado y al final para mediados de 1950 se declaró erradicada a la epizootia. Fueron construidas la Ciudad Politécnica, la Ciudad Universitaria, la Escuela Militar de Aviación de Zapopan, Jal. En París se construyó el pabellón mexicano en la Ciudad Universitaria de la capital francesa; se firmaron los tratados de paz y amistad con Alemania, Italia y el Japón. México participó en las comisiones de tregua entre la India y Pakistán; una comisión mexicana intervino en el arreglo de la paz en Corea; se reconoció al Estado de Israel y se negoció un arreglo sobre braceros con el gobierno de Estados Unidos.

El licenciado Miguel Alemán Valdés terminó su mandato presidencial el 30 de noviembre de 1952 y entregó el poder a don Adolfo Ruiz Cortines. En 1961 fue nombrado presidente del Consejo Nacional de Turismo por el presidente Adolfo López Mateos, cargo en el que actuó con mucha eficiencia. El licenciado Alemán, alejado por completo de la política murió en la Ciudad de México el día 14 de mayo de 1983.

Adolfo Ruiz Cortines
Presidente de
la República Mexicana
del 1º de diciembre de 1952
al 30 de noviembre de 1958

EL SEÑOR DON ADOLFO RUIZ CORTINES nació en el puerto de Veracruz, el 30 de diciembre de 1890. Hijo de don Domingo Ruiz, agente aduanal y de doña María Cortines. Estudió la primaria en una escuela cantonal llamada "La Pastora", de donde pasó al Instituto Veracruzano a estudiar contabilidad, durante cuatro años, hasta la muerte de su padre cuando tuvo que entrar a trabajar en una empresa particular. Desde muy joven se mostró reservado, cumplido y cuidadoso en el vestir.

A los 22 años se trasladó a la Ciudad de México, donde hizo amistad con el ingeniero Alfredo Robles Domínguez. Al ocurrir el asesinato del presidente Madero se alistó con los revolucionarios constitucionalistas, como agente muy activo en la Ciudad de México y cuando terminó la lucha contra el huertismo fue auxiliar en la administración del Distrito Federal con el ingeniero Robles Domínguez. Después estuvo con el general Heriberto Jara en el estado de Veracruz, en la operación de reocupar los lugares que los marineros norteamericanos iban abandonando, a finales de 1914. Para el desempeño de esta comisión se le dio el grado de capitán segundo. Estaba presente en el puerto el 23 de noviembre, cuando las fuerzas norteamericanas entregaron la plaza al general Cándido Aguilar.

En 1915 fue ascendido a capitán primero con la comisión de pagador de las tropas de la Brigada Muriel al mando del general Jara. Estuvo en la campaña contra los zapatistas y después en El Ebano, en los combates contra los villistas. Al triunfo del constitucionalismo desempeñó varios empleos en la administración pública y cuando se produjo la rebelión de Agua Prieta, en 1920, se puso al lado de los sublevados. Tras las acciones de Apizaco, Rinconada y Aljibes, en que los carrancistas que huían hacia Veracruz iban dejando mucha impedimenta, Ruiz Cortines fue encargado de inventariar lo que se encontró abandonado, inclusive oro acuñado. Se hizo notar por la honradez con que desempeñó la comisión.

Fue secretario particular del general Jacinto B. Treviño, ministro de Industria y Comercio. Desde 1921 desempeñó un puesto de cierta importancia en el Departamento de Estadística, en el que duró 14 años. En 1935 se le nombró oficial mayor del Departamento del Distrito Federal. En 1937 conoció e hizo amistad con el licenciado Miguel Alemán, quien lo propuso para diputado por el distrito de Tuxpan, en la legislatura local. En 1939 fue secretario General de Gobierno hasta el año de 1945 en que el licenciado Alemán se hizo cargo de la campaña presidencial del general Manuel Avila Camacho y nombrado encargado de la tesorería de dicha campaña. Cuando el general Avila Camacho recibió la Presidencia el licenciado Alemán fue nombrado secretario de Gobernación y Ruiz Cortines oficial mayor, cargo que desempeñó durante tres años. En 1944 fue electo gobernador del estado de Veracruz. Actuó sin mucho brillo, aunque haciéndose querer de la gente porque llevó una vida sencilla sin ostentaciones.

Al llegar Miguel Alemán a la Presidencia de la República nombró secretario de Gobernación al doctor e historiador Héctor Pérez Martínez, quien murió en el desempeño de su cargo, de un padecimiento cardiaco, el 12 de febrero de 1948. Fue nombrado en su lugar don Adolfo Ruiz Cortines, quien renunció al gobierno de Veracruz con fecha 30 de junio. Estuvo en Gobernación hasta el 14 de octubre de 1951, cuando se le postuló para la Presidencia de la República contra la candidatura del general Miguel Enríquez Guzmán. Fue electo para tan alto cargo y tomó posesión el primero de diciembre de 1952.

Ruiz Cortines anunció que sus propósitos eran la unidad nacional, un gobierno honesto y la disminución del costo de la vida. Cuidó de atender la producción en el campo y mantuvo el buen entendimiento entre el ejido y la pequeña propiedad. Expropió latifundios extranjeros en Sonora, Chihuahua y Coahuila, por medio de arreglos satisfactorios y cubriendo rigurosamente las indemnizaciones legales. Como ningún gobernante anterior, llevó a cabo muchas obras de riego e inauguró el 19 de octubre de 1953 la presa Falcón, acto al que invitó al presidente de Estados Unidos general Dwight D. Eisenhower. Fomentó y activó las comisiones del Papaloapan, Tepalcatepec, El Fuerte, Yaqui, Grijalva y Usumacinta.

Estableció precios de garantía para las cosechas y el seguro agrícola. Con esas medidas logró el aumento de la producción y la estabilidad de los precios. Puso atención a los recursos marítimos y formuló el Programa de Progreso Marítimo al que se llamó Marcha al Mar. Fueron creados y mejorados setenta puertos y se llevó a cabo la campaña para la erradicación del paludismo. Aumentó la producción petrolera, con las plantas refinadoras de Azcapotzalco y Ciudad Pemex. La Comisión Federal de Electricidad incorporó al sistema a 627 localidades.

Por problemas producidos por el desnivel de la balanza comercial en abril de 1954 se decretó la devaluación del peso mexicano, cuya paridad pasó de 8.65 a 12.50. Sin embargo, esa devaluación tan severa aseguró la estabilidad del peso durante 22 años. El secretario del Trabajo, licenciado Adolfo López Mateos, supo resolver graves emplazamientos a huelga y de los miles planteados sólo 13 llegaron a estallar. En el Distrito Federal el regente, licenciado Ernesto P. Uruchurtu, llevó a cabo grandes obras de utilidad pública y de embellecimiento de la ciudad. El Gobierno Federal incrementó los sueldos de los empleados, y desde 1954 estableció el aguinaldo consistente en el obsequio de un mes de salario por año. El presidente Ruiz Cortines dio plenos derechos ciudadanos a la mujer, como el de votar y ser votada. Al terminar su mandato Ruiz Cortines se retiró por completo a la vida privada, el 30 de noviembre de 1958. Murió en la Ciudad de México el 3 de diciembre de 1973.

Adolfo López Mateos
Presidente de
la República Mexicana
del 1º de diciembre de 1958
al 30 de noviembre de 1964

EL LICENCIADO LÓPEZ MATEOS nació en Atizapán de Zaragoza, Estado de México, el 26 de mayo de 1910. Era descendiente de ilustres mexicanos como don Francisco Zarco Mateos, don Juan A. Mateos y el maestro don Ignacio Manuel Altamirano. Hizo sus primeros estudios en el Colegio Francés de la Ciudad de México; la secundaria, la preparatoria y leyes, en la ciudad de Toluca. Terminó la carrera en la Universidad Nacional de México y obtuvo el título de abogado en 1934.

Fue profesor y rector del Instituto Científico y Literario de Toluca y maestro de historia y de literatura hispanoamericana en la Escuela Normal de Maestros. Toda su vida fue deportista y aficionado al boxeo, al futbol y al excursionismo. En 1926 llevó a cabo un viaje a pie a Guatemala, en 136 días, en compañía de otros jóvenes. Muy joven fue secretario particular del coronel Filiberto Gómez, gobernador del Estado de México y del coronel Carlos Riva Palacio, presidente del Partido Revolucionario. En 1928 se unió al vasconcelismo y al triunfo del ingeniero Pascual Ortiz Rubio marchó a establecerse en Guatemala, de donde regresó a dedicarse al periodismo en Tapachula, Chiapas.

Volvió a México, donde entró a trabajar como interventor en el Banco Nacional Obrero y en los Talleres Gráficos de la Nación. Conoció al licenciado Miguel Alemán con quien hizo amistad y cuando Alemán fue presidente de la República el licenciado Isidro Fabela resultó electo senador por el Estado de México y tuvo como suplente a López Mateos. Fabela pasó como representante de México en la Corte Internacional de La Haya y el joven abogado Adolfo López Mateos ocupó su lugar en la Cámara Alta. López Mateos en esa época, 1946-1952, fue enviado extraordinario en Costa Rica y representante de México en Washington, en las Naciones Unidas y en Ginebra. Fue jefe de la campaña electoral de don Adolfo Ruiz Cortines y cuando éste llegó a presidente lo nombró secretario del Trabajo y Previsión Social, cargo en el que actuó con notable eficiencia y distinción, resolviendo miles de problemas obrero-patronales de tal forma que se ganó la simpatía de los dos grupos. Mucho ayudó al gobierno del señor Ruiz Cortines.

El 4 de noviembre de 1957 se anunció su postulación por el Partido Revolucionario Institucional. Fue electo el primer domingo de julio de 1958 y tomó posesión de la Presidencia de la República el primero de diciembre. Gobernó al país hasta el 30 de noviembre de 1964. Durante su régimen se nacionalizó la industria eléctrica, se declaró el dominio de la nación sobre la plataforma continental y el espacio aéreo; se activó la resolución de los problemas agrarios, nació la designación de diputados de partido, con los mismos derechos y obligaciones que los de elección directa. Se dieron más garantías al salario mínimo y a los derechos de los obreros, fue creado el ISSSTE (Instituto de Seguridad Social al Servicio de los Trabajadores del Estado) y hubo muchas otras disposiciones legales y orgánicas que dieron vida y garantía a instituciones al servicio de la nación.

El licenciado López Mateos supo manejar con mucha habilidad los problemas económicos del país, de manera que los valores emitidos por México entraron en el mercado internacional. Se construyeron

38 presas de almacenamiento con capacidad total de 20 millones de metros cúbicos y en la pequeña irrigación mil obras, pudiéndose incorporar al cultivo unas trescientas setenta mil hectáreas; y con ello aumentó el crecimiento agropecuario en un seis por ciento anual. Fueron devueltos a los pueblos indígenas unos tres millones de hectáreas. La gestión del presidente López Mateos dejó al país 20,137 kilómetros más de carreteras, la gran ampliación de la de México a Puebla, la de Durango a Mazatlán, la de Guadalajara a Zacatecas y la de San Luis Potosí a Torreón. Concluido el magnífico ferrocarril de Los Mochis a Ciudad Cuauhtémoc-Chihuahua, fue establecido el servicio de transbordador de Mazatlán al puerto de La Paz, Baja California Sur. Se estableció el reparto de desayunos escolares, fueron edificadas 50 mil viviendas populares, construidas 30,200 aulas. En 1964 inauguró la Unidad Profesional de Zacatenco del Instituto Politécnico Nacional y el magnífico Museo Nacional de Antropología e Historia en Chapultepec, así como otros muy importantes como el de la Ciudad de México.

A principios de 1959 el gobierno tuvo que proceder con energía en el caso de los ferrocarrileros. Un grupo minoritario con mucho, a pesar de las resoluciones legales y arreglos aceptados, inició una huelga del todo arbitraria, la que hubo necesidad de reprimir. El 23 de enero de 1959 el presidente López Mateos anunció al país la ruptura de relaciones con Guatemala, porque la Fuerza Aérea de ese país atacó a cinco barcos pesqueros mexicanos con el pretexto de que se encontraban en actividad en aguas guatemaltecas. Después de arreglos y justificaciones, fueron reanudadas las relaciones diplomáticas en septiembre de 1960.

López Mateos llevó a cabo una serie de viajes al extranjero, para el arreglo de asuntos importantes y para afirmar nexos de amistad con países de los cinco continentes. Mantuvo firmes relaciones con el nuevo gobierno de Cuba que se declaró socialista y México se opuso a que se tratase de intervenir en los asuntos internos de ese país. En la reunión de Punta del Este, Uruguay, México se opuso a que Cuba fuera excluida de la Organización de Estados Americanos. El 29 de abril de 1963, a iniciativa de López Mateos, fue publicado en varias capitales de América el Tratado de Tlatelolco para la desnuclearización del continente. Intervino para evitar que la crisis causada por el establecimiento de cohetes en Cuba fuera a desencadenar una guerra. Negoció con los Estados Unidos la devolución del territorio llamado El Chamizal y recibió en México a muchos jefes de Estado y dirigentes de organismos internacionales como el general Charles de Gaulle, de Francia; el presidente John F. Kennedy y su señora esposa, de los Estados Unidos; la reina Juliana, de los Países Bajos; el mariscal Josip Broz "Tito", de la República Socialista de Yugoslavia; López Mateos puso especial interés en obtener para México la sede de la XIX olimpiada.

Fue un mandatario popular y querido por la mayoría y entregó la Presidencia de la República al licenciado don Gustavo Díaz Ordaz el día primero de diciembre de 1964.

Fue nombrado presidente del comité organizador de los juegos olímpicos, pero en el mes de mayo de 1967 tuvo que renunciar por encontrarse gravemente enfermo. Murió en la Ciudad de México el 22 de septiembre de 1969.

Gustavo Díaz Ordaz
Presidente de
la República Mexicana
del 1º de diciembre de 1964
al 30 de noviembre de 1970

EL LICENCIADO DÍAZ ORDAZ nació el 12 de marzo de 1911 en San Andrés Chalchicomula, estado de Puebla. Era nieto del general José María Ordaz, gobernador del estado de Oaxaca muerto en campaña contra los conservadores de Cobos y Vicario. Sus padres, personas de clase media, se trasladaron a Oaxaca donde el niño Gustavo hizo estudios primarios con buen aprovechamiento y muy buena conducta. Estudió en Guadalajara el bachillerato y en Oaxaca la carrera de licenciado en derecho.

En 1932 sirvió como meritorio en una oficina administrativa del gobierno de Puebla y después se le nombró escribiente y actuario de un juzgado municipal, hasta que se recibió de abogado en 1937 y fue juez de Tecamachalco. Funcionario en el Consejo de Conciliación y Arbitraje y presidente del Supremo Tribunal de Justicia, profesor y vicerrector de la Universidad de Puebla, diputado federal y senador, secretario de Gobernación en el gabinete del presidente López Mateos.

En noviembre de 1963 fue postulado candidato a la Presidencia de la República por el Partido Revolucionario Institucional y el 8 de septiembre de 1964 el Congreso de la Union lo declaró presidente electo para el periodo 1964-1970. El primero de diciembre de 1964 asumió la Presidencia. Durante su gobierno se modificó el impuesto sobre la renta, se impulsó al sector agropecuario y la industria eléctrica, se inició el levantamiento aéreo fotogramétrico del territorio nacional y terminaron las obras hidráulicas para almacenar 23 mil millones de metros cúbicos. Construyó la presa de La Amistad en Coahuila y otras en diferentes lugares; fueron adquiridos dos ferrocarriles de corto tránsito, el Intercaliforniano y el de Nacozari; se intensificó en grande la ampliación de la red telefónica, en el país y para el extranjero; creció la red de carreteras en 14,200 kilómetros y se modernizaron y construyeron 60 aeropuertos; fueron comprados cuatro buques mercantes para aumentar la flota nacional de altura y se estableció la línea de comunicación marítima con el Oriente. Se impulsó a la minería y se dotó a los campesinos con más de cuatro millones de hectáreas; hubo buenas cosechas y se incrementó su precio. Fundó el Instituto Mexicano del Petróleo y en general la industria petrolera recibió un fuerte impulso.

En el Distrito Federal construyó el Sistema de Transporte Colectivo (Metro), con dos grandes líneas que han sido ampliadas hasta siete. Ei principal renglón del presupuesto federal de egresos fue el asignado a la educación; surgieron 50 mil aulas, talleres, laboratorios y escuelas rurales; se aumentó el subsidio a las universidades y se construyeron las instalaciones para la realización de la XIX Olimpiada, primera efectuada en un país iberoamericano.

El presidente Díaz Ordaz tuvo que enfrentarse a graves problemas; surgieron diferencias en el seno del Partido Revolucionario Institucional, por lo que muchos fueron indiferentes a las elecciones, a pesar de que el ejecutivo dio la ciudadanía a los nacionales de diez y ocho años. La afluencia de la población rural hacia México acrecentó el problema de la vivienda. En el campo hubo rebeliones por asuntos ejidales y de cacicazgos, principalmente en Guerrero. En Sonora manifestaciones contra el gobierno local y el ejército tuvo que intervenir. Se corría el riesgo de que México fuera despojado de su derecho a ser sede de la olimpiada. De julio a octubre de 1968 estallaron cientos de actos vandálicos, sin una razón que los justificara. Mucho tiempo se vivió en un estado de zozobra, que culminó con los hechos sangrientos del 2 de octubre en la Plaza de las Tres Culturas, en Tlatelolco.

Se llevó a cabo la olimpiada, inaugurada por el presidente Díaz Ordaz el 12 de octubre de 1968. Tuvo un lucimiento brillantísimo y su clausura dejó grato y sentimental recuerdo. El nombre de México quedó muy en alto ante el mundo.

Díaz Ordaz se reunió en varias ocasiones con el presidente Lyndon B. Johnson de los Estados Unidos: para recibir la estatua del prócer Abraham Lincoln, obsequio del pueblo norteamericano; para visitar la presa de La Amistad y para recibir El Chamizal. Con el presidente Richard M. Nixon para inaugurar la misma gran presa y en Puerto Vallarta para acordar el respeto a la frontera natural. Recibió a los reyes de Bélgica y a varios presidentes de países centroamericanos. Entregó el poder al licenciado Luis Echeverría Alvarez el primero de diciembre de 1970 y se retiró a la vida privada. Cuando se reanudaron las relaciones con España fue nombrado embajador en ese país, cargo que desempeñó durante muy poco tiempo por razones de salud. Murió en la Ciudad de México el 14 de julio de 1979.

Luis Echeverría Alvarez
Presidente de
la República Mexicana
del 1º de diciembre de 1970
al 30 de noviembre de 1976

EL LICENCIADO LUIS ECHEVERRÍA ALVAREZ nació en la Ciudad de México el 17 de enero de 1922. Inició estudios en su ciudad natal y continuó con la secundaria y la preparatoria para ingresar a la Facultad de Derecho hasta agosto de 1945 en que obtuvo el título de licenciado en derecho. En diciembre de 1946 fue designado secretario particular del general Rodolfo Sánchez Taboada, presidente del comité central ejecutivo del Partido Revolucionario Institucional. Después fue secretario de prensa y oficial mayor del partido, director de administración de la Secretaría de Marina, oficial mayor de la Secretaría de Educación Pública y secretario de Gobernación en el gabinete del presidente Díaz Ordaz. El 14 de noviembre de 1969 fue declarado candidato del PRI a la Presidencia de la República. Ganó las elecciones y gobernó al país del primero de diciembre de 1970 al 30 de noviembre de 1976.

Desde el principio de su mandato, el licenciado Echeverría aumentó el ritmo de la inversión pública. Creció la producción de petróleo, la energía eléctrica y la del acero; se multiplicó la red carretera, fueron construidos nuevos aeropuertos y creados dos puertos para la navegación de altura; Puerto Madero y Puerto Lázaro Cárdenas.

México sufría una elevación rápida y desordenada de precios, desempleo, poca inversión y escasez de circulante. El presidente Echeverría intentó salir de estos problemas aumentando las exportaciones para la obtención de divisas, decidió que se adquiriera tecnología y financiamiento y viajó a Japón, Canadá, Europa, la Unión Soviética, China, Sudamérica, las naciones árabes, Medio Oriente, algunos países africanos y la India. En sus exposiciones internacionales dijo que México era un país en proceso de desarrollo, con fuertes problemas sociales y económicos al igual que muchas naciones que forman el tercer mundo y declaró que debía surgir un nuevo orden económico internacional basado en relaciones y negociaciones justas.

En uno de sus viajes, en Santiago de Chile, donde dio todo su apoyo al presidente Salvador Allende, presentó la idea de formular una carta de Derechos y Deberes Económicos de los Estados, tema que sostuvo durante todo el tiempo que permaneció al frente del gobierno.

En vista de que muchos países acogieron con entusiasmo la idea de Echeverría, la Carta se hizo realidad. El documento contenía los principios siguientes: soberanía de los Estados sobre sus recursos naturales, régimen político y social de acuerdo con los intereses de cada país, intercambio de tecnología y comercio sobre bases justas. La Carta fue aprobada por 120 votos contra 6 y 10 abstenciones. El presidente Echeverría, en una reunión que hubo en Roma, declaró que había una nueva forma de sojuzgamiento consistente en el control de alimentos, por lo que propuso la creación de un fondo mundial de víveres para ayudar a los países empobrecidos, logrando que se fundara el Sistema Económico Latinoamericano (SELA).

En Caracas, en 1973, Echeverría declaró que la zona marítima económica debía ser de 200 millas, que posteriormente fue reconocida por todos los países. Se declaró al Mar de Cortés o Golfo de California mar interior mexicano y controlado por mexicanos. Con motivo de que el gobierno español sentenció a muerte y ejecutó a terroristas vascos,

Echeverría ordenó el rompimiento de vínculos comerciales y de comunicación con España, al mismo tiempo que pedía a la ONU que se aplicaran sanciones por violación a los derechos humanos, petición que no prosperó.

Durante su mandato se hicieron 48 reformas a la Constitución. Para mejorar la situación de la economía nacional, Echeverría formó la Comisión Nacional Tripartita integrada por empresarios, líderes sindicales y funcionarios públicos que estudiarían y darían resolución a los problemas. Dos resultados fueron benéficos en general; se creó el INFONAVIT y se inició la construcción de caminos de mano de obra.

Nacieron la Secretaría de Turismo, la Secretaría de la Reforma Agraria y la Comisión de Estudios del Territorio Nacional. Se estableció el calendario de 160 horas de trabajo al mes, de lunes a viernes, para los trabajadores al servicio del estado.

Durante su mandato, de carácter nacionalista, se presentaron varios problemas de tipo social y económico, llegando a producirse en 1976 una devaluación de la moneda, iniciándose la crisis que posteriormente afectaría en mayor escala a la nación.

Luis Echeverría entregó el poder al licenciado José López Portillo el 1o. de diciembre de 1976.

José López Portillo y Pacheco
Presidente de la República Mexicana del 1º de diciembre de 1976 al 30 de noviembre de 1982

EL LICENCIADO JOSÉ LÓPEZ PORTILLO Y PACHECO, nació en la Ciudad de México el 8 de junio de 1921. Hizo los estudios de primaria, secundaria y preparatoria en su ciudad. Terminó la carrera de abogado y obtuvo el título en la Universidad de Santiago de Chile, con beca del gobierno chileno. En 1946 le fue revalidado por la Universidad Nacional Autónoma de México, de la que fue catedrático. Ejerció su profesión durante muchos años.

El presidente Echeverría, lo nombró subsecretario del Patrimonio Nacional, director de la Comisión Federal de Electricidad y secretario de Hacienda y Crédito Público. El 22 de septiembre fue postulado candidato a la Presidencia de la República por el Partido Revolucionario Institucional y también por los partidos Popular Socialista y Auténtico de la Revolución Mexicana, asumiendo el gobierno el primero de diciembre de 1976.

En su toma de posesión pronunció un discurso muy prometedor, diciendo que la situación no significaba una tragedia insalvable, que se hacía necesario recuperar la confianza en un país que lo tiene todo y que era cosa de ponerse a trabajar ordenadamente. Considerando que precisaba desarrollar el trabajo sobre estudios previos y estimaciones de costos, creó la Secretaría de Programación y Presupuesto. Formuló leyes y disposiciones para regular las erogaciones y la deuda pública.

Modificó algunas leyes fiscales para beneficio de los trabajadores de salarios bajos, firmándose convenios con 140 empresas privadas, para la creación de 300 mil nuevos empleos en varias actividades; se otorgó autonomía a 21 estados para la ejecución de obras y servicios públicos de alcance local: agua potable, caminos vecinales, vivienda, centros culturales, etc. Se trató de crear tribunales especiales para que se ocuparan de levantar censos sobre la tenencia de la tierra, saber cuántos campesinos se dedicaban en verdad a labores agropecuarias y redistribuir el ejido. Fundó el Banco Obrero (con capital de cien millones de pesos), que pagarían mayor ganancia a los inversionistas y prestaría con menor rédito que los demás bancos.

López Portillo se reunió con el presidente Carter en Washington para tratar cuestiones monetarias, económicas, de comercio, intercambio de inmigración. Expuso el deseo de México de dar acceso a instituciones financieras internacionales. Trató de impulsar a la Empresa Naviera Multinacional del Caribe y a la industria cafetera. Negoció el 18 de marzo de 1977, con el gobierno de la República Española en el exilio, cancelar sus relaciones diplomáticas y el 28, en París, el secretario de Relaciones Exteriores mexicano Santiago Roel y el canciller español Marcelino Oreja, intercambiaron las notas correspondientes para quedar definitivamente restablecidas las relaciones entre el gobierno mexicano y el español. López Portillo, invitado por el rey Juan Carlos, realizó una visita oficial a España del 8 al 16 de octubre del mismo año. El hecho de ser la primera visita que efectuaba un jefe de Estado mexicano a España, le deparó calurosa recepción. Acompañó a los reyes y mantuvo contacto con el gobierno y con representantes de todos los partidos políticos.

Las relaciones económicas adquirieron prometedoras perspectivas, al iniciarse la cooperación industrial principalmente en la construcción naval y aeronáutica. España compró de inmediato una fuerte cantidad de petróleo y azufre mexicanos. También durante el gobierno de López Portillo, y en correspondencia al viaje que había hecho, vinieron los reyes de España y el Papa Juan Pablo II, que con motivo de una conferencia episcopal latinoamericana, nos visitó en enero de 1979, habiendo sido recibidos, por el pueblo y gobierno, con la tradicional hospitalidad de los mexicanos.

En Cancún hubo una reunión llamada Norte-Sur, con la presencia de jefes de Estado de muchos países. El entendimiento entre ellos fue el fruto de una junta. En política interior la Secretaría de Gobernación dio reconocimiento al Partido Comunista y al Demócrata Mexicano constituido por el antiguo sinarquismo al mismo tiempo que desaparecía el PARM, Partido Auténtico de la Revolución Mexicana, por no llenar los requisitos indispensables de número de afiliados. El Partido Comunista absorbió a muchos pequeños grupos y se formó el PSUM: (Partido Socialista Unificado Mexicano.) Estas medidas políticas indudablemente han sido un gran paso en la democracia mexicana.

Una de sus mayores preocupaciones fue fortalecer las relaciones internacionales de México con el mundo, principalmente con los países de América Latina, a los que visitó en varias ocasiones.

Fincó el desarrollo económico de México en la explotación de los mantos petrolíferos y en la obtención de créditos en el extranjero, viéndose posteriormente perjudicados estos planes por la baja mundial del precio del petróleo.

Pocos meses antes de terminar su mandato nacionalizó sorpresivamente la banca que siempre había estado en manos de particulares.

Después de haber sufrido la moneda sucesivas devaluaciones, fue agravándose la situación económica.

López Portillo entregó el gobierno al licenciado Miguel de la Madrid Hurtado el 1o. de diciembre de 1982.

Miguel de la Madrid Hurtado

Presidente de
la República Mexicana
del 1º de diciembre de 1982
al 30 de noviembre de 1988

Don Miguel de la Madrid Hurtado, licenciado en derecho, nació en la ciudad de Colima, capital del estado del mismo nombre, el 12 de diciembre de 1934. En su ciudad natal hizo los estudios de primaria y secundaria. Pasó a la Ciudad de México para inscribirse en la Universidad Nacional, donde siguió la carrera de abogado, titulándose con la tesis "El pensamiento económico en la Constitución de 1857", trabajo que lo reflejó como persona acuciosa en la investigación histórica y en el estudio de los problemas económicos de México.

Dio cátedra en su antigua Facultad, impartiendo el curso de Derecho Constitucional durante algunos años, hasta 1968. Ejerció la profesión e intervino en conferencias y cursos impartidos sobre temas económicos y jurídicos en el Instituto de Derecho Comparado, en la Facultad de Ciencias Políticas y Sociales y en otras instituciones docentes, asociaciones académicas y profesionales, siendo llamado a prestar sus servicios en el Banco Nacional de Comercio Exterior, colaborando en la formulación de un proyecto muy amplio orientado hacia la nacionalización de la industria minera. Poco tiempo después pasó a la planta del Banco de México, que le otorgó una beca para asistir a una universidad norteamericana, donde llevó a cabo los estudios para obtener la Maestría en Administración Pública. De regreso al país fue nombrado subdirector auxiliar de crédito en la Secretaría de Hacienda, y poco después recibió la subdirección general. En 1970 fue nombrado subdirector de PEMEX, cargo que desempeñó durante dos años. Regresó al servicio de la Secretaría de Hacienda, como director general de Crédito. Fue nombrado subsecretario de la misma dependencia, de 1975 a 1979, y promovido a la Secretaría de Programación y Presupuesto, cargo principal que desempeñó hasta 1981. Ingresó al Partido Revolucionario Institucional desde 1963, y participó con eficiencia en las actividades del Instituto de Estudios Políticos, Económicos y Sociales de dicho partido durante dos períodos electorales siendo postulado precandidato a la Presidencia de la República el 25 de septiembre de 1981, fue nombrado candidato oficial para la Primera Magistratura del país el 11 de octubre de 1981. Triunfador en las elecciones del 4 de julio de 1982, la Cámara de Diputados erigida en el Colegio Electoral lo declaró presidente electo de los Estados Unidos Mexicanos para el período 1982-1988. Tomó posesión de su cargo el 1o. de diciembre de 1982.

El presidente De la Madrid recibió al país en una época sumamente difícil como consecuencia de la crisis existente y de la deuda externa de México, complicadas con las circunstancias económicas y políticas mundiales. El día que tomó posesión declaró que se ocuparía en la atención a las clases marginadas, en crear empleos e ir saldando la deuda externa. Hizo esfuerzos para superar la crisis basándose en una política de austeridad. Se enfrentó a problemas imponderables como el descenso del precio del petróleo crudo en el mercado internacional.

La línea de acción política del presidente De la Madrid estuvo basada en la renovación moral, exigiendo a todos los servicios públicos que se apegaran a este principio. Expidió, así, una Ley Federal de Responsabilidades de los Servidores Públicos, para definir las obligaciones de los empleados públicos y las sanciones a las cuales se hallan sujetos en caso de incumplimiento. Asimismo, comenzó la reestructuración y depuración de todos los cuerpos policiacos federales.

En el ámbito internacional, México apoyó al grupo diplomático llamado Contadora, formado con la representación de Colombia, Venezuela, Panamá y México para lograr la paz en Centroamérica. El mes de mayo de 1985, el presidente De la Madrid realizó un fructífero viaje por varios países de Europa para buscar un mayor acercamiento, tanto en el aspecto comercial como en el político y el cultural.

En mayo de 1984 los mandatarios de México, Argentina, Grecia, India, Suecia y Tanzania, conocidos como el Grupo de los Seis, demandaron a través de un comunicado, que las potencias atómicas pusieran fin a la carrera armamentista que pone en peligro la vida en el mundo, comprometiéndose igualmente a realizar acciones para intentar detener la carrera nuclear. En enero de 1985, se reunieron otra vez en Nueva Delhi, reiterando su propósito de continuar esa campaña.

A raíz de los sismos de septiembre de 1985, la comunidad internacional proporcionó ayuda a México. El presidente de la Madrid estableció dos comisiones de emergencia, la nacional y la metropolitana; puso en marcha el Programa Emergente de Vivienda para ayudar a los damnificados; creó una Coordinación de Empleo dependiente de la Secretaría del Trabajo y Previsión Social con objeto de reabrir las empresas dañadas y ordenó la reconstrucción de los planteles escolares deteriorados.

Durante su mandato, entre otras acciones, se tomaron medidas para la renegociación de la deuda externa, se terminó el proceso de incorporación de los bancos al Estado, se dió a conocer un programa de emergencia para la creación de empleos, dió comienzo el Programa de Descentralización de la Administración Pública Federal y se firmó el Pacto de Solidaridad Económica, con la finalidad de intentar mantener estables los precios de los productos, los salarios y los impuestos.

Carlos Salinas de Gortari

Presidente de la República Mexicana del 1º de diciembre de 1988 al 30 de noviembre de 1994

EL LICENCIADO CARLOS SALINAS DE GORTARI nació en la ciudad de México el 3 de abril de 1948, y cursó los estudios de primaria, secundaria y preparatoria en esta ciudad. Siguió la carrera de licenciado en economía en la Escuela de Economía de la Universidad Nacional, titulándose en 1969 con la tesis "Agricultura, industrialización y empleo. El caso de México. Un enfoque interdisciplinario".

En 1970 inició su trabajo en dependencias gubernamentales, fue analista en la Secretaría de Hacienda y Crédito Público, así como profesor en la Universidad Nacional y en el Instituto de Capacitación Política del PRI. En 1973 obtuvo la maestría en administración pública en la Universidad de Harvard y en 1974 tuvo el cargo de jefe del Departamento de Estudios Económicos de la Dirección General de asuntos Hacendarios de la Secretaría de Hacienda y Crédito Público.

Entre 1973 y 1979 realizó el análisis de los informes presidenciales para el Instituto de Estudios Políticos, Económicos y Sociales del PRI. En 1976 finalizó la maestría y en 1978 el doctorado en economía política en la Universidad de Harvard. Ese mismo año fue maestro en el Instituto Tecnológico Autónomo de México y subdirector de la Dirección General de Estudios Económicos de la Secretaría de Hacienda y Crédito Público.

En 1977 se le nombró director de Estudios Económicos de la Dirección General de Planeación Hacendaria; de 1979 a 1981 ocupó el cargo de director general de Política Económica y Social de la Secretaría de Programación y Presupuesto, coordinando la preparación del Plan Global de Desarrollo, encargándose de la secretaría técnica del gabinete económico de la Presidencia.

Entre 1979 y 1985 publicó libros y ensayos como: "El ahorro del sector público en el proceso de formación del capital" en *Comercio Exterior* (abril, 1979); *Producción y participación política en el campo* (1980); "Los excedentes del petróleo y la planeación en México" en *Planeación para el desarrollo* (1981); "La inducción en el sistema nacional de planeación en México" en *Aspectos jurídicos de la planeación en México* (1981); "Consideraciones económicas acerca de la regulación de la empresa pública" en *Anuario jurídico* (agosto, 1981), y "Rectoría del Estado" en *La Constitución mexicana: rectoría del Estado y Economía mixta* (1985).

Del 1o. de diciembre de 1982 al 4 de octubre de 1987 fue secretario de Programación y Presupuesto, fecha esta última en la que fue postulado candidato a la Presidencia de la República por el PRI y, después de las elecciones que se efectuaron el 6 de julio de 1988, se le declaró presidente electo para el período 1988-1994, tomando posesión del cargo el 1o. de diciembre de 1988, época en la que la situación del país continuaba siendo sumamente difícil, debido a la crisis económica, la deuda externa y a los problemas políticos y sociales existentes.

En su programa de gobierno, según lo manifestado durante su campaña, se consideraron cuatro líneas primordiales de acción: el ejercicio de una política moderna, la continuidad con cambio, la participación ciudadana y la descentralización de la vida nacional.

En los primeros meses de su mandato se iniciaron gestiones para la renegociación de la deuda externa y se firmó el Pacto para la Estabilidad y el Crecimiento Económico, en el que participan el gobierno, los empresarios y los obreros, para tratar de obtener la recuperación gradual y la reactivación de la economía nacional.

Durante su gestión realizó diversos viajes al extranjero tanto para participar en reuniones internacionales, como para promover el comercio con otras naciones, resultado de ello fueron la formalización del Tratado del Libre Comercio entre México, Colombia y Venezuela, la firma del Acuerdo de Complementación Económica entre México y Chile como instrumento de acercamiento para un crecimiento bilateral y el ingreso de México como integrante de pleno derecho a la Organización de Cooperación Económica Asia-Pacífico.

Igualmente, después de intensas negociaciones diplomáticas, debates, reformas a las leyes de comercio exterior y de ser discutido en las cámaras de los países involucrados se firmó y ratificó el Tratado de Libre Comercio entre México, Canadá y Estados Unidos.

Se fundó la Comisión Nacional de Derechos Humanos, organismo encargado de salvaguardar las garantías individuales en México.

En 1990 se levantó el XI Censo general de población y vivienda; se creó un nuevo Código Electoral y en 1991 se inició la formación del nuevo padrón electoral.

Como parte de la reforma económica se dio apoyo a la pequeña y mediana industrias, se renegoció la deuda externa, se reprivatizaron la banca y las paraestatales y, a principios de 1993, se eliminaron 3 ceros a la moneda, apareciendo los nuevos pesos (N$).

Ese mismo año se firmó la nueva fase del pacto (PECE) denominándolo ahora Pacto para la Estabilidad, la Competitividad y el Empleo, que señalaba la baja de impuestos, la reducción de tarifas de bienes y servicios prestados por el sector público y la elevación de salarios.

Se tomaron medidas para la protección del medio ambiente, como el Programa 'Hoy no circula' en el Distrito Federal y Area Metropolitana, en el que todos los autos dejaron de circular un día a la semana.

Se puso en funcionamiento el Programa Nacional de Solidaridad (PRONASOL) a través del cual se llevaron a cabo obras de beneficio social, como pavimentación, drenaje, electrificación, construcción de clínicas médicas, ayuda a la agricultura, etc., tanto en las ciudades como en el campo, con la participación conjunta del gobierno y la población.

El 1º de enero de 1994, en Chiapas, el Ejército Zapatista de Liberación Nacional (EZLN) se levantó en armas en contra del gobierno, hubo algunos combates y poco después se nombró a un comisionado para la paz y la reconciliación que mantuvo conversaciones con representantes de los zapatistas hasta el mes de junio, cuando fue reemplazado por otro comisionado que siguió las negociaciones para lograr la paz, sin llegar a ningún acuerdo.

Ernesto Zedillo Ponce de León

Presidente de la República Mexicana a partir del 1º de diciembre de 1994 al 30 de noviembre del 2000

EL DOCTOR ERNESTO ZEDILLO PONCE DE LEÓN nació en la ciudad de México el 27 de diciembre de 1951 y tres años después su familia se trasladó a Baja California Norte donde estudió la primaria y la secundaria, regresando después al Distrito Federal para cursar el bachillerato en la Vocacional 5 del Instituto Politécnico Nacional y, en 1969, inició sus estudios en economía en la Escuela Superior de Economía de dicho Instituto, finalizándolos tres años y medio después con mención honorífica.

En 1972 obtuvo una beca para tomar un curso sobre Evaluación de Proyectos de Inversión en Capital Humano en la Universidad de Bradford en Inglaterra y, después, otra beca para cursar el posgrado en economía en la Universidad de Colorado, Estados Unidos. Terminado éste fue maestro de Macroeconomía Internacional en la Escuela de Economía del IPN y, en 1974, inició la maestría y el doctorado en economía en la Universidad de Yale regresando a México en 1978, donde preparó su tésis "El endeudamiento público de México, su historia reciente y el crecimiento futuro óptimo ligado al petróleo" que finalizó en 1980 y con la que obtuvo el título correspondiente.

En 1983 fue designado director de Fideicomiso para la Cobertura de Riesgos Cambiarios (FICORCA) cuyo objetivo era ayudar a las empresas endeudadas en moneda extranjera que estaban al borde de la quiebra. En 1987 fue director-asesor del principal directivo del Banco de México y, a fines de ese año, ocupó la Subsecretaría de Planeación y Control Presupuestal.

En 1988 fue titular de la Secretaría de Programación y Presupuesto donde estructuró el Programa Nacional de Solidaridad y dirigió el Plan Nacional de Desarrollo 1989-1994 siguiendo la estrategia de modernización económica, la política de reprivatizaciones y la reestructuración del gasto público.

En 1992 quedó a cargo de la Secretaría de Educación Pública con objeto de promover la modernización educativa y, a finales de 1993, renunció para integrarse como coordinador de campaña del candidato presidencial priísta Luis Donaldo Colosio y, a la muerte de éste en marzo de 1994, fue designado candidato del PRI a la presidencia de la República, triunfando en las elecciones del mes de agosto.

En los primeros días de su mandato enfrentó la devaluación del peso frente al dólar, una grave crisis económica y la fuga de capitales, por lo que implementó un programa de austeridad del gasto público, solicitó un préstamo al gobierno de Estados Unidos y tomó medidas para evitar que se dispararan los índices de inflación con el propósito de superar a corto plazo la emergencia económica con el apoyo de los flujos de inversión extranjera.

Prosiguió las negociaciones con el Ejército Zapatista de Liberación Nacional, nombrando comisiones para realizar reuniones con los miembros de dicho grupo e intentar llegar a un acuerdo para la paz en Chiapas.

Tras llevar a cabo consultas con diversos sectores de la población y reuniones y mesas de análisis con especialistas en diversas materias, dio a conocer el Plan Nacional de Desarrollo 1995-2000 que hace referencia al crecimiento y la recuperación económicas, la soberanía, la reforma política y el pluripartidismo, la democratización, la reforma de las instituciones políticas y legales, la lucha contra el narcotráfico, la aplicación de la ley y la justicia, las privatizaciones, la creación de empleos, la libertad de prensa y el comercio exterior, así como a las acciones a realizar en materia de educación, cultura, salud y medio ambiente.

Vicente Fox Quesada
Presidente de la República Mexicana a partir del 1° de diciembre del 2000

EL LICENCIADO VICENTE FOX QUESADA nació el 2 de julio de 1942 en la ciudad de México, pero fue registrado en Guanajuato, su infancia y juventud transcurrieron en el rancho familiar de San Cristóbal, municipio de San Francisco del Rincón de dicho estado. Estudió la primaria con los lasallistas, después hasta la preparatoria con los jesuitas y, más tarde, cursó la licenciatura en Administración de Empresas en la Universidad Iberoamericana.

De 1988 a 1991 fue diputado federal por el PAN y, en 1995, fue electo gobernador de Guanajuato, cargo del que se separó una vez cuando fue postulado por el PAN como candidato a la presidencia, partido al que posteriormente se unieron otros para formar la "Alianza por el Cambio". En las elecciones del 2 de julio del 2000 fue electo presidente terminando con 71 años ininterrumpidos de gobierno del PRI.

Manifestó entonces, que planeaba dirigir al país con una administración de tipo empresarial, puesto que los principales problemas que tendría que enfrentar eran el desarrollo, el crecimiento de la economía, la creación de empleos y la redistribución del ingreso, por lo que debería elegir a los mejores hombres y mujeres del país con objeto de intengrar su gabinete.

Al tomar posesión como primer presidente no priísta, garantizó un ejercicio compartido del poder y de las responsabilidades que éste conlleva, ofreció apego estricto a la legalidad y voluntad para demoler todo vestigio de autoritarismo, anunciando ante el Congreso que su primer acto de gobierno sería la iniciativa de la Comisión de Concordia y Pacificación (COCOPA) para lograr la paz en Chiapas.

En efecto, promovió la reanudación de las negociaciones con el Ejército Zapatista de Liberación Nacional (EZLN) pero, para iniciar el diálogo los miembros de dicho ejército pidieron que se cumplieran los acuerdos de San Andrés, la liberación de los presos del grupo armado y la desmilitarización en siete puntos clave en la zona de conflicto. Así, los principales comandantes del EZLN viajaron a la ciudad de México y hablaron ante el Congreso para conseguir reconocimiento constitucional de los Derechos y Cultura Indígenas de acuerdo con la iniciativa de la COCOPA y las autoridades de VII Región Militar en Chiapas confirmaron el repliegue de aproximadamente 1,500 soldados.

Asimismo, en los primeros meses de gobierno, propuso una reforma fiscal mediante la Nueva Hacienda Pública distributiva que otorgaría beneficios a la micro, pequeña y mediana empresas: al igual que un plan de préstamos para el establecimiento de pequeños negocios.

Impreso en:
Programas Educativos, S.A. de C.V.
Calz. Chabacano No. 65 Local A
Col. Asturias 06850 - México, D.F.
Noviembre 2002
Empresa Certificada por el
Instituto Mexicano de Normalización
y Certificación A.C., bajo la Norma
ISO-9002: 1994/NMX-CC-004: 1995
con el Núm. de Registro RSC-048,
y bajo la Norma ISO-14001: 1996/SAA-1998,
con el Núm. de Registro RSAA-003